하늘이 무너지는 소리

활안 한정섭
대장 서공선 著

佛教精神文化院

머리말

세계의 모든 전쟁은 영토전쟁과 사상전쟁, 그리고 종교전쟁
의 셋으로 나눈다. 영토전쟁이란 나라와 나라 사이에 자기 영
토를 보전하기 위해 끊임없이 침범해오는 적을 방어하는 전
쟁이고, 사상전쟁이란 자본주의와 사회주의가 이념분쟁으로
생기는 전쟁과 같은 전쟁이며, 종교전쟁이란 서로 다른 종교
가 자기종교의 교리와 의식 때문에 싸움을 계속하는 것을 말
한다.

그러나 영토전쟁은 한번 쳐들어오거나, 쳐들어온 적을 막아
내면 그만이지만, 사상전쟁이나 종교전쟁은 한 방에 앉아서도
등을 돌리고, 양잿물이나 비상보다도 더 무서운 독을 풍기면
서 끊임없이 싸우는 양상을 띠고 있다.

예수는 처음 유태인들의 전쟁사를 보고 자기민족의 우월성
을 생각하며 쾌재(快哉)를 불렀으나 인도 여행후 2,800회가 넘
는 살육전을 크게 혐오하였으며 심지어는 하나님께 올리는
희생제까지도 금지시켰다.

그런데 그런 성자를 모신 기독교가 이슬람과 더불어 끊임
없는 전쟁을 일으키고, 세계 도처에서 원주민을 죽이고, 약탈

과 방화를 일삼고 있으니 교주인들 어찌 눈물을 흘리지 않을 수 있겠는가?

필자는 수년전부터 신·구약을 선적(禪的)으로 풀어 '성서선해'라는 책을 내고 예수님의 인도 유학중 공부한 내용을 정리하여 '예수님의 사랑 부처님의 지혜'라는 책을 낸 일이 있다.

그런데 이렇듯 사랑스런 마음으로 세계와 인류를 위해 헌신한 예수님을 십자가에 못 박아 죽이고 부활한 후에는 오히려 그를 등에 업은 정치 경제인들이 수없는 전쟁을 일으켜 세상을 흐리게 하고 있으니 한심한 생각이 들어 이들을 세상에 고발하여 참회할 수 있는 기회를 마련하기 위하여 「하늘이 무너지는 소리」란 책자를 내게 되었다.

제1편에서는 예수가 유태나라에서는 듣지 못했던 학문과 지식을 인도 여행을 통하여 듣고 그를 종합적으로 체험한 것을 쓰고, 제2편에서는 니케아 회의 이후 예수를 신격화하여 로마법전을 만든 일에 대하여 쓰고, 제3편에서는 기독교의 세계정복사가 남긴 공과에 대하여 기록하였다.

불기2555년 신묘년 10월 8일 활안 한 정 섭

서 문

나는 이 책의 자료를 찾으면서 웃었다 울었다 하기를 수십번 하였다. 우리 스승님께서는

"역사에 오류를 범하고 있는 인류들을 구하기 위하여 17년 유학을 3년만에 휴학한 예수의 정신을 바르게 인식케 하여 세계전쟁을 예방하고 인류평화를 실현하는데 도움이 되는 일을 하라."

하였지만 자료를 찾다가 보면 너무도 생소하고 상상하기조차 어려운 문제에 부딪쳤기 때문이다.

특히 제2편 「하늘이 무너지는 소리」를 정리하면서 그 무시무시한 십자군전쟁과 신·구교 투쟁사에서는 나도 모르는 사이에 온 몸에 소름이 끼쳤고 기독교인들의 원주민 학살, 이슬람주의와 시오니즘을 보면서 현재의 중동전쟁이 하루아침에 발발된 것이 아님을 알게 되었다.

그러나 이 세상을 살아나가는 한 방법으로 그렇게 했겠지만 이 세상 어느 누구도 죽기를 좋아하고, 살기를 싫어하는 사람은 한 사람도 없다.

이것을 일찍 깨달은 알렉산더대왕은 약관 20세의 나이에 왕이 되어 33세에 죽을 때까지 이 세상 어느 누구도 하지 못했던 일을 몸소 실천하였다.

① 결혼의 자유화

② 동서 인종이 함께 거주하는 새로운 도시건설

③ 세계인류가 함께 쓸 수 있는 화폐를 발행하여 자유롭게 유통시켰다.

④ 그리고 무엇이고 좋은 것은 살리고 착한 것은 추앙되었으며 진실하고 아름다운 것을 답습하게 하였고

⑤ 공통어를 통하여 자유로우면서도 질서있게 살게 하였으니 이것이 헬레니즘문화의 이상향이 아니겠는가!

동양의 부처님과 서양의 예수님의 공통점은

① 다 같이 집을 나와 중생과 세계를 위해 길거리에서 살다가 길거리에서 생을 마감하였고

② 죽이고 빼앗고 물들고 거짓된 것을 싫어하고 맑고 밝은 정신으로 세상을 살아갈 것을 권장하였고

③ 뉘우치고 용서하고 사랑하며 살아가는 방법을 가르쳤다.

특히 특수한 것을 좋아하는 기독교인, 내 것만을 제1이라고 주장하는 이슬람 주의자들 때문에 지금 이 세계는 전쟁의 회오리에 휘말리고 있다.

우리는 시오니즘에서도 좋은 점을 찾아내고 힘없는 농민들에게서도 그 순수하고 풍요로운 점을 발견하여 이 세상을 정말 복되고 사랑이 넘치는 세계로 만드는 데 조금이나마 도움이 될까 하고 이 책을 쓰고 있는 것이다.

부족한 점, 미흡한 점이 있더라도 용서하시고 이해해주시고, 세계일화(世界一花) 만민동체(萬民同體)의 원리하에 항상 즐겁고 자유롭고 깨끗하게 살게 되기를 희망한다.

서기 2011년 10월 8일 대장 서공선

일러두기

1. 이 책은 예수님의 정의와 평화주의적 사상을 바르게 이해
   하고 세계평화를 실현하기 위하여 기록한 책이다.

2. 이 책은 「성서선해」, 「예수님의 구도와 전법」, 「예수님의 사
   랑 부처님의 지혜」 다음으로 집필된 「기독교 세계정복사」
   이다.

3. 대부분의 자료는 신학자들의 논문과 서양사에서 발굴된 고
   고학 그리고 유네스코 보고자료에서 채록된 것이다.

4. 간혹 가다가 눈에 거슬리는 점이 있다 하더라도 불가피하
   게 인용된 자료이며 이것은 누구를 비평하고 폄하하기 위
   해 쓴 것이 아니니 감정을 버리고 이성적인 면에서 판단해
   주기 바란다.

5. 이 책을 내면서 여러 분들의 수고가 많았지만 모두가 역사
   적 사명감에서 고생하였기 때문에 따로 이름을 밝히지 않
   는다.

목 차

서 언(緒言)

1980년대 미국에 가니 어떤 사람이 "유태인 이름을 아느냐?"고 물었다.

"세계를 움직이는 두뇌의 바탕, 인류의 지성사를 연구해온 독일철학자 유태인 요한 헤르데르를 이르는 말이 아니냐?"

하니,

"모든 세대를 통틀어 가장 위대한 한 편의 서사시다."

라고 예찬하면서

"모세와 예수 그리스도를 제쳐놓고는 당장 우리가 살고 있는 현대세계의 이념을 형성해 놓은 주역들이 유태인들이기 때문이다."

하였다.

성서의 진리와 모세의 위업에 도전 합리주의의 포문을 연 철학자 스피노자, 교회와 국가의 나팔수 역을 거부하고 진보적 지식인상을 정립한 시성 하인리히 하이네, 하이네의 친구, 저 유명한 칼 마르크스, 20세기 인간의 정신세계에 혁명을 가져다준 지그문트 프로이드, 인간의 우주관을 바꾸어놓은 과학의 천재 아인슈타인… 이들은 하나같이 유태인들이다.

그 뿐 아니라, 20세기에 와서 모던 스피리트를 대변하는 음

악의 말러와 아놀드 쉰베르크, 문학의 카프카와 프로스트, 미술의 샤갈, 모딜리아니, 피사로, 키슬링, 발레의 바크스트…이 모두가 유태인들의 두뇌군단(頭腦軍團)들이다.

그들의 엄청난 위대성과 천재성이 과연 어디에서 나온 것인지 잘 알 수 없다. 그런데 미국의 유태석학 카프만이

"이것은 사상이 아니라 하나의 문화이며 유태인의 생활양식이고, 이지주의(理智主義)에 바탕을 둔 그들의 사고방식과 행동양식이다. 하루아침에 이루어진 것이 아니다."

라고 하였다. 장장 수천년을 두고 이성적 혁명의 격류를 겪어오면서 미국에까지 와서 현대를 일구어가고 있는 것이 유태이즘이었다. 그 곳을 바로 미국인들은 뉴욕이라 불렀는데 유태인들은 "쥬이시 뉴욕(Jewish New York)"이라고 부른다.

맨허튼의 이스트강을 따라 걸쳐 있는 윌리엄즈버그 다리가 있고 그 다리 아래 맨허튼교가 있으며 그 중간 지점에 자리잡은 커뮤니티가 바로 그 곳이다.

흑인들이 사는 한 가운데에 자리 잡고 있으나 그 거리에는 범죄가 일어나지 않아 보행자의 천국으로 알려져 있다.

저 브루클린의 이태리촌도 비슷한 곳으로 알려져 있으나 그 곳에선 섣불리 죄를 저질렀다가는 마피아단의 실력자들에 의해 하룻밤 사이에 거리의 시체로 나뒹굴기 일쑤다. 그래서 한국인들은 이 길을 한번 걷거나 그 거리를 바라보면 그것이 곧 자기의 길인 것처럼 착각하고 자신이 스피노자나 프로이드, 아인슈타인이 된 것처럼 말하고 행동한다.

지금 미국에는 많은 유태인들이 살고 있다. 뉴욕 전체인구의 10분의 1이 유태인이라면 깜짝 놀라는 사람도 있다.

아기가 태어날 때 두 주먹을 불끈 쥐고 나오는 이유가 무엇인지 아는가?

인간은 빈손으로 왔다가 빈손으로 가기 때문이다. 못 가진 자에게 베푸는 것은 가진 자의 의무이고 배움에 대하여 사랑이 없는 인간이라면 절대로 존경의 대상이 될 수 없다.

이웃과 동료들에게 사랑 받는 자가 하나님의 사랑을 받을 수 있다. 어릴 때부터 의문을 제기(提起)하되, 그릇만 보지 말고 그릇 속에 있는 물건을 볼 줄 알아야 한다. 모든 행동은 마음에서 우러나와야 하고 행동 없는 마음은 잎이 없는 나무와 같아서 한 가닥 바람에도 쉽게 무너진다.

선행을 쌓는 것은 자체의 덕을 기르는 것이니 그 보답으로 내세에 천당에 갈 것이라 희망하지 말라. 내세에는 천당과 지옥이 없다.

특히 뉴욕 중심부 컬럼비아대학 뒤 브로드웨이에 있는 유태신학대학원은 미국에서 가장 오래된 유태인 이름을 잉태시킨 요람이다. 벌써 그 아이가 120세가 넘었기 때문이다.

이 학원의 로비에 들어가면 역대총장님들의 어록이 기록되어 있다.

"유태이즘은 우리들과 우리들 시대의 빛이며 나아가 세계의 빛이 되리라."

학교의 모토는 유태인공동체를 이끌어갈 랍비[율법사(律法師)]를 양성 배출하는 곳이다. 유태인적인 정신과 예언자적인 역량과 현대적인 심성(心性)을 서구 과학에 잘 배합하여 현대판 모세를 길러내는 곳이다.

유태학자 해롤드 와인스버그는

"유태인이 된다는 것은 곧 유태인 조직에 귀속되는 것이다.

그가 속한 조직과 일체감을 이루는 일 그 자체가 바로 유태인의 생활양식이다."

라고 말한다. 이 공동체의 지도자가 랍비다. 랍비의 권위는 자리에서가 아니라 학식에서 나온다. 그들 교회의 시나고그는 그리스어로 「모이는 장소」라는 뜻이다. 예배와 학습과 모임의 세 가지 기능을 갖는다.

어릴 적부터 예배시간에 나와 토라(torah: 구약성경)를 외운다. 창세기부터 신명기까지 모세5경을 줄줄 외운다.

수백년 동안 전해 내려오는 랍비들의 언행이 담긴 63서(書)로 된 지혜의 보고 「탈무드」를 통해 랍비의 훈련을 받는다.

그들 기도서의 신앙기본원칙 제1조가 "배움에 대한 사랑"이다. 취학아동들은 등교 첫날 알파벳 모양의 사탕과자를 지급받는다. 그것을 먹고 '배움은 곧 사탕과자와 같이 달콤하다.'는 것을 깨닫는다.

부모 잃은 자녀, 가난한 아동들의 교육은 유태인 공동체의 책임이다. 가난한 집의 우수한 자녀는 랍비가 부잣집 사위로 인연을 맺게 해준다. 랍비에 대한 재정적 뒷바라지는 유태인 부자들의 불문율이다.

유태인 자녀들은 학교의 공식 교육밖에 교회에서 주중 「오후학교」「주말학교」 등 보조교육을 1주에 6시간 정도 받는다.

교육내용은 히브리어와 성경, 유태인의 역사, 시사문제 등을 배운다. 13세가 되면 교회에서 정규회원이 되면서 성인의식을 갖는다. 구약성서의 탈무드의 웬만한 지혜는 이쯤 되면 마스터되는 셈이다.

흔히 성경과 그리스신화는 서양문명의 꽃이라 불리고 있다.

13세에 성경을 익힌 총명한 아이가 학문으로 매진할 경우 그가 갖는 사물에 대한 통찰력은 남다를 수밖에 없다.

「유태인들의 역사」를 출간한 폴 존슨은 그들 천재의 연원을 「카발라」 즉, 「영지주의(靈智主義)」에 두고 있다.

「카발라」는 해방, 거역의 뜻이다. 지상의 모든 비이성적인 것을 거부하고 지식을 통해 인간의 해방을 실현시킨다는 뜻이다.

그들은 성경의 구약과 영혼불멸을 믿지만 예수의 신성과 그를 통한 구원을 거부하며 인간의 원리와 천당과 지옥의 내세를 인정하지 않는다. 우리 모두가 하느님의 아들이며 구원은 개개인의 책임이고 신과 직접대면을 주장한다. 개인의 책임, 자유의지, 보답을 의식히지 않는 선행을 주장하고, 현세상이 그들 사상의 책임이다.

역사의 아이러니이지만 유태인들은 독일을 가장 좋아했고 그들의 근대문화 역시 그 골격이 독일에서 완성되었다. 1901년부터 시상된 노벨상이 33년 동안 거의 독일이 휩쓸었고 그 중 30%가 유태인이 받았다. 69년부터 시작된 경제학상의 경우 새뮤얼슨, 프리드만, 레온티에프, 구즈네츠, 틴베르헨, 구프만 등 유태계가 절반 이상을 차지했다.

특히 의학부문의 50%도 마찬가지이다.

히브리대학의 동 파틴킨을 정점으로 한 유대인 사단의 「무서운 아이들」의 존재라는 이름으로 세상에 널리 알려진 일이 있는데 이제 그들은 세계의 뉴스거리도 못된다. 그 내용의 인사들은 이제 아이들이 아니라 40대 이상의 중역으로 호칭되고 있기 때문이다.

지금 사용의 합리화, 근면으로 집약되는 유태인 장사꾼들은

「로스차일드」의 성공으로 상징되었고 이것이 장차 히틀러의 유태인 박해로 이어졌던 것이다.

근세 미국을 움직이고 있는 유태인들의 실세를 보면
① 재계의 록펠러
② 정계의 키신저, 블루멘털, 올브라이트
③ 언론계의 뉴욕타임즈, 타임지
④ 문화계의 구겐하임
⑤ 미술계의 MGM과 20세기 폭스 등

누구도 그 세(勢)를 긍정하지 않을 수 없는 일례들이다. 그들은 철저히 로비하는 것을 모르기 때문에 "우리만큼 로비하지 않는 민족도 없다."라고 자부한다.

그러나 지금 이 시대에 와서는 그들과 유태인들도 이념적 차원에서 새로운 변모를 거듭해가고 있다.

전통을 고수하는 「정통유대이즘」과 현대화된 「개혁파 유대이즘」의 목소리가 높아지고 있다. 그리고 그 사이 어느새 중도파가 생겨 「보수적 유대이즘」도 생겨났다.

팔레스타인에 유태인국가를 건설하자는 그들의 시오니즘은 48년 이스라엘 건국으로 일단락되었고 수많은 존립의 위협을 겪어가면서 오늘에 이르고 있다.

그들 스스로 "유태라는 이름은 정적인 것이 아니라, 동적인 면에서 새로운 시대의 요구에 적응, 진화해가고 있다."

하지만, 최근의 시오니즘은 극악한 학살이라는 여론에 직면하고 있다. 「빈 라덴의 죽음」, 「신정일의 순교」를 앞에 놓고 국수적, 투쟁적, 반인류적으로 변질된 시오니즘이라는 평가를 받고 있고 이것을 어떻게 극복해 나갈 것인가 고민하고 있다.

그렇다고 시오니즘을 버린다면 유대이즘의 색깔이 변하게

될 것이다. 따라서 세계는 현재 고민 중에 있는 것이다.

죽었던 예수가 다시 살아나고 있으며 그 예수는 시오니즘적 예수가 아니라 대 붓다의 정신에 흠뻑 젖은 큰 사랑으로 부각되어야 한다고 외치고 있다. 붓다의 6년 고행을 지금 교회 안에서 수많은 수사들과 목사들이 몸소 체험하고 있는 것이다.

그런데도 한국의 목회자들은 미국물만 먹고 오면 자신이 록펠러, 키신저, 폭스가 다된 것처럼 행동하며 거만하게 뻐긴다. 진실로 한국의 교회는 이 자만이 문제이다. 내 것만 옳고 남의 것은 인정하지 않는 고집스러운 마음, 내가 제일이고 우리만이 귀하다고 하는 거만한 마음이 황금만능주의와 함께 한국을 좀먹어가고 있다. 유네스코에서는 이 유대이즘뿐 아니라 헬레니즘 문화에 물들어 있는 서구의 사상을 아만(我慢), 아애(我愛), 아견(我見), 아치(我癡)에 빠진 절름발이 사상이라 하고 세계일화(世界一花), 만민동체(萬民同體)로 살아갈 수 있는 길을 대 붓다의 깨달음에서 찾아야 한다고 강조하고 있다.

따라서 이 책은 초기 기독교를 이해하는데 예수의 동방여행이 어떠한 의미를 가지고 있는지 순수지성의 입장에서 판독해보려고 하였다. 목수의 아들로 '우물 안 개구리'처럼 생활을 하던 예수가 넓은 대양을 헤엄쳐 가면서 보지 못한 것을 보고 듣지 못한 것을 들어 그들 조상들이 이미 하나님과 약속해온 구약(舊約)을 새롭게 재계약[신약(新約)]하면서 우주의 복덕방 역할을 하고 있음을 새삼스럽게 참 삶의 의미로 살펴본다. 단 33년 밖에 살지 못한 인생이지만 그는 거듭 살아나 인류 2천년 역사에 지대한 영향을 주었다. 그러나 지금은 쉴

사이 없이 자신을 찬양하는 사람들 때문에 한없는 눈물을 흘리고 있으니 이것이 누구의 책임인가?

역사는 돌고 돈다. 그러나 두 번 다시 제자리걸음을 반복하는 일은 없다. 세계는 지금 원자의 핵논리 속에 시들어가고 있으며, 인류는 말라가는 지구촌을 바라보며 겁에 질려 소름 끼치는 두려움 속에 살아가고 있다. 대지진의 환란 속에서도 눈 한번 깜짝하지 않고 꿋꿋하게 살아가고 있는 일본을 보라! 60년 동안 같은 언어, 같은 풍토 속에 살면서도 통일을 이루지 못하고 입으로만 큰소리치는 우리나라를 한번 생각해보자. 이 나라의 십자가는 과연 누가 맬 것인가!

그런데 이상하게도 예수님은 이스라엘 사람들과 바리새교인들을 경계하고 있다.

"이 세상 모든 사람들이 와서 내 가르침을 이해하고 깨달음을 얻을 것이지만 이스라엘 자손들은 어둠속으로 쫓겨나 곡성과 이를 가는 소리를 들을 것이다. 이스라엘 사람들의 그릇된 가르침은 수천년에 걸친 유혈사태를 초래하였으며 그들의 권력과 이기심 때문에 전세계에 죽음과 파멸을 초래한 것이기 때문이다. 이스라엘의 종교지도자들과 율법학자들이 인류의 파멸을 가져올 것이니 그들은 스스로를 선택한 민족이라 믿고 무지한 이방인들을 괴롭혔기 때문이다."

"이스라엘 사람들은 창조주의 법칙을 어기고…… 살인과 강도, 방화를 일삼아 약탈적인 전쟁으로 수많은 인명을 죽이고 그 땅을 차지하였기 때문이다."

돌이켜 보라. 좋은 점은 본받고 나쁜 점은 과감히 버려야 한다. 남의 나라를 빼앗고 남의 종족을 말살하면서도 자기만이 가장 정의인 척하는 자, 그것도 그냥 그렇게 하는 것이 아니라 적의 자손들을 자기의 손아귀에 넣고 그들로 하여금 자기 조상들을 말살시키고 있는 이 현실, 이것은 곧 지구촌 문화의 말살이며, 이름 없는 독재다. 돈과 명예, 사랑, 권력의 올가미로 세상을 말라 죽게 하는 사람들 때문에 예수님은 바로 그들의 손에 십자가에 못 박히면서도 용서를 빌었다.

돈도 좋고 사랑도 좋고 권력도 좋고 명예도 좋지만, 나는 어찌하여 이 자리에 이렇게 서 있는가를 돌이켜 생각해 볼 필요가 있다. 세계의 평화, 인류의 행복을 위해서 말이다.

제 1 편 예수의 동방견문록

　"어머니, 나는 어머님께서 일찍이 인도의 대붓다사상을 중심으로 여러 가지 책들을 주면서 읽으라 하셨으나 나는 '내 조상의 가르침을 좋다.' 하고 솔로몬의 지혜와 시편을 읽은 일이 있는데 실제 인도에 가서 보니 인도야말로 인종의 텃밭이고 온갖 사상의 요람인 것을 깨달았습니다."

　이것은 예수가 17년 동안 인도여행을 마치고 고향에 돌아와 어머니에게 고백한 최초의 말씀이다.

　이스라엘에 있을 때는 오직 자신의 조상의 일만을 기렸는데 인도에는 1천여 종족이 살고 있고 640종의 언어를 쓰고 있었다. 그곳에는 이 지구상에 없는 것이 없을 정도로 사상이 풍부하고 인종도 다양하였다. 그래서 예수님은 그 속에서 슈메르 문명과 이집트의 종교, 페르시아, 바빌로니아, 조로아스터교, 미트라의 신화까지도 구체적으로 공부할 수 있었다.

　그래서 이 세상은 견문(見聞)이 위종(爲宗)이라고 한 것이다.

　"네가 총명하게 생겨 장래성이 있어 보이기 때문에 인도에서 온 손님들이 너를 데리고 가고 싶어 했던 것 아니냐. 나 또한 너를 우리 속에 가두어 허공을 모르는 새가 되지 않게 하기 위하여 아버지와 함께 의논하여 유학을 허락했던 것이다."

예수는 그 동안 집을 나서면서부터 인도에서 만난 사람들의 이야기를 사랑하는 어머니에게 틈나는 대로 들려드렸다.

1. 슈메르의 문명

흰 돛 아래 푸른 파도를 헤치고 있는 범선 속에는 슈메르의 문명에 대해서 잘 아는 그의 면손(遠孫)이 타고 있었다. 그 모습은 얇은 입술에 뾰족한 턱, 가늘고 긴 얼굴에 높은 광대뼈를 가졌으며 대머리에 째진 타원형의 눈을 가지고 있었다. 그들은 달을 중심으로 1년을 열두 달로 나누는 점과 한 시간을 60분, 1분을 60초로 나누는 60진법을 가지고 있었다.

그의 조상들은 아무르강[松花江] 부근에서 흙으로 그릇을 만들어 1만년 전부터 살아왔다고 하였는데 이것이 일찍이 중동지방에 등장한 레반트문화가 아닌가 생각되었다.

이 이야기를 듣던 사람이 옆에 있다 말했다.

"그래? 나도 언젠가 슈메르의 구리향로 하단에 가늘고 긴 얼굴에 얇은 입술과 뾰족한 턱, 높은 광대뼈와 째진 눈을 가진 사람들이 왼 씨름 자세로 묘사되어 있는 것을 보았는데 이것은 고대 동북아시아 사람들의 모습과 흡사하다는 말을 들은 바 있다. 그들은 일찍부터 슈메르의 12궁도(宮圖)와 비슷한 12간지(干支)를 가지고 사람이 죽으면 봉황을 타고 하늘로 올라간다고 그와 함께 살던 사람들을 순장(殉葬)했다고 한다."

12궁은 천문의 춘분점을 기점으로 황도대(黃道帶)를 형성, 12구간으로 나눈 것인데 백양궁(白羊宮), 금우궁(金牛宮), 쌍자궁(雙子宮), 거해궁(巨蟹宮), 사자궁(獅子宮), 처녀궁(處女宮), 천칭궁(天秤宮), 천갈궁(天蝎宮), 인마궁(人馬宮), 마갈궁(磨竭宮), 보병궁(寶瓶宮), 쌍어궁(雙魚宮)을 말하고,

12간지는 자(子), 축(丑), 인(寅), 묘(卯), 진(辰), 사(巳), 오(午), 미(未), 신(申), 유(酉), 술(戌), 해(亥)를 말한다.

"그래, 그래, 그들은 하늘에 제사를 지냈으며 높은 산 위에 지구란 첨성단(瞻星壇)을 만들어 제사를 지냈거든. 진흙으로 만든 바벨탑이 그것이 아닌지도 몰라. 메소포타미아, 사막지대에 와서는 수십 미터가 넘는 4각탑을 세우고 하늘에 제사를 지낸 피라미드도 그런 종류의 하나지."

"그래, 옛 사람들은 거기에서 화살과 창을 피하여 전쟁을 하였으며 전쟁에서 이기면 황소를 잡아 제단에 올리고 환호성을 올렸다는 말을 들었어. 사실 그 자손들은 지금도 이란, 이라크, 파키스탄 등지에 피를 뿌리어 그의 정신이 그 곳에 남아있다는 말도 들었어."

사람들은 화살과 창을 가지고 황소를 잡아 제단에 올리고 음복을 하는 시늉을 하면서 침을 꿀꺽 삼켰다. 사람들은 이렇게 수천년전의 역사를 이야기 속에 함축시켜 들려주고 나니, 사람들의 눈이 번쩍번쩍 타오르며 별빛처럼 빛이 났다.

"우리 선생님 말씀에 의하면 그들은 인류 최고의 문명권에서 살았는데 사법제도(司法制度), 학교제도(學校制度)를 가지고 후배들을 길러낼 수 있는 문자를 가지고 있었다고 하였다."

그 때 예수가 말하였다.

"예, 저도 어머니께서 그들 문자가 페니키아와 그리스를 거쳐 우리가 쓰는 알파벳이 되었다는 소문을 들었습니다."

옆에 사람이 말했다.

"나는 언젠가 성당에 나들이 갔다가 점토전으로 된 한자(漢字)를 보았는데 그것은 한민족 동이족(東夷族)이 발명한 것이라 하였습니다."

"그래, 그것이 갑골문자(甲骨文字)다. 은(殷)나라 사람들이 만들었다고 하는 문자(文字)이고 슈메르 자모르에는 지금도 개의 뼈가 발견(發見)되고 있다. 우리나라 나티피안에서도 동북아시아 오환(烏桓), 숙신(肅愼), 견융(畎戎)에서 행해졌던 순장(殉葬) 풍습이 곳곳에서 발견되고 있거든. 이로써 미루어본다면 우리 문화의 시원이 어쩌면 동북아시아 동이족문명이 이라크 북부 자그로스 산맥을 거쳐 우리에게 미친 것이 아닌가 생각된다.

사실 우리 민족은 당초 농사짓는 법도 몰랐고, 축생을 기르는 법도 몰랐는데 그들의 생활터전에서 곰, 염소, 돼지, 개의 뼈들이 발견된 것으로 보아 가축의 사육이 신석기 초기에 시작된 것이 아닌가 생각된다.

자그로스 산맥 근처에서 발굴된 곡식 알갱이가 사슴뼈와 함께 나왔고 또 그 사슴뼈로 만든 돌낫, 뼈바늘, 숟가락 등을 볼 때 어쩌면 우리 조상들은 그 분들의 가르침을 받아 자모르 공동체의 후예가 되었는지도 모른다. 어떤 사람들은 성서에 등장하는 에피션과 아브라함이 그쪽 사람이 아닌가 생각하는 사람들도 있단다. 왜냐하면 우리 조상들이 동물가죽을 벗겨 입고 살 때에 그들은 이미 직조기술(織造技術)을 가지고 있었고 설형문자(楔形文字)를 사용하고 있었기 때문이다."

"저는 일찍이 우리 조상들의 말을 듣고 우리의 문명은 팔레스타인 지역이었고 에덴동산도 그 어느 곳에 있을 것이라 생각하였는데 슈메르인들이 다 알고 있는 에덴동산 이야기와 남자 여자 이야기를 듣고 역시 세상은 넓고 깊다는 생각을 가지게 되었습니다."

사람들은 예수와 함께 새벽하늘이 환히 밝아올 때까지 슈메르의 역사를 이야기하며 이스라엘 민족에 대한 새로운 판독을 하고 있었다.

2. 이집트의 종교

우리 민족은 일제 36년간 식민지 생활을 하면서 언어를 잃어 버렸고 5천년 역사를 통하여 상실한 것이 수를 헤아릴 수 없다. 그런데 유태인들은 자그마치 400년 동안 이집트의 지배를 받아오면서 많은 것을 잃었지만 그들의 좋은 점은 장차 세계를 지배할 수 있는 정신적 문명을 창조해 나가고 있었다는 것을 알 수 있다.

이집트종교가 유태교에 영향을 미친 것은, 부활, 심판, 동정녀 탄생, 유일신이라 생각되는데 예수도 이 이야기를 듣고 새삼스럽게 응하지 않을 수 없었다.

당시 이집트의 종교는 이시스교로서, 이시스라는 여신이 죽었다 살아나 인간을 심판하는 과정이 나오고, 천지창조의 신으로서는 '프타'로, 모세 5경이 바로 여기에서 영향을 받은 바가 컸다.

"어머니, 저의 배에는 또 이집트 출신 '아톤'이라는 사람이 타고 있었는데 그는 이시스 여신으로부터 프타신의 이야기를 실감 있게 들려주었습니다. '옛날 옛적에 이시스라는 여신이 육체의 몸을 받아 고통을 겪다가 마침내 죽게 되었는데 다시 부활하여 인간을 심판하게 되었다.' 고 말입니다."

"어떻게 신이 인간으로 탄생하지?"

"그는 단성생식(單性生殖)을 하기 때문에 아버지가 없었다고 합니다. 그리고 '프타'라는 신이 있어 말씀으로 천지를 창조하였다고 하는데 우리 조상의 구약에 있는 창세기와 꼭 같았습니다. 모세의 할아버지가 모세5경을 쓸 때에는 이집트의 제19대 임금님, 아케나톤왕이 집정하고 있었는데 그 때 임금님이 보니 백성들이 여러 신을 믿어 그 정신이 해이해지므로 오직 「아톤」신만을 숭배하도록 하여 다신교(多神敎)가 일신교(一神敎)로 전환하게 되었다고 하였습니다.

내가 그 이야기를 듣고 생각해보니 우리 유태인들도 원래는 다신교 체제이었었는데 모세의 할아버지가 생각해보니 이러한 신앙을 가지고서는 국민을 정신적으로 통일시킬 수가 없어 이미 아케나톤 대왕의 영향을 받은 백성들에게 야훼신을 강조하게 되었다 하였습니다. 왜냐하면 유태인들을 이집트로부터 해방시키는 데에는 이러한 정신이 아니고서는 민족통일을 이룰 수가 없었기 때문입니다.

아케나톤 대왕은 조상대대로 내려오던 할례(割禮)사상과 아톤신앙으로 이집트인들을 통일하게 하긴 하였으나 강제성은 없었다고 합니다.

지금 로마가 권력 강화와 부(富)의 풍요로 환락을 누리다보니 정신이 많이 해이해져 있어 장차 로마인들을 하나로 뭉치게 하는 데에는 이 같은 정신이 필요하지 않을까 생각했던 것입니다. 나는 세상의 흐름으로 볼 때 결국 로마는 유일신이 아니면 구제할 수 없다고 본 것입니다. 나는 아톤으로부터 이 같은 이야기를 듣고 우리 조상들이 슈메르인들의 영향뿐 아니라 이집트인들의 영향이 얼마나 컸는가 하는 것을 새삼스럽게 느낄 수 있었습니다."

"너희 남자형제들은 네가 이 같은 이론이나 학문을 가지고 조상의 지혜를 판단하는 것을 보고 거만하고 거들먹거린다고 듣지도 않고 보려 하지도 않지만 나는 네 말을 듣고 진실로 공감하는 바가 크다."

3. 페르시아의 조로아스터교(敎)

배는 순풍에 돛을 단 듯, 큰 바람 하나 없이 잔잔한 파도 속에서 멀고 먼 여행을 끝내고 남인도의 상업도시 파르시에 도착하였다.

많은 상인들이 오고 가는 가운데 조로아스터교[배화교(拜火敎)]를 믿는 아후라를 만나게 되었다.

"어떻게 여기까지 오시게 되었습니까?"

"아버지, 할아버지가 인도무역을 하시다보니, 여기까지 오게 되었습니다."

하며

"인도라는 나라는 진짜 천국과 지옥이 함께 공존하는 곳입니다."

라고 말하였다.

예수는 고향 가까이 있는 곳에서 온 사람을 만난 것만으로도 너무 반가워 물었더니 뜻밖에 이야기를 하였다.

"우리 조로아스터교는, 선과 악, 신과 악마 등 이분대등법

(二分對等法)을 가지고 있습니다. 지혜의 신 「아후라 마즈다 [Ahura Mazdah]」는 우리로 하여금 정의의 신으로 인식되고 있기 때문에 그들은 스스로 아후라 마즈다를 숭배하고 있습니다. 그런데 이쪽 사람들은 전생의 업력을 숙명적으로 믿어 스스로 개척할 생각을 하지 않고 거지는 거지생활에 충실하고 부자는 부자생활에 충실하여 스스로 짓는 복이 일정하지 않다고 피차 간섭하지 않습니다. 우리나라는 지금부터 6, 7백년 전부터 조로아스터교를 믿어 페르시아 사산조 때 아베스타 [Avesta]경전을 만들어 세계적인 종교로 발돋움하였습니다.

그런데 중국 사람들은 이것을 현교(祆敎)라 하여 오랑캐 나라의 종교라 받아들이고 있으면서도 그 내용이 충성되고 의협심(義俠心)이 강하므로 장차 민중의 큰 지팡이가 될 것이라 믿고 있습니다.”

“그러면 이 교는 최초 누가 개창한 것입니까?”

“페르시아 말로는 「짜라투스트라」라고 부르고 일반적인 말로는 파라하바스 교조인 조로아스터 성인께서 「아후라 마즈다신」의 계시를 받고 30세부터 포교하다가 77세에 승천했습니다.

이 세상에는 여러 가지 신이 있으나 선신(善神)으로서는 「아후라 마즈다」, 악신으로서는 「앙그라 마이뉴」가 있다고 합니다. 원래 이들은 쌍둥이였는데 배속에서부터 서로 대립하여 이 세상 끝까지 독립해간다고 하였습니다. 말하자면 「아후라 마즈다」는 정의의 신으로 빛, 생명, 건강, 기쁨 등을 책임지고 「앙그라 마이뉴」는 죄, 질병, 쇠퇴, 죽음, 폭력, 혼돈, 거짓, 위선의 주재자가 되었다 합니다. 그러니까 한쪽에서는 긍정적, 건설적인가 하면 한쪽에서는 파괴적, 부정적 요소가 되어 이 세상을 흑백쌍곡선(黑白雙曲線)으로 만들고 있었는데 어떤 때에는 짐승, 곤충, 인간, 괴물 등 혐오스러운 모습으로 나타나기도 하고 분노, 탐욕 등 악한 성질을 가진 짐승으로 나타내기도 하는데 밤에는 아후라 마즈다는 사랑 베풂의 신으로 등장하기도 한다는 것입니다. 결국에는 선신이 이기고 마는 것이지만 이 세상 끝까지 싸우고 다투어 약육강식(弱肉强食) 생존경쟁(生存競爭)의 세상을 만들고 있다는 것입니다. 생각하면, 흥망성쇠(興亡盛衰) 길흉화복(吉凶禍福)이 우연히 생긴 것이 아닌 것 같았습니다.”

“그러면 그 최후의 심판을 무엇으로 합니까?”

곧 「불(火)」로 한다 합니다. 그래서 조로아스터교에서는 선악 다음으로 불을 신앙의 표적으로 삼습니다. 선과 악은 이 불의 신에 이르면 모두 타버리기 때문에 조로아스터교는 결국 일신론적(一神論的)인 이원론(二元論)을 주장하는 것입니다. 불은 곧 최고의 사랑이요 지혜입니다. 그래서 조로아스터교에서는 불을 신성시하고 논리적 도덕적 순결, 순수성의 연결로 인식합니다. 여기에서 천국과 지옥이 나타납니다. 최후의 심판에 이르러서는 둘 중의 하나입니다. 그 사람이 이 세상에 살면서 착한 일을 했느냐, 악한 일을 했느냐 하는 것은 죽어서 보면 그냥 압니다. 조로아스터 교인들은 죽어 화장이나 매장을 하지 않고 조장(鳥葬)과 풍장(風葬)을 주로 치르는데 철조망위에다 시체를 갖다 놓으면 새들이 쪼아 먹고 나머지 뼈들만 밑으로 떨어진 것을 가지고 장사를 지내는데 이렇게 뼈와 살이 잘 분리된 것은 착한 자이므로 천당에 간 사람이고 그렇지 않은 자는 악도에 떨어진 사람이라고 보는 것입니다. 그런데 교주 조로아스터는 3천년 후에 다시 살아나 최후의 심판을 하겠다고 예언하였습니다. 이것이 우리 종교의 구세주요 심판자이기 때문에 우리는 절대로 이 인과를 믿고 조로아스터의 재림을 기다리고 있는 것입니다."

예수님이 이 말씀을 듣고 보니 구약성서의 선악사상과 천당, 지옥, 재림사상이 어디에서부터 연유되었는지 가히 짐작이 갔다. 조로아스터교가 있는 이집트는 지리적으로 동서양을 연결하는 위치에 있고 국가의 강력한 지원 속에 한 동안 큰 세력을 떨쳤기 때문에 종교사적인 면에서 보면 거대한 영향을 받을 수 있기 때문이다. 죽은 사람의 부활, 최후의 심판들은 실로 유태교사상에 있어서 지대한 영향을 미치고 있었다. 유일신 사상이나 불을 섬기는 사상 또한 그 영향을 받지 않았다고 볼 수 없었다.

특히 페르시아왕조에서는 궁중 옆에 정원을 아름답게 꾸며 놓고 심미하였는데 아케메네스(BC 549~330)왕 시대에 크게 발달하여 그 후 수백년 동안 전성기를 이루어 왔기 때문이다. 돌이켜보면 현재 인도사회를 지배하고 있는 아리안인들은 결국 페르시아인들로서 장차 이슬람왕국이 이루어지기 전에는 서남아시아에서 공동체들과 밀접한 관계에 있었던 것 같다.

1981년 필자가 인도에 갔을 때 이란 사람들은 이슬람에 대해서 이교도라는 의미로 「자르두슈티」 또는 「가브르」라 부르고 있었는데 이것은 조로아스터교인들이 스스로 자신을 '마즈다 숭배자들'이라 한데서 불러진 이름이라 하였다.

페르시아의 첫 번째 조로아스터교 왕조인 아케메네스의 수도 페르세폴리스(Persepolis)는 이란의 페르시아족으로서 신정일치사상을 가지고 매우 혁명적인 정치를 해 왔는데 이슬람왕국에 의해 패망하게 되자 적어도 일천년 이상의 전통적 신앙을 지키기 위하여 지금 인도 서북부로 이동하여 아케메네스의 수도 페르세폴리스로 들어가는 입구에 요새를 틀고 살고 있었다고 한다.

그러니까 서기 936년경 정착했다고 하니 얼마나 오랜 세월을 힌두교인들과 평화롭게 공존하며 살아왔는가를 알 수 있다.

1297년부터 1665년까지 이슬람의 인도 침입으로 한 때는 공포 분위기에서 살았지만 17세기 영국이 인도를 통치하면서 종교신앙이 자유화되어 지금은 상업도시 뭄바이로 이동 엄청난 부의 힘을 가진 세력으로 성장하였다고 한다.

현재 인도의 파르시공동체는 10만명에 이르러 세계 희대의 조로아스터교 공동체를 이루고 있으며 영국과 교류하면서 파키스탄, 미국, 캐나다 등과도 교역하여 크게 성장하고 있으나 이교도들과의 결혼이 금지되어 그 숫자는 더 이상 불어나지 않고 있다고 한다.

아후라마즈다의 상징에는 두 개의 날개 가운데 인간의 모습이 그려져 있고 두 개의 고리와 원(圓), 위아래를 가리키는 손이 조각되어 있는데 이것은 곧 아후라 마즈다의 현현을 나타내 보인 것이라 한다.

① 사람의 얼굴은 파라바하르의 신이 인간과 연결되어 있는 것을 나타내고
② 세 개의 깃털을 가진 두 개의 날개는 좋은 생각, 좋은 말, 좋은 행위로 비약과 진보의 동기로
③ 그 밑에 파라바하르의 보다 낮은 세 부분은 나쁜 생각, 나쁜 말, 나쁜 행위를 인간의 불행과 불운을 나타내는 것이라 하였다.

④ 그리고 파라바하르의 양편의 두 개의 고리, 세판타 미누와 앙카레 미누는 선악을 상징하기 때문에 세판타는 위를 향해 있고 앙카레는 등 쪽에 솟아있다고 하였다.

⑤ 원은 몸통으로 우리의 영혼을 상징하는데 영혼은 시작도 끝도 없기 때문에 존재의 영원불멸을 상징한다고 하였다.

그리고 한 손이 위를 가리키는 것은 성장을 위한 투쟁이고 고리를 잡은 한 손은 성실과 충실을 나타내고 있다는 것이다.

이것이 짜라투스트라의 철학이요 종교였다. 선을 향해 악을 피하는 마음, 이것이 영적 투쟁의 결과로 모든 사람들은 자신의 삶의 매 순간순간마다 성장시킬 수 있는 기회를 주고 파라바하르의 몸통 중앙의 고리는 영혼불멸의 상징이기 때문에 이것을 키우면 누구나 장차 영원의 세계에서 죽지 않고 살 수 있다는 것이다.

따라서 죽음은 육체를 의미하고 영혼은 새로운 삶을 상징하기 때문에 죽음을 이겨내고 비통함을 참아내는 세상의 삶은 곧 영생불멸의 출발점이라고 보기도 하였다.

그렇기 때문에 파라바하르를 전제로 하는 조로아스터교인들은 자신의 행동에 책임을 지고 남의 종교를 비방하거나 헐뜯지 아니하고 존경하기 때문에 이렇게 낯설고 물 설은 먼 나라에까지 와서도 죽지 않고 살고 있다고 하였다.

그러므로 Cyrus 황제의 인권헌장에는 다음과 같은 기록이 남아 있다.

"명령하노니 누구도 다른 사람을 학대하거나 도시를 해칠 수 없다.

집을 손상시켜서도 안 되며
누구의 재산도 훔치거나 빼앗아서는 안 된다.
누구나 자신의 신념체계를 지켜야 하고
자신의 신(神)을 섬길 자유를 가져야 한다.
누구나 자유롭게 사고(思考)할 수 있으며
자신의 거주지를 선택할 수 있으며,
누구도 다른 사람들의 권리를 침해하지 말아야 한다."

1990년에 필자가 중국에 가서보니 파라바하르 조로아스터교는 우리에게는 조금 낯선 종교였지만 중국영웅문 전3부 18권 세트를 비롯한 중국 무협지(武俠誌)에서 자주 등장하는 명교(明敎)가 그것이었다. 명교는 불과 광명(光明)을 숭배하는 종교였지만 중국에서는 일찍부터 토착화된 종교였다. 중국에서는 초창기부터 부정적인 의미에서 세 가지 외래종교[삼이교(三夷敎)]의 하나로 보았으며, 현교(祆敎), 마교(魔敎), 배화교(拜火敎), 마니교(摩尼敎) 등으로 불리고 있었다.

명교는 실로 명나라를 세운 주원장(朱元璋)의 지지기반이었다. 무협지에서는 마교(魔敎)로 불렸는데 하위(下位)의 세력을 흡수하는 세력이었기 때문이다. 중국의 근본사상은 중용(中庸)을 기본으로 삼기 때문에 극단적인 선악을 주장하는 종교를 좋아할 수 없다.

그러나 중앙정부에 반발하는 민중항쟁의 종교로서 장차는 송나라를 무너뜨리고 원나라를 몰아내고 명나라를 건국하는데 결정적인 역할을 한다. 따라서 방랍(方臘)의 난을 평정하고 몽골을 축출하려는 진우량(陳友諒)과 주원장(朱元璋)에게는 횃불과 같은 존재였으나 중앙집권의 귀족이나 그들 세력을 비호하는 무예가(武藝家)들의 입장에서 보면 무서운 사교집단이고 거짓 종교였기 때문에 무림소설(武林小說)에서는 그들을 마귀(魔鬼) 취급을 하고 극악무도한 종교라 하여 탄압하고 박해하였던 것이다.

명교(明敎)의 조직은 교주를 중심으로 좌우보처가 있고 그 아래 4대호법신장과 오산인(五山人)이 있으며 오행기라 부르는 정예부대가 있었다.

명교의 불은 인간의 고통과 번뇌를 불태워주는 정화역할을 하였고 선한 사람의 영혼을 깨끗하게 정화해주는 한편 사악한 사람의 영혼을 불태워 없애주는 역할을 한다고 믿었다.

그래서 금용(金庸)의 의천도룡기(倚天屠龍記)에 보면 명교의 대표적인 상징물로 "성화령(聖火令)"을 내세웠는데 이것을 교주가 가지고 있던 신성한 물건으로 표면에는 페르시아의 살수무공(殺手武功)이 적혀있어 엄청난 고온에서도 녹아나지 않고 깨어지지 않는 절대적 성질을 가진 신성한 물건이었다.

명교의 무공을 통칭 "건곤대나이(乾坤大那移)"라 불렀는데 이는 완벽한 무공일 뿐 아니라 마음을 닦는 수련법으로서도 바위도 일격(一擊)에 부술 수 있는 능력을 가지고 있다고 한다.

이것이 장차 유교의 충성심(忠誠心)과 결부되어 호국호민의 무술로 발전하게 된 것이다.

4. 로마의 미트라신화

로마는 이스라엘과 가장 가까운 나라이면서도 먼 나라였다. 유럽에서 크게 문명이 발달하여 가장 이상적인 국가이었으나 반대로 여러 나라를 침범하여 복종시키고 세계의 모든 것을 로마로 향하게 하였기 때문이다. 일찍이 로마에서는 한 신의 아들이 제국의 보호자로 선포된 바 있다. 그는 동지(冬至) 전날 12월 25일에 기적적으로 태어났으며 신도들이 상징적인 빵과 포도주로써 죽음과 부활을 기념하는 행사를 하였다. 처녀에게서 태어나 세상의 죄를 짊어지고 12대제자를 거느린 목자(牧者)로서 살았기 때문에 어린 양[영양(羚羊)]으로 불렸다. 40일 동안 마귀의 시험을 거쳐 인간의 죄를 대속(代贖)하고 무덤 속에 들어갔다가 3일만에 부활하여 종말의 날에 재림하여 세상의 악을 일소하고 천국을 건설하는 신의 아들로 부각 되고 있다.

사람들은 흔히 이 이야기를 하면 그것은 기독교의 성서 이야기라 하지만 그것은 성서 이전부터 내려오던 로마의 신화이다.

"창조신은 빛과 어둠을 가르고 해와 달, 별들을 만들고, 식물과 동물을 만든 뒤 최후에 사람 가요마르트를 만들고 휴식을 취하였다. 암흑신이 반란을 일으키자 싸움을 해서 승리하고 대홍수로 세상을 정화시켜 지금의 세계를 완성하였다."

그가 바로 조로아스터교의 창조신 아후라마즈다였다. 예수는 이 분이 원래 유태교하고도 전혀 관련이 없지 않다는 사실을 인도 여행에서 확인하게 되었다.

자신에게 먼저 조로아스터교를 전해준 성인이 로마군대 출신을 소개하여 듣게 된 사실이다.

"암흑신 이리안이 반란을 일으키자 창조신이 이리안과의 전투에서 승리하고 대홍수로 세상을 정화시켜 현재의 땅이 드러나게 되었다."

그 신이 바로 미트라였는데 고대 아리아인들이 믿던 신이었다. 이 신이 조로아스터 교리를 흡수하여 그리스를 건너 로마로 유입되었다는 것이다. 그래서 급속도로 확산 되면서 특히 로마군인들에게 인기를 끌었다는 것이다. 이 사실은 후세 [3세기경] 흑해의 제방이나, 스코틀랜드의 산맥, 사하라 사막 접경지대에서 많이 발견되었는데 초창기 페르시아에서 발견된 미트라신앙과는 많은 차이가 있었다.

「아후라 마즈다」의 「아후라」는 주님의 뜻으로 미트라, 이쉬타르와 함께 「성삼위일체(聖三位一體)」를 만들고 제2의 성자격으로서 「아후라 마즈다」가 된다.

처녀에게서 탄생하여 세상의 구원자로서 죽었다 살아나 마지막 날 재림하여 최후의 심판으로 세상을 무악(無惡)하게 만들었다는 것이다. 이것이 불교의 미트라[미륵(彌勒)]신앙과 일맥상통하는 로마의 신이다. 만일 이것을 구체적으로 말해본다면 다음과 같다.

첫째 미트라의 탄생은 동굴에서 태양이 가장 낮은 날 목자 세 사람이 지켜보는 가운데 탄생한다. 그 세 사람은 마니교의 동방박사 세 사람이고 미트라교의 사제들이다. 그들은 황금과 유향과 몰약을 예물로 가져왔다.

둘째 미트라는 천체를 마음대로 움직이는 존재로서 12궁으로 표현되는 변화의 수레바퀴에서 고요히 자리를 지키는 영적 중심이다. 이것을 역학(易學)에서는 황도(黃道)를 선회하는 중심으로 보고 있다.

셋째 미트라교는 입문식을 치르는 중앙 신인의 둘레에 12사도가 자리를 잡고 12궁을 상징하는 옷을 입고 입문자 주변을 돌며 춤을 춘다.

예수는 흔히 자신의 나라에 12부족이 있으므로 12사도가 보통 하는 것으로 인식하였는데 바빌론의 점성술에 황도상의 천구십이궁(天球十二宮)에서 비롯되었다는 것을 처음 알게 되었다.

미트라교에서는 처음 입문자에게 성체인 빵이나 십자가를 주고 포도주에 물을 타주었는데 이것은 곧 미트라가 죽인 황소의 피와 살이었다.

그래서 후세 독실한 기독교 순교자 유스티누스는 이 의식을 "사악한 악마가 모방해 사용한 의식이다."라고 반대하다가 죽었다.

미트라교에서는 이 의식을 집행할 때

"네가 나와 더불어 하나가 되고
나 또한 너와 더불어 하나가 되도록
내 몸을 먹고 내 피를 마셔라.
그리하지 않는 자는 구원을 받지 못할 것이다."

이 말이 장차 요한복음[6:53~56]에는 "인자의 살과 피로" 나오는데 어떻게 하여 그렇게 구성되었는지 나도 잘 알 수 없다.

넷째 미트라는 죽을 때도 두 죄인 사이에서 죽게 된다. 그런데 그 가운데 한 사람은 하늘로 올라가고 한 사람은 지상에 떨어져 지옥으로 들어간다. 그리고 미트라도 승천한다. 그리하여 빛의 신 제2자리에 앉아 다음 종말을 기다리고 있다고 하였다. 또한 이 세상의 악을 징벌하기 위해서 말이다.

다섯째 미트라교의 안식일은 일요일이었고 유태인의 안식일은 토요일이었다. 그런데, 서기 321년 콘스탄트누스 대제가

"법정은 더 이상 유태인의 안식일이 아니라, 존엄한 태양일을 안식일로 정한다."

고 선언하고, 폐정한 이후 일요일을 안식일로 지내고 있는데 이것은 미트라교의 안식일을 그대로 채택한 것이다.

여섯째 미트라는 목자 혹은 목장주인 등으로 묘사되고 있다. 어떤 때는 어린 양을 기르는 목자로 나타나기도 하고 황소 목을 잘라 대지를 비옥하게 하는 신으로 표현되기도 한다.

일곱째 미트라는 죽은 지 3일만에 부활한다. 그가 부활한 날이 춘분으로 이스터(Eastre) 봄여인(Eostre)의 축제날이었다.

예수는 어쩌면 장차 자신의 역사를 되돌려 듣는 것 같아 이상한 기분이 들었으나 이것은 일찍부터 로마사람들이 다른 종교의 교리를 흡수하여 실천하고 있는 의식이라는 것을 부정할 수 없었다.

사실 인도에도 부활사상이 있었다. 바라문교의 성자 크리슈나가 BC 700년경, 목동들이 지켜보는 가운데 동정녀의 아들로 태어나 아버지 목수의 안내로 갠지스강가에 가서 세례를 받고 역시 나무 십자가에서 못 박혀 죽었다가 부활했다는 사실이 바라문교 성전에도 전해지고 있었다.

그는 죽으면서 다음과 같은 말을 남겼다.

"나는 모든 것의 생명이며,
세상이 떠받치는 자이고
세상의 길이고 피난처다."

이 외에도 디오니소스, 아티스, 아드니스 등 많은 성자들이 죽음에서 부활하여 승천했다는 이야기도 들을 수 있었다.

5. 나일강의 신 오시리스와 방랑의 신 디오니소스

옛날 그리스에는 형제끼리 싸운 이시스신과 오시리스신의 이야기와 방랑객 디오니소스 이야기가 나온다.

원래 천지가 처음 만들어졌을 때 이 세상의 날짜를 1년이 360일 밖에 되지 않았는데 이집트 사람들이 여기에 5일을 더 만들어 향락함으로써 365일이 되었다고 한다.

첫째날의 탄생자는 오시리스이고

둘째날은 하로메리스,

셋째날엔 뱀의 모습을 한 세트,

넷째날엔 여신 이시스,

다섯째날엔 네프티스가 태어났다.

오시리스는 이집트의 지배자로서 밭을 갈아 농사짓는 법과 신들을 경배하는 방법을 가르쳤는데 자신은 여동생 이시스와 결혼하여 아들 호루스를 낳았다. 이들은 서로 부부간에 전국 방방곡곡을 돌아다니며 사람들에게 여러 가지를 가르쳤는데 동생 세트가 그것을 못마땅하게 생각하여 형님에게 꼭 맞는 관을 만들어 희망에 따라 그 속에 넣어 나일강 하구에 던져 버리니 그 관은 지중해에 흘러들어가 마침내 북쪽으로 흘러 갔다.

이 사실을 안 백성들은 지배자 세트에게 대하여 혐오하게 되었고 그의 형수 이시스는 머리칼을 잘라 슬픔을 표시한 뒤 레바논의 뷔블로스까지 가서 버드나무에 둘러싸인 관을 찾게 된다.

그런데 뷔블로스왕이 궁전을 짓기 위해 그 버드나무를 발견하고 베어서 궁전의 기둥으로 썼다. 이시스는 그 사실을 알고 그 궁전에 찾아가 어린 왕자의 유모가 되어 어린 왕자를 길렀다. 이시스는 그 어린 왕자를 영원히 살리기 위해 틈이 나는 대로 불에 쪼여 구웠는데 이 사실을 안 왕비가 놀라 왕자를 빼앗아 갔다.

이에 이시스는 자신의 남편의 관이 궁전의 기둥 나무속에 들었다고 호소하며 그 관을 빼내고 기둥을 되돌려 주어 지금은 이시스 신전에 보물처럼 모셔져 있다고 한다.

여신 이시스는 그 관을 싣고 이집트로 돌아와 아들 호루스가 있는 부토에 가서 살았는데 사악한 세트가 이것을 알고 형의 시체를 꺼내 갈기갈기 찢어 여기저기에 던져 묻었으므로 이시스가 남편의 시체를 찾아 찾는 대로 여기저기에서 장례를 치렀으므로 그의 무덤이 매우 많게 되었다고 한다. 그런데 그 가운데 한 점의 시신이 나일강의 고기에게 먹혀 그때부터 이집트 사람들은 물고기를 먹지 않게 되었다고 한다.

그때 아버지 오시리스가 아들 호루스에게 나타나 소망을 묻자, 사악한 자에게 복수하는 것이라 하니 오시리스의 영혼은 호루스의 몸을 단련시켜 세트의 항복을 받았으므로 호루스는 오시리스의 정당한 후계자가 되었다. 죽은 신을 애도하고 재생된 신을 기원하는 오시리스 신앙이 전국적으로 퍼져 지금은 이집트 전역에서는 숭배의 대상이 되고 있다.

이것이 이집트의 제1의 신이고 제5왕조 때부터는 파라오왕도 오시리스로 간주되어 죽은 사람은 모두 오시리스가 되었고 마침내는 메마른 땅에 작물을 키워주는 신으로 여겨지게 되었다.

이렇게 서양의 신 가운데서도 동양에까지 와서 신앙되는 조상신이 있게 되었는데 디오니소스처럼 포도주로 인식된 신도 있었다.

디오니소스도 한 번 죽었다 살아난 신으로 잔인과 즐거움을 한꺼번에 부여하는 도취(陶醉), 쾌락의 신이 되기도 하였다.

제우스의 사랑을 받는 헤라가 세멜레를 질투하게 되었는데 세멜레에게 복수하고자 번개와 천둥에 둘러싸인 전차를 타고 세멜레의 방에 들어갔다가 제우스의 번개를 피하지 못하고 그 자리에서 죽었다.

대지의 여신 가이아가 세멜레의 뱃속에서 자라고 있던 디오니소스를 꺼내 자신의 넓적다리에 넣어 키웠다. 디오니소스는 장차 님프들에 의해 양육되었으나 헤라에게 추방되어 미처 방랑객으로 여러 나라를 돌아다니게 되었다.

어느 날 디오니소스가 길을 가다가 나뭇가지 하나를 줍게 되었는데 그것을 가지고 새의 뼈, 사자의 뼈, 당나귀의 뼈에 넣었다 빼내면 포도나무가 나와 그리스의 낙소스섬에 심어져 최초의 와인이 만들어지게 되었다 한다.

그래서 와인을 마시면 처음에는 새처럼 재잘거리다가, 다음에는 사자처럼 난폭해지고, 마지막에는 당나귀처럼 우매하게 된다고 하였다.

어떻든 디오니소스는 사랑하면서 헤라 여신의 끈질긴 구박을 받아 결국 미치게 되는데 미친 뒤에는 이집트, 시리아 등으로 떠돌아다니다가 소아시아, 프리기아 지방에서 제우스와 헤라의 어머니 레아를 만나 미친병을 치료하고 사슴가죽을 입고 축제를 하는 의식을 전수해 주고 자신은 인도에까지 가서 포도재배법과 포도주 만드는 법을 가르쳐 준 뒤 낙소스 섬에 가 왕녀 아리아드네와 결혼, 암펠로스, 스타필로스, 오이노피온의 세 아들을 낳는다.

그래서 인도에는 표범 위에 올라타고 손에는 삿갓 모양의 손잡이가 달린 넝쿨 장식을 들고 튀르소스 막대기를 든 디오니소스를 광신적으로 믿는 사람들이 곳곳에 자리 잡고 있었다. 뉘사의 요정, 판신, 사튀로스, 세일레노스 등은 모두가 이 광신적인 마이나데스(Mainades)들이다.

어린 예수는 여기에서 정의의 신이 죽은 뒤에도 민중의 숭배를 받고 찬양을 받으며 세상을 복되게 살고 저주의 신은 혼자 잘난 처하지만 결국에는 빈털터리로 망하게 된다는 사실을 다시 한 번 확인했으며, 술의 신은 아무리 좋아도 결국에는 미치광이 떼거리 신에 불과하게 된다는 것을 깨달아 술을 함부로 입에 대지 아니하였다.

6. 인도 이야기

인도라는 나라는 진실로 크고 넓었다.

동서가 뱅골만과 아라비아해에 접해 있고 북쪽은 히말라야, 서쪽은 힌두쿠시산맥이 자리 잡고 있고 한 번 들어가면 나오기 어려운 큰 포대와 같은 나라였다.

고대로부터 서구문명을 접하여 오랜 세월 종교와 정치에 있어서 많은 영향을 받고 있는 나라였다. 그래서 인도사람들이 이룩한 정신문화는 세계의 어디에서도 찾아볼 수 없는 독특한 문화를 형성하고 있었다.

한 요가 선생에게 물어보니 서양은 철학이 종교의 시녀 노릇을 하고 있는데 인도는 반대로 종교가 철학의 바탕 위에 건립되어 함부로 세계와 인간이 어떠한 사상이나 종교에 지배를 받지 않게 되어 있었다. 모든 것은 인간 속에 세계와 우주를 포함하고 있기 때문이다.

인도문명은 옛날부터 아리안 계통의 문명이 들어오기 전 문다(Munda)족과 드라비다(Dravida)족이 살고 있었으나 어떤 이유에서인지 매몰되고 말았는데 흔히 이 문화를 은성문화(殷盛文化)라 하고 그 모델이 모헨조다로였다고 말하고 있다.

그들은 땅을 어머니처럼 섬기는 지모신앙(地母信仰)을 가지고 성기(性器) 명상상(冥想像)이 도처에서 발견되는 것으로 보아 요가를 즐기며 이성을 존중해 왔던 것으로 사료된다.

그러나 갈색피부에 키가 작고 코가 납작한 원주민족과는 달리 백색 장신의 아리안족들이 인더스강 상류 편잡[Punjab 오하(五河)] 지방에 들어와 자리 잡았다.

이들은 원래 페르시아에 있으면서 이란사람들과 같은 조상을 가지고 서구 여러 민족과 같은 혈통을 가지고 있었다. 그들은 반농반목(半農半牧) 생활을 하면서 무용에 뛰어나 서부 인도로부터 점차 인더스강 중류에까지 내려와 농경생활에 적합한 종교로 문화를 발전시켰다.

이것이 저 유명한 베다사상이다.

(1) 베다문학과 우파니샤드 철학

「베다(Veda)」는 「지식」인데 이것을 알면 신성한 종교지식을 알 수 있다. 베다의 종류는 네 가지가 있는데,

44 하늘이 무너지는 소리

① 리그베다(Rig-Veda): 1017편, 1028송, 10권

BC 1500 - BC 1000년까지 성립, 아리안족이 처음 인도 펀잡지방을 침략하여 들어왔을 때, 인도의 장엄한 자연현상을 찬탄하여 자연신을 노래한 찬미가

② 사마베다(Sama-Veda): 1549송, 2권

신에게 제사를 드릴 때 부르는 노래를 따로 엮은 것

③ 야쥬르베다(Yajur-Veda): 제사지낼 때의 축문

④ 아타르바베다(Atharva-Veda):

제사를 지낼 때 재앙을 피하고 복을 비는 주문

한 사람의 기도주(祈禱主)가

　"그 때 태초(太初)에 무(無)도 없었고, 유(有)도 없었다.
　공계(空界)도 없었고 그 위를 덮은 천계(天界)도 없었다.
　무엇인가가 물질에서 어디선가 그의 발아래에
　깊고 헤아릴 수 없는 물은 있었던가."

하니, 다음의 가수가 가영(歌詠)을 읊었다.

　"그 때엔 죽음도 없었고 죽지 않음도 없었다.
　밤과 낮의 표시도 없었는데
　저 유일한 것(tadekam)은 자기 힘으로 숨을 쉬었다.
　이것 외에 무엇이 있었던가."

이렇게 노래가 끝나고 나니 재앙을 소멸하고 복을 부르는 소리가 나왔다.

> "태초에 암흑이 암흑에 싸여 있었다.
> 우주의 모든 빛은 바다와 같았다.
> 공허에 쌓여 나타나면
> 유일자는 열(tapas)의 힘으로 출생한다."

다시 기도승이 노래 불렀다.
> "처음엔 의욕이 유일자에게서 나타나더니
> 그것이 정자(精子 : 최초라는 뜻이다.)
> 지혜 있는 자가 고요한 선정 속에서
> 유(有)의 연(緣)을 무(無)에서 찾아냈다."

그들은 이렇게 노래 부르며 각기 직분에 따라 의식(儀式)을 행했다.

리그베다는 주로 찬가였고 삼마베다는 가영(歌詠)이었으며 아타르바베다는 주사(呪詞)였다.

찬가는 권청관인 호트리(hotr)가 소리 높여 음송하면 가영은 오율에 맞추어 우드카트리(Udgātr) 제관이 부르고 제사(祭詞)는 집행관 아드바르유(Adhvaryu)가 낮은 목소리로 불렀다. 그러면 아타르바베다의 주사(呪詞)를 제식을 관장하는 기도승 브라흐만(Brahman)이 불렀다.

베다는 아리안에게 있어서 가장 신성한 것으로 신의 계시로 인식되었으며 슈르티(Śruti)[天啓書]라 불렀다.

사제(司祭)의 첫째 사명은 천상계에 있는 모든 신들을 초청하여 지상제단에 모신 다음 그들의 위력을 찬양, 그 은혜를 얻기 바라는 것이므로 가사를 외우는 사이 공물을 바쳐 제단에 모인 사람들이 감응할 수 있도록 하여야 한다.

그러므로 그들은 매우 경건하면서도 경쾌장중한 소리로 대중들의 마음을 휘어잡는다.

그 곳에 모셔지는 신은 태양신 스르야, 사위트리, 푸샨, 새벽의 붉은 태양 우샤스, 우뢰의 신 인드라, 비의 신 프라쟈니아, 바람의 신 바유, 폭풍의 신 루드라, 불의 신 아그니, 물의 신 아피스를 중심으로 관념적인 슈랏다, 아이티, 바쥬, 술신 소마, 무용신 인드라, 정의의 신, 악마 천적을 물리쳐주는 악신, 마군까지도 초청되니 하늘 땅 히공에 있온 모든 신들을 빠짐없이 초청했다.

이로써 보면 인도 사람들은 다신신앙이 중심이 되어 있었으며 때에 따라서는 신구교주가 교차되는 것도 있었다.

어쨌든 신은 인간 이상의 절대적인 힘을 가진 존재로 인식되었기 때문에 때로는 의인화(擬人化)되어 나타나기도 하였다. 아리안들은 지극히 현실적으로 신의 은총을 받기 위해서 갖가지 공물을 올리고 찬탄하였다.

"그들이 늘인 새끼줄이 세로 늘어졌는데
밑에 있는 것과 위에 있는 것은 무엇일까?
사정자(射精者)는 밑에 전개자(展開者)는 위에
자존력(自存力)은 밑에 충동력(衝動力)은 위에
누가 올바르게 아는 자인가?
누가 이에 서술할 수 있는가?

이 세계의 전개는 어디서부터 생겨났는가?
신들은 우주보다 뒤에 나타났다.
모름지기 세계의 시작을 아는 자는 누구인가?"

이렇게 한없이 외우며 찬탄하고 노래하였다.

올리는 제물은 양, 돼지, 소, 개 등 가축으로부터 갖가지 농산물이었으니 이스라엘 사람들의 희생제와 별로 다른 것이 없었다. 날카로운 삭도를 가진 삭발승 앞에 각기 신들에게 올리는 희생제물을 가지고 가면 그는 온 힘을 다하여 내리쳤다. 짐승들은 두 번 칠 것도 없이 목이 떨어지면 칼 저편에 있는 이가 머리를 받아 하늘 신(기도신)에게 올리고 피를 받아 그들 신들의 얼굴에 뿌린다. 그리고 그의 몸통은 시주자에게 주어 그 가족들이 함께 잔치를 베풀도록 하였으니 이스라엘의 도한(刀漢)도 이와 같았다.

예수님은 이것을 보고 매우 잔인무도하게 느껴져 다시는 고기 먹을 생각이 나지 않았다.

"내가 만일 본국에 돌아가게 되면 세례는 성령으로 받게 하고 희생제는 금하리라."

그런데 마치 불교에 입문하니 불교에서는 애초부터 불살생계(不殺生戒)를 지켜 산 생명을 함부로 죽이지 아니하였다. 왜냐하면 하늘 사람들은 감로(甘露)를 마시지 비린내 나는 피나 털 달린 짐승의 머리를 먹지 않기 때문이다.

베다의 순서는 리그베다로부터 사마베다 야쥬르베다 본집이 편집되고 그보다 좀 늦게 아타르바베다 본집이 나타나게 되는데 이들을 전문적으로 외우고 노래하는 전문승[司祭者]이 나타나 도제양성을 필요로 하면서 브라흐마나란 종교가 보편적으로 만들어지게 되었다. 대개 이것은 야므나강과 갠지스강 사이에 있는 도아브(Doab)에서 실시하였는데 연대를 보면 벌써 천년전의 일이라고 한다.

베다에서 시작된 제공의식은 밑으로 내려갈 때마다 크게 번성하여 복잡하고 세밀한 규칙이 정해짐으로써 다른 사람들은 따라 할 수 없는 전문적 지식인이 필요하게 되었으므로 이들이 결국 인도사회의 제도 문물 풍습에 대한 권위를 갖게 되었다. 이것이 카스트제도가 나타나게 된 직접적인 원인(原因)이었다.

따라서 신의 권위는 상당히 약해졌으니 이들의 의식이 인간의 행·불행을 좌우하고 있었기 때문이다. 이것은 어쩌면 전통 유태교의 사제들과 닮은 점이 많았다.

이들은 세상의 모든 제물을 영이적(靈異的)으로 지배하는 것이 하나님이라 보고 있었는데 그것을 브라흐만(梵)이라 부르고 있었다. 그러므로 이 브라흐만은 세계를 창조하고 만물을 만들었으며 최후로는 자기 안에 섭취되는 형이상학적 존재, 즉 아트만(Ātman·我)으로 인식되게 되었다. 그래서 샨딜리야(Saṇḍilya)에서는 "인간의 내면적 존재인 아트만과 불같이 빛나는 푸루샤를 참된 브라흐만으로서 관상(觀想)해야 한다."는 범아일여설(梵我一如說)을 만들어냈다. 이것을 실천하고 수행하는 종교가 우파니샤드였다.

그러니까 브라흐만 신을

"인간 개인의 오랜 보호자요, 모든 신들의 아버지로 만물을 창조하여 온 세상의 주인으로 보고 우리는 이 신의 머리로 태어났고 왕은 이 신의 오른쪽 옆구리로 태어났으며 평민은 배로 태어났고 노예들은 발뒤꿈치로 태어났다. 그러므로 위에서 난자는 아랫사람들을 마음대로 부릴 수 있고 밑에 사람들은 위 사람들을 무조건 섬겨야 한다."

주장하였다. 이렇게 만신(萬神)이 브라흐마나 한 신으로 통일되면서 사회제도가 확립되자 또한 이 제를 맡은 주법사(呪法師)들도 신지학적 사변이 두드러지게 나타나 브라흐만과 아트만, 푸루샤의 개념이 하나로 통일되어 이를 깊이 있게 관찰하는 명상이 이루어지게 되었다.

영혼을 아트만(我), 마나스(意), 프라나(呼吸 : 生氣)로 구분하고 이 중의 생명의 원천이 되는 프라나를 입기(入氣), 출기(出氣), 개기(介氣), 등기(等氣)로 나누어 조절하였다.

사람이 잠을 자면 맛도, 시력도, 마음도, 청력도 모두 프라나로 돌아간다. 그리고 잠을 깨면 그 프라나로부터 모든 활동이 전개된다. 그래서 그것을 말하는 언어는 인도말로 「바쭈(VāCJ)」로서 불가사의한 힘의 대상이 되었다.

그러니까 아직 눈·귀·코 ·혀·몸 등 5근에 대한 것은 크게 발전하지 아니했거나 어렴풋하게나마 의식(意識)에 대한 이야기가 대두되고 있었다.

대개 이때의 사람들은 좋은 일을 하면 죽어 좋은 곳에 태어나 조상들과 함께 즐겁게 산다고 생각하였고 나쁜 일을 하면 악도에 태어나 염라대왕의 심판을 받아야 한다고 생각하였다.

그래서 그 때 아라냐카(Aranyaka 森林書) 사상이 나왔다. 삼림서는 '제례의식만 가지고 외우면 우주, 인생의 모든 문제를 다 풀 수 있다.'고 하였고, 지, 수, 화, 풍, 공 5개 요소에 의하여 이 세상이 만들어졌으니 5개 요소의 조화가 필요하다고 생각하였다.

그래서 거기에서 스승과 제자가 가까이 앉아 공부하는 우파니샤드 철학이 나온다. 「우파니」는 가까이의 뜻이고 「샤드」는 앉는다는 뜻이다. 스승님 자리에 가까이 앉아서 스승이 가지고 있는 지식과 지혜를 그대로 전해 받는 것이다. 이것은 티베트에 이르러 멩그스테 스승님과 한 자리에서 신통술을 공부하면서 함께 체험하였다.

야쥬냐발캬(Yajñavalkya)/(Yājñāvarkya)/ 구루(선생)는

"인간은 결국 욕망으로 이루어졌기 때문에 욕망에 의해 의지를 결정하고 행위하고 적응하게 된다."

하였다. 법의 준수성은 주관적이고 그 근저에 절대자유의 형이상학적 실존이 인정되므로 사실 업은 '자유로부터의 법칙'이 된다.

우파니샤드의 진수는 다른 신비사상과 같이 관상(觀想)의 행을 통해 주관의 깊은 곳에 빠져 들어가 거기에서 절대자와 만나 동일성을 직관함으로써 자유롭고 영원한 이상세계에 도달하는 것이다.

그래서 "나는 범(梵)이다. 그것이 너이다."라 한 것이다.

이것이 우파사나이고 쟈나며 요가였다.

그러면 거기에서 "바로 그 나"라는 것이 무엇인가?,

브라흐만(Brahman), 아트만(Ātman), 푸루샤(Puruṣa), 프라나(Prāna), 이샤(Isa), 사트(Ssat), 아사트(Asat), 아사샤(Āsaśa) 등이다.

이것이 곧 서양사상과 다른 점이다. 서양에서는 "여호와", "하나님" 하나만을 결정하여 그에 반(反)하면 공격한다. 그런데 인도에서는 그 중 어느 하나만 고집하는 것이 아니고 뉘

앙스가 다른 어떤 원리도 상황에 따라 적당히 응용하여 사용할지라도 나무라는 사람이 없었다.

그러나 우파니샤드 시대에 가장 유력한 원리는 브라흐만, 아트만, 푸루샤였다.

그 가운데에서도 브라흐만은 절대자의 객관성을 표현한 것이고 아트만과 푸루샤는 인간의 주관성을 표한 것이다. 그래서 이들이 하나 되는 것을 범아일여사상(梵我一如思想)이라 하였다. 그러니까 범아일여는 단순한 동질환원(同質還元)이 아니고 서로 다른 두 원리가 신비 속에 종합된 것이다.

푸루샤는 주체성을 표시하는 개념으로, 범아일여는 대자재신(大自在神)이라 불러 절대적인 신앙의 대상으로 삼았다.

우파니샤드 초기에는 인간실존의 주체성에 대해서 그것을 절대자로 파악하고 인간 안에 있는 신을 뜻하였으나 다음에는 인간의 제약으로부터 벗어난 초월신으로 믿게 되었다. 그것은 당시 인도의 바크티(信愛) 사상에 영향 입은 바가 크다. 그런데 중기 우파니샤드는 먼저 요가행법과 바크티를 매개로 신비사상을 심화(深化)하고자 브라흐만, 푸루샤를 연관시켜 브라흐만은 종교적 가치를 나타내는 형이상학적 개념으로 생각하고 푸루샤는 주체성을 나타내는 원리로써 초월성, 능동성을 가진 개념으로 이해되었으며, 아트만은 이 양자와 달리 내재적 주관성을 가진 것으로 이해하였다.

그래서 푸루샤는 초월성을 가진 세계의 창조주로서 요가행자들이 능동적으로 합일해야하는 대상으로 여겨졌으나 브라흐만은 세계의 포섭자, 만물의 근본으로서 요가행자의 수행의 목표, 또는 해탈의 매개체가 되었다.

이와 같이 인도의 정통사상은 베다를 근거로 하여 우파니샤드 철학으로 전개하였다.

이외에도 파딜리야의 범아일여사상과, 웃달라카의 실제론, 야쥬냐발캬의 아트만론이 있었으나 브라흐만이 리그베다의 기도주가 되면서 브라흐만은, 하늘과 허공, 땅, 해와 달, 불, 바람을 몸으로 하는 지고의 신으로 찬양받았다. 그리고 아트만은 생명활동의 근본이 되는 호흡 즉 영(靈)으로 영원히 죽지 않는 존재로 인식되어 윤회와 업의 주체자로서 영생하는 것으로 인식되었다.

이것이 불교시대에는 6파철학으로 발전한다.

(2) 육사외도(六師外道)와 불교

이와 같이 여러 가지 사실이 우후죽순처럼 일어난 인도는 서기전 2천년 경에는 여섯 가지 큰 외도와 부처님의 학설이 나오게 되었다. 6사외도란

① 푸라나, 카싸파(Purana-Kassapa 富蘭那迦葉)
② 막칼리 고살라(Makkhali-Gosāle 未迦梨瞿舍利)
③ 아지타 케사캄발라(Ajita-Kesa·kambala 阿夷多趣舍劍婆羅)
④ 파쿠다 카짜야나(Pakudha-Kaccayana 妻浮産進指延)
⑤ 산쟈야 벨라티푸따(Sanjaya-Belattiputta 散雀吏毘羅梨沸咤)
⑥ 니칸타 나타푸타(Nigantha Nataputta 尼乾咤若堤子)

를 말한다.

「외도」란 바른 법을 등지고 되는 대로 사는 사람들을 말하는데,

첫째 푸라나는 도덕부정론자로 살생, 도둑질, 사음, 거짓말

을 마음대로 하고 다니며 살고

둘째 막칼리는 생물은 오직 운명과 환경, 천성에 의해서 변하는 것이고 특별히 법에 의해 결정지어지는 것이 없다 하여 무인론(無因論) 숙명론을 주장하였다.

셋째 아지타는 유물론자로서 이 세상 모든 것은 지·수·화·풍 4대의 원소에 의해서 만들어졌으며 실제 독립성이 없어 죽으면 곧 그것으로써 끝난다는 단멸론(斷滅論)을 주장하였다.

넷째 파쿠다는 인간은 지·수·화·풍 4대에 고(苦)·락·(樂)·명(命) 등 7대 요소에 의해서 구성되어 있으므로 서로 해침도 없고 변함도 없다고 하는 무생무멸론(無生無滅論)을 주장하였다.

다섯째 산쟈야는 형이상학적, 인식론을 부정하고 무엇이든지 의심하는 회의론자였다. "내세는 있을까? 있다? 없다? 있는 것도 아니고 없는 것도 아니다." 하여 불가지론(不可知論)을 주장하여 애매모호한 인생을 살았다.

끝으로 여섯째 니칸타는 자이나교의 교주로서 승자(勝者) 완성자로 부처님과 같이 베다성전의 권위를 부정하고 바라문교 제사의 가치를 부정, 계급제도를 타파하고 이 세상에는 누구나 지켜야할 법이 있다고 하는 합리주의적 사고방식을 피력하였다. 그는 이 세상을 구성하는 원리에는 담마, 아담마, 아가사, 지바, 푸드갈라가 있는데 지바는 영혼에 속하고 나머지는 비영혼적인 것이라 하였다.

담마는 운동하는 것이고, 아담마는 정지(靜止)하는 것이고, 그리고 시간에는 현재, 미래, 과거 3세를 인정하고 있었다. 특히 다섯 가지 원소 중, 푸드갈라는 원자로 구성되어 현실적인 물질[색(色), 미(味), 향(香)]을 만들어 내고 있다. 모든 원자는 접촉점에서 결합하고 헤어지는 성품을 가지고 있으며, 그 지점은 공점(空點)을 생명의 원리로 삼고 있다.

그래서 이들은 철저히 살, 도, 음, 망의 계율과 무소유의 계율을 지켜 옷도 입지 않고 파리, 모기 하나 죽이지 않는 공의파(空衣派)와 흰 옷을 입는 백의파(白衣派)가 생겼다.

이들의 성전에는 앙가, 우팡가, 파인나, 쩨야숫타 등 45부가 있으며 그 가운데 쿤다쿤다가 있어 제한부정론(制限不定論)을 주장하였다. 그들의 해탈은 정견(正見)과 정지(正智)와 정행(正行)에 있으므로 불교의 8정도설과 같아 옷을 벗고 사는 나체생활 외에는 출가수행하는 것이나 무소유정신에는 하등의 차이가 없다.

인도는 육사외도가 한참 흥행할 당시에는 많은 사람들이 집을 나가 출가생활을 하고 있었으며 무소유정신으로 돌아가고자 하는 성자적인 기질이 크게 성행하고 있었다.

따라서 바라문교의 권위는 무너지고 종교적으로도 사회평등의 원리가 크게 풍미하고 있었다.

이때에 싯다르타(Siddhartha)가 세속생활을 청산하고 히말라야에 이르러 알라라칼라마와 웃드라카라마풋트라(=웃다카라마풋타)를 만나 요가수행과 수론(數論)의 학문을 공부하고 선정을 닦았다.

그리하여 모든 희론이 적멸한 열반적정(涅槃寂靜)의 경지를 증득하고 대립 상쟁(相諍)속에서 사는 세계는 모두가 고통투성이로 세상 사람들은 변해가는 시간 속에서 만남과 헤어짐의 고통을 겪고 있다 하고 제행무상(諸行無常)과 제법무아(諸法無我)의 원리를 설파하였다.

그리고 그것을 인과원리에 의하여 고(苦), 집(集), 멸(滅), 도(道) 사성제법(四聖諦法)으로써 설명하였다.

① 세상의 모든 것은 고통투성이다.[고제(苦諦)]

② 그의 원인은 번뇌망상에 있다.[집제(集諦)]

③ 번뇌가 없어지면 열반을 증득하나니,[멸제(滅諦)]

④ 번뇌를 없애려면 8정도의 도를 닦아야 한다.[도제(道諦)]

8정도는 정견(正見), 정사(正思), 정어(正語), 정업(正業), 정명(正命), 정진(正進), 정념(正念), 정정(正定)으로,

이것은 먼저 말한 자이나교의 원리와 근사한 점이 있다.

이것은 공간적인 배경을 중심으로 색(色), 수(受), 상(想), 행(行), 식(識) 다섯 가지로 나누어 설명한 것이 오온(五蘊)의 원리이고 만남과 헤어짐의 원리를 배경으로 설명한 것이 인연(因緣) 또는 연기법이고 시간 속에서 무지무명을 배경으로 설명한 것이 무명(無明), 행(行), 식(識), 명색(名色), 육입(六入), 촉(觸), 수(受), 애(愛), 취(取), 유(有), 생(生), 노사우비고뇌(老死憂悲苦惱)의 연기법이다.

참으로 부처님의 가르침은 간단명료하였다. 그는 왕자로서 뛰어난 인격을 가지고 남을 헐뜯지 않는 덕이 있었으므로 많은 제자들이 모여와 큰 교단을 형성하게 되었고 여러 나라 임금님들이 귀의하여 그의 재가제자가 됨으로써 불교를 보호하여 오랜 세월을 두고 크게 번성하게 되었다.

(3) 아쇼카왕의 불교보호

부처님의 가르침은 형이상학적 논리보다도 이 몸에 대한 고통을 이 몸속에서 해소하여 큰 문제가 없었다.

사람들은 "탐을 버려라." 하면서도 더욱 탐욕하였고 "사견 (邪見)은 나쁜 것이다." 하면서도 나쁜 짓을 더욱 잘 했다.

그런데 부처님은 옷을 벗지 않고 입으면서도 자이나교도보다도 더 철저한 무소유의 생활을 실천하고 거기에서 얻어지는 모든 이득은 먹지 못하고 입지 못하는 사람들에게 나누어 주고 평화스럽게 화합하며 살았다.

그러니까 눈, 귀, 코, 혀, 몸, 뜻이 빛, 소리, 냄새, 맛, 감촉, 법을 통해 얻어진 지식과 상식을 바르게 가짐으로써 번뇌 망상은 지식(止息)되었으며, 번뇌와 먼지가 끼어있던 마음이 빛을 내면서 지혜의 빛이 온 우주를 덮었다. 탐욕과 진에, 우치로써 형제, 친척들을 죽이고 온 천하를 통일했던 아쇼카는 전쟁후 만신창이가 되어 그 몸 자체가 고름 덩어리로 변했다.

어떤 스님이 "너는 법유(法乳)를 마셔야 병이 낫는다."라는 말을 듣고 룸비니에 가서 일보일배(一步一拜)를 하여 병이 나아 빛으로써 세상을 다스리는 임금님이 되어 100년전 살다가신 싯다르타의 자비정신을 받들어 정법정치를 하였다.

① 불법승 삼보를 공경하고
② 부처님의 사리를 꺼내어서 세계 각국에 8만 4천탑을 세우고
③ 부처님의 경전을 편집하여
④ 스님들로 하여금 도덕적인 생활을 하도록 강조하였고
⑤ 가난한 사람들과 고독한 사람들과 무지한 사람들을 위

하여 고아원, 양로원을 세우고 누구나 절간에 들어가 무
지를 깨닫는 공부를 하도록 격려하고
⑥ 아들, 딸들을 출가시켜 해외까지 불교를 포교할 수 있도
록 길을 열었다.

그런데 나라의 임금님들은 어떠한 종교나 사상에도 제압을
하지 않아 불교는 도시의 상공인이나 왕가나 귀족들의 귀의
를 받아 크게 번창하였으나 바라문교와 육사외도들은 농민들
의 보호 아래 꾸준히 발전하고 있었다.
① 베다의 경전들을 간소히 하여 초제 때마다 읽는 천계서
(天啓書): (Srauta-Sutra)와
② 바라문교인들이 집에서 제사를 지낼 때 읽는 가정경(家
庭經): (Grhya-Sutra)이 크게 성행하였는데 그들이 제단을
설치할 때마다 제장의 선택, 제단의 설치, 제화(祭火)를
피우는 규칙을 기록하며 널리 유행하였다.
③ 그래서 제단경(祭壇經): (Śulva-Sūtra)이 거의 대중화되고
있었다.
그러나 부처님은 제사를 본위로 하는 경전보다는 삶의 지
혜를 계발하는 아함경, 방등경, 반야경을 읽게 하였으니 인
과, 인연을 소중히 여기면서도 밝은 지혜 속에서 어리석고 삿
된 것만 제치(除治)하게 한 것이었다.
그러므로 불교신자들의 생활을 보면 마음에 때가 다 벗겨
진 사람들처럼 밝고 명랑하였으나 바라문 교인들이나 육사
외도들의 신도들을 보면 원시적인 삶의 테두리를 벗어나지
못하고 있는 것 같았다.

(4) 상좌부와 대중부

그런데 하루는 바라문 교인들이 죄를 저지른 하인들을 잡아다가 매를 때려죽이는 것을 보고

"이 세상 모든 존재는 하나님 앞에 절대 평등하다. 어떻게 신이 배와 가슴 발뒤꿈치로 사람을 낳아 차별세계를 형성할 수 있는가?" 하고 항의하니 젊은 바라문들이 떼로 몰려와 예수를 때리고 구박하였다. 그 때 마침 왕자의 심부름으로 와 있던 바줄리가 뛰어나와 말리고 용서를 빈 뒤 그 길로 예수를 불교 스님들이 계신 불교사원으로 숨겨버렸다.

예수님은 그 곳에서 7, 8개월 동안 있으면서 불교의 계율을 읽고 숭려의 자질을 확립하였는데 불교의 스님은 1일 1식, 정오가 넘으면 일체 씹는 것을 먹지 아니하였다.

그런데 하루에 한 끼씩만 먹으므로 밖에 나갈 때 시간이 조금 늦은 스님들이 공양을 하려 하니 입승스님이 먹지 못하게 하였다.

"때가 지나면 먹을 수 없다."

"어제도 늦어 먹지 못했는데 오늘까지 먹지 못하면 안 됩니다."

"비구는 죽어도 계를 어기면 안 된다."

그 때 여러 비구스님들이 항의하였다.

① 전날 받은 소금을 저축했다 먹을 수 있도록 허락해 주십시오.

② 오후 2시까지는 밥을 먹을 수 있게 허락해주십시오.

③ 시간이 지나지 않았으면 밥 먹은 뒤에도 또 먹을 수 있게 해주십시오.

④ 장소를 옮겨가면 먹을 수 있게 해주십시오.

⑤ 우유나 버터, 치즈도 먹을 수 있게 해주십시오.

⑥ 병치료를 위해서는 썩은 술을 마실 수 있게 해주십시오.

⑦ 몸에 맞도록 좌복을 만들 수 있게 해주십시오.

⑧ 옛 사람들이 해오던 일이면 관습상 그대로 할 수 있게 해주십시오.

⑨ 때로 갈마법(羯磨法)을 짓고 나중에 와서 용서를 구할 수 있게 해주십시오.

⑩ 필요에 따라서는 금, 은전을 보시 받을 수 있게 해주십시오.

학인들이나 노스님들, 사미승들이 때 아닌 때를 당해서 해서는 아니될 일이지만 불가피한 경우에는 이런 것을 허락해 달라고 하였다.

그러나 나이든 스님들이 철저히 이것을 「비불법(非佛法)」이라 하여 허락하지 않으니 보이지 않게 떼를 지어 꿀차를 마시는 사람도 있었고 뱃삯을 내고 강을 건너가 모래시장에 앉아 명상을 하는 사람도 있었다.

원래 스님은 먼 길을 가더라도 말이나 수레나 배를 타지 않고 걸어서 가게 되어있다. 그 전에 부처님께서 도를 깨치신 뒤 베나레스 5비구를 제도하기 위해서 갠지스강을 건너려 하였는데 뱃사람이 삯을 내라 하여 "돈이 없다." 하니 그냥 가버리므로 신통력으로 강을 건너 이 언덕에 와 있었다. 놀란 사공이 나와 임금님께 아뢰니, "앞으로 어떠한 수행자라도 돈을 받지 말고 강을 건너 주고 수레를 태워드려라." 하여 이것이 불문율로 선택되어 혜택을 받게 되었으나 스님들 숫자가 많아지고 사회 인심이 험해지고 이를 실천하는 사람이 적으므로 스님들도 먼 길을 갈 때는 약간의 노비는 있어야 하고 또 병이 났을 때 약을 먹으려면 돈이 필요하므로 약간의 돈을 저축할 수 있도록 해달라 하였으나 상좌부 스님들이 이를 반대하여 불교는 두 패로 갈라졌다.

"부처님의 말씀은 일언반구(一言半句)도 고칠 수 없다."

는 수구파와

"소소한 계율은 고쳐서라도 중생의 편의를 위해 세상을 복되게 하자."

는 대중부로 갈라졌다. 그래서 같은 스님들 가운데에서도 이쪽과 저쪽이 서로 쳐다보지도 않고 견원시하고 있었으며 또 "상대하면 안 된다."고 가르치는 스님들도 있었다.

엄격한 계율이 사회윤리 도덕에는 크게 도움이 된다고 하지만 같은 수행자끼리

"진짜니, 가짜니"

논하고 있는 모습을 보니

"이래가지고 어떻게 사회대중을 이끌 수 있겠는가?"

크게 실망되는 점도 없지 아니하였다. 특히 이스라엘에 있어서도 구교지도자들과 신교지도자들이 지도자를 평계하여 일하지 않고 놀고먹는 것을 매우 못마땅하게 생각하였는데 일하지 않고 빌어먹고 사는 바라문교 불교스님들이 먹는 것 입는 것을 가지고 이렇게 다툼을 하고 있다면 장차 이들 종교는 이 사회에 큰 도움이 되지 못할 것이라 느껴졌다.

그런데 그 뒤 얼마 있다가 교리문제 때문에 서로 갈등을 일으키고 있는 스님들을 보았다.

대천스님이 하루는 몽중(夢中)에 누설(漏泄)하여 옷이 적셔

지자 그를 시봉하던 스님이

"아라한도 부정을 저지를 수 있습니까?"

하니

"부정에 두 종류가 있으니 번뇌의 누설은 아라한에게는 없지만 육체적인 힘이 넘쳐흐를 때에는 어찌 할 수 없느니라."

하였다. 그리고

"무지(無知)에 두 가지가 있으니 아라한에게는 염오무지(染汚無知)는 없으나 불염오무지(不染汚無知)는 있을 수 있다. 단, 아라한도 의심의 번뇌(煩惱)가 없을 수 없나니, 번뇌로서의 의심은 없지만 의문이 생기는 것은 아주 없을 수 없다."

하였다. 그러니 행자가 물었다.

"아라한도 자신이 아라한이 된 것을 알지 못할 수 있습니까?"

"그렇다 그렇기 때문에 제3자가 '너는 이제 아라한이 되었다'고 일러주지 않더냐?"

이것이 타영입(他令入)이다.

"그렇다면 도인은 이 세상의 고통을 느낄 수 있다는 말 아닙니까?"

"그렇다, 깨달음은 말에 의해 깨달음을 표할 수 있고 또 소리를 질러 '이 세상은 괴롭다'고 소리할 수 있다. 그것은 거짓이 아니고 사실이기 때문이다."

이것은 교리에 의한 아라한(최고 인격자)의 사람 됨됨을 설파한 것인데 그렇다면 부처님은 처음 도를 깨쳤을 때 누구에게 인정을 받았느냐 하는 것이 문제가 된다. 하기야 모세도 시내산에서 하나님의 수기를 받은 뒤 다음에 나아가 다시 지도자들에게 새롭게 인증을 받은 일이 있으니 "성인도 여시출

(如時出)이라." 하지 않았던가?

세상에는 많은 성현들이 있었다. 그러나 때를 만나지 못한 다면 성인도 성인노릇을 할 수 없다.

예수는 이렇게 바라문교와 불교를 익히는 가운데 시대적 상황에 따라서 사랑을 받기도 하고 미움을 사기도 한다는 사실을 새삼스럽게 깨달았다.

그리고 한 스님의 소개로 법화경을 공부한 뒤 티베트로 건너가 멩그스테에게 신통력에 관한 공부를 하게 된다.

(5) 법화경의 진리

법화경의 신리는 방편과 진실을 밝히는 데 목적이 있었다.

부처님이 이 세상에 태어난 것은 여래의 지견(知見)을 열어 보여(開示) 깨달아 들게 하는 데 목적이 있었다.

이 세상 모든 존재는 그 모습(相)과 성격(性), 체력(體力)과 작용(作用)에 의해서 그 가치를 창조하고 있는데 그것은 오랜 세월 쌓아 온 인연(因緣)에 의해서 과보(果報)를 받아 근본과 끝(本末)이 꼭 맞게(究竟)되어 있다 하는 것이었다.

그러므로 이것은 그 모습 하나만 보아도 성격과 체력과 작용을 다 알 수 있고 성품 하나만 보고도 다 알 수 있어 한 생각이 3천세계를 그대로 창조하고 있다는 것이었다.

여시상(如是相) 여시성(如是性)

여시체(如是體) 여시력(如是力)

여시용(如是用) 여시인(如是因)

여시연(如是緣) 여시과(如是果)

여시보(如是報) 여시본말구경(如是本末究竟)

이것을 10여시라 하는데 이 10여 속에 각기 상·성·체·력·용·인·연·과·보·본말구경을 각각 구유(俱有)하고 있으므로

$1 \times 10 = 10 \times 10 = 100 \times 10 = 1000$이 된다.

그래서 한 생각이 곧 1천을 형성하는데 거기 기세간(器世間) 중생세간(衆生世間) 지정각세간(智正覺世間)이 셋이 있으니 $1000 \times 3 = 3$천세계가 된다.

그래서 「일념삼천(一念三千)」이라는 철학이 나온 것이다. 이 세계가 나타나게 된 동기는 방편이다. 그래서 부처님은 이 같은 방편을 통해 이 세상에 나타나 한 마음의 진리를 설하게 되었으니

한 마음이 화를 내면 …… 그것이 지옥이고
한 마음이 탐욕을 내면 …… 아귀가 되고
한 마음이 어리석으면 …… 축생이 되고
한 마음이 투쟁하면 …… 아수라가 되고
한 마음이 정직하면 …… 사람이 되고
한 마음이 착하면 …… 천상인이 되고
한 마음이 청정하면 …… 성문이 되고
한 마음이 고요하면 …… 연각이 되고
한 마음이 자리이타에 충만하면 …… 보살이 되고
한 마음을 깨달으면 …… 부처가 된다.

그러므로 어리석은 사람은 지옥과 천당을 가리나, 지혜 있는 사람은 스스로 그 마음을 다스린다. 그러므로 이 도리를

아는 사람은 곳곳에서 부처를 보고(處處佛像) 그것을 대하는 행동 하나하나가 불공이 되는 것이다(事事佛供).

예수님은 이 책을 읽고 여러 가지로 감동을 받은 바가 많았다.

① 비유품의 삼계화택(三界火宅)의 비유

② 신해품의 장자궁아(長子窮兒)의 비유

③ 화성유품의 화성(化城)의 비유

④ 5백제자수기품에 옷 속의 구슬(衣珠)에 관한 비유

⑤ 안락행품에 머리카락 속에 들어있는 구슬(髮珠)의 비유

⑥ 약초유품에 비와 약초(藥草)에 관한 비유

⑦ 수량품에 의사의 자식들(醫子)에 관한 비유

이외에도 우물 파는 비유(穿井喩) 등 여러 기지기 있었기 때문에 본국에 돌아가 겨자씨의 비유로부터 여러 가지 비유를 사용한 설교를 많이 하게 된 것이다.

그리고 불교의 삼신사상(三神思想)은 바라문교의 여러 신의 사상에서 연유된 바 있지만 일심(一心)의 사상을 세 가지로 구분해 놓은 것이다.

마음이 본체: 법신: 法佛: 法佛: 법신: 법신

마음의 모습: 보신: 依佛: 報佛: 보신: 보신

마음의 작용: 화신: 化佛: 應化佛: 화신: 응신

〈능가아반다과보경〉

법신은 형태를 초월한 진여를 깨달은 경지이고 보신은 보살의 원행을 대신 나타낸 모습이고, 응신은 중생의 근기를 따라 행하는 작용이다.

그런데 이것이 장차 기독교의 삼위일체사상에 영향을 준다.

예수님은 여기에서 이 세상에 모양을 나타내기 이전의 하나님을 성부, 이 몸을 나투어 작용한 것이 둘이 있으니 하나는 스스로 수용한 자수용신(自受用身) 즉 성자, 그리고 님을 위해 마음대로 작용한 화신으로 이해하기도 하였다.

(6) 멩그스테의 신통불교

티베트 멩그스테의 불교관은 방편과 진실을 초월한 금강승(金剛乘)불교였다. 다이아몬드는 광(鑛) 속에 있든지 광 밖에 나오든지 금은 언제나 금이다. 이 세상에 나타난 부처님은 용광로 속에서 얻어진 금과 같고 본래 계신 부처님은 광 속에 든 금과 같으나 금은 언제나 한 금이므로 따로 구분하지 않는다.

티베트는 고산 한랭지역이므로 출가 수행자가 될 때 머리를 깎고 법복을 입는다고 하지만 머리는 상투만 자르는 정도이고 또 옷은 먼저 입고 있던 옷 위에 가사 장삼만 더 입혔다.

교육의 특징은 무분별심에서 나타난 시비였다. 원래 우리의 마음은 분별이 없는 것이었으나 번뇌망상의 구름에 덮여 시비의 구덩이에 빠졌다. 그런 줄만 알았다면 다시 그 분별시비에 속지 아니하면 되는데 문제는 분별심이다.

"이것은 물이다, 산이다, 들이다, 불이다." 분별하면 물에 빠지고 산에 빠지며 불 바람에 날린다. 그러나 그것이 본래 하나의 원소였음을 알면 곧 바로 그 원소를 타고 하늘을 날고 산을 달릴 수 있다. 이것이 신통이다.

사람은 누구나 눈·귀·코·혀·몸을 가지고 빛·소리·냄

새·맛·몸을 접촉하고 거기에서 얻어진 지식과 상식이 제6 의식 속에 잠재되어 있다. 이것이 제8의식 속에서는 혼백을 감지한다. 제7식이 무분별 상태에서 모든 의식을 수용한다. 제8식의 본바탕은 본래 다이아몬드와 같아 어떠한 경우에서 도 부서지거나 변하지 않는다.

그 본래 밝은 빛이 마치 3천대천세계가 밝은 거울 가운데 그림자처럼 나타나듯 과거, 현재, 미래의 일들이 한 마음의 크고 둥근 거울 속에 훤히 드러나므로 대원경지(大圓鏡智)라 한다.

큰 거울 속에 나타난 그림자를 보면 본래 너, 나가 없으므 로 평등성지(平等性智)가 되고 그 평등한 마음으로 일체 중생 을 묘하게 살펴보면 묘관찰지(妙觀察智)가 된다. 그리고 그 묘 관찰지를 통해 상대방이 무엇이 필요한 것인가를 알아 소원 을 성취시켜주면 성소작지(成所作智)가 된다.

그러니까 평등성지는 원래 너, 나를 구분하여 혼백을 나누 던 제7마나식이 뒤집어지면서 생긴 것이고 묘관찰지는 제6의 식이 잠재된 의식을 통해 과거, 현재, 미래를 살피는 것이며, 성소작지는 전5식 즉, 눈·귀·코·혀·몸을 통해 상대방의 소원을 성취시켜주는 것이다.

신통력과 작용에는 그 능력을 따라 신족통(神足通), 천안통 (天眼通), 천이통(天耳通), 타심통(他心通), 숙명통(宿命通), 누진통 (漏盡通) 여섯 가지가 있다.
누진통은 번뇌망상이 완전히 다 떨어진 상태를 말하고
숙명통은 전생의 일을 훤히 아는 것을 말하며

타심통은 남의 마음을 훤히 아는 것이고

천이통은 이 세상의 모든 소리를 다 알아듣는 것이고

천안통은 보이고 보이지 않는 것까지 다 보는 것이고

신족통은 몸과 마음을 마음대로 하는 것이다. 하늘을 날고 싶으면 날고, 땅 속으로 들어가고 싶으면 들어가고 사람이 짐승으로 변하기도 하고 짐승이 사람으로 변하기도 하고… 무엇이든 마음먹은 대로 이루어지는 것을 말한다.

모두 이것은 일반사람들의 능력을 초월한 가운데에서 자유자재를 얻는 것인데 세상의 분별심 시비심으로서는 되지 않는 것이고 초자연적 불가사의한 능력으로서만 이루어지는 것이었다. 말하자면 빛보다 훨씬 빠른 지혜에 의하여 실천되는 것이다. 그러므로 신통력을 얻으면 우선 능력이 생기고 온 몸에서 빛을 발한다. 동맥과 정맥을 이용해서 숨을 쉬던 사람이 중맥을 통해 춥고 더운 것을 벗어나고 눈·귀·코·혀·몸을 통해 숨을 쉬던 사람이 8만 4천 털구멍을 통해 호흡을 하며 손발의 고리 무늬를 통해서 동서남북 어느 곳으로도 텔레파시를 보낸다. 즉 머리에 있는 가마를 통해서는 우주광이 날고 들어오고 손과 발가락에 고리무늬를 통해 무한세계를 조파(照破)한다.

그러므로 막힌 곳은 뚫어지고 굽은 것은 펴지고 거꾸러진 마음을 바로 잡아주는 데는 이것보다 더 좋은 약이 없다.

예수님은 이것을 위해서 티베트에서 자비선(慈悲禪)을 닦았다. 인도에서 요가를 할 때에는 호흡을 통해 육신의 동정맥을 관리했고 다음에 위빠사나를 닦을 때에는 마음이 흐르는 곳을 관찰했다. 그런데 이곳에서는 흔들림 없는 삼매 속에서 통째로 그 몸뚱이를 불살라 버리고 오직 제8아뢰야식 하나만이 통째로 굴러다녔다. 그러므로 어떤 귀신이 어떤 곳에 와서 붙어 있는지 어떤 맥박이 어느 곳에 와서 맺혀 있는지를 훤히 보고 알 수 있으므로 보기만 해도 귀신이 도망치고 병통이 나아 앉은뱅이가 걷고 벙어리가 말을 하고 장님이 눈을 떴던 것이다.

그런데 낭카스님이 이것을 가르칠 때 주의를 주었다.

"이 세상 모든 존재는 자기 업력의 소산이다. 남의 죄업을 소멸해주는 것은 한계가 있으니 분수에 넘치면 오히려 남의 업력 때문에 내가 죽는 수가 있으니 조심해야 한다."

"선생님 저는 이 세상 업력에 의해 만들어진 이 몸을 가지고 살고 싶지 않습니다. 중생을 위해서 통째로 불살라 버리고 제9 백정식(白淨識)만으로 무위자적(無爲自寂)하고 싶습니다."

"자네의 성격이 능히 그러고도 남을 사람인줄 아네. 그러나 그렇게 성격을 급하게 쓰면 자네 밑에서 태어난 많은 사람들이 자네를 의지하여 더 큰 죄악을 저지를 수 있으니 조심해야 하네."

이것이 예수님이 티베트에서 배운 신통력이고 자제력이었다. 그러나 세상에는 이런 신통을 쓰기에는 너무나도 아까운 세상이었으므로 우선 중생들이 필요한 대로 빵을 부풀려 배고픈 자들을 살리고 물위로 걸으며 바람을 재웠던 것이니 이것은 성인의 경계가 아니라 신선들이 부리는 일종의 재주 식통(食通) 복통(腹通)에 불과했던 것이다.

그래서 이번에는 같은 제자들 가운데에도 가롯 유다가 쓴 것으로 오랜 세월을 이집트에 사장되어 있던 탈무드 임마누엘의 세계를 여러분에게 소개하여 초창기 예수님이 어떻게

무슨 교리를 가지고 세상을 가르치고 인심을 순화했던가를
다시 한 번 체험하도록 하겠다.

(7) 탈무드 임마누엘의 세계

01. 임마누엘의 탄생

탈무드 임마누엘은 임마누엘의 명령을 받아 유다 이스카리
옷(가룟 유다)이 기록한 것이다.

임마누엘은 「신의 지식을 가진 자」로 임마누엘의 아버지는
요셉이고 할아버지는 야곱이다. 요셉은 마리아가 비밀리에 수
호천사의 아들인 라씨엘의 먼 후손에 의해 임신하게 되었다.
요셉이 마리아가 결혼 전에 잉태한 것을 알고 떠나려 하자
가브리엘이 보낸 수호천사가 나타나 말했다.

"마리아는 그대에게 맡겨진 그대의 배필이니 위대한 목적
을 위해 선택된 아이를 잘 보호하라."

(탈무드 임마누엘 제1장 95절)

그 때 로마의 황제 아우구스투스가 인두세를 받기 위하여
인구조사를 실시하니 사람들은 모두 옛 고향에 돌아가 신고
하였다. 그래서 나사렛 마을 갈릴레아 출신 요셉도 다윗의 후
손임을 증명하기 위해 유태령 베들레헴에 마리아와 함께 가
서 등록하였다.

마리아가 해산에 임하여 묵을 곳이 없었으므로 어느 집 마
구간에서 아기를 낳아 천으로 싸서 짐승들 옆 구유에 뉘었다.

(탈무드 임마누엘 제1장 96절~104절)

02. 동방에서 온 현자들

당시 갈릴레아와 페래아의 영주는 헤롯 안티파스였는데 동방으로부터 현자들이 예루살렘에 와서 물었다.

"유태의 지혜의 왕은 어디에 있습니까?"

헤롯 안티파스는 이 말을 듣고 두려움에 사로잡혀 대사제들과 율법학자들에게 예언자들의 소리를 들은 뒤,

"당신들이 유태 땅에 가서 그 아이를 보거든 나에게 알려주오. 나 또한 경배하러 가겠습니다."

하여 그들은 마구간에 이르러 경배하고 황금과 유향과 몰약 등을 주고 경배하였다.

"헤롯 안티파스가 이 아기를 해칠지 모르니 이집트로 피하시오."

그리하여 이집트에 가 있다가 헤롯의 의심이 풀린 뒤 다시 이스라엘로 돌아왔다.　　(탈무드 임마누엘 제2장 1절~29절)

03. 세례자 요한

그래서 세례자 요한은 요르단강 둑에서 설교하며

"신이 최상의 존재가 아니라 신 위에 세상과 우주에 살아 있는 모든 것들을 만든 창조가 있음을 가르치며 세례를 주다가 갈릴리로부터 임마누엘이 와서 세례를 받기로 청하니 처음에는 거절했다가

"지금은 이렇게 하십시다."

하는 말을 듣고 세례를 주었다. 그 때 하늘로부터 금속성의 빛이 쏟아지며

"이 사람은 내가 사랑하는 아들이며 기꺼워하는 진리의 왕이다."

라는 소리가 들리니 사람들이 모두 모래사장에 엎드렸다."

(탈무드 임마누엘 제3장 1절~34절)

04. 임마누엘의 비밀

그때 임마누엘은 서북쪽에서 40일 동안 수호천사의 보호를 받으며 지식의 비밀을 전수받았다.

"우주창조와 환생의 비밀과 영혼의 본연성을 깨닫고 옛 선조들을 보았다. 차차 하늘 문이 열리며 산과 들을 보고 여러 천사들을 만나 장차 일어날 일들에 대하여 교습을 받았다."

세례자 요한이 감옥에 갇혔다는 소식을 듣고 임마누엘은 즈불론과 납달리 땅에 있는 호숫가에 가파르나움에 와서,

"회개하라, 지식만이 그들의 생명이 될 것이다."

라고 가르칠 때 베드로와 그의 동생 시몬과 안드레아 두 형제가 그물을 던지는 것을 보고 말했다.

"그대들은 나를 따라오너라. 그대들은 지식의 낚시꾼이 되게 하겠다."

라고 말하고, 그들의 아버지 제베데오가 그들을 고치고 있는 것을 보고 함께 데리고 회당에 가서 영혼의 지식을 전하셨다. 병든 자와 허약한 자들을 치료하면서, 그 때 이 소식을 들은 병자들과 귀신들린 자들과 몽유병환자들과 중풍환자 등 각종 질환에 시달리는 자들이 몰려오니 임마누엘은 모두 고쳐주고 갈릴레아 데카폴리스, 예루살렘, 유태 요르단강 너머로 나아가니 모두가 함께 따라가 산상수훈을 들었다.

(탈무드 임마누엘 제4장 1절~62절)

05. 산상설교

"영적으로 부유하여 진리를 깨닫는 사람들은 축복을 받나니, 생명이 그들의 것이기 때문이다.

애통해 하는 사람들은 축복을 받나니, 그로 인해 그들이 진

리를 깨닫고 위로를 받게 될 것이기 때문이다.

영적으로 균형이 잡힌 사람들은 축복을 받나니, 그들 지식을 소유하게 될 것이기 때문이다.

진리와 지식에 굶주리고 목말라 하는 사람들은 축복을 받나니, 그들이 만족하게 될 것이기 때문이다.

자연의 법칙에 따라서 사는 사람들은 축복을 받나니, 그들이 창조의 계획에 따라 살기 때문이다.

깨끗한 양심을 가진 사람들은 축복을 받나니, 그들이 두려워할 필요가 없기 때문이다.

창조를 아는 사람들은 축복을 받나니, 그들이 그릇된 가르침을 따르지 않기 때문이다.

의로운 사람들은 축복을 받나니, 자연이 그들에게 순종하기 때문이다.

사람들이 나와 내 가르침 때문에 그대들을 욕하고 핍박하며 그대들에게 온갖 사악한 말들을 꾸며댄다면, 그대들 또한 축복을 받을 것이다.

진리를 가볍게 아는 자들이 그대들 이전에 왔던 예언자들도 이같이 핍박하였으니, 기뻐하고 즐거워하라. 이생과 내생에서 그대들이 보답을 받을 것이다."

"그대들은 이 세상의 소금이다. 만일 소금이 그 맛을 잃으면 무엇으로 간을 맞추겠는가? 그것은 대문 밖에 버려져 사람들에게 짓밟히는 것밖에는 쓸모가 없어질 것이다. 그대들은 세상의 등불이다. 그리고 생각해 보라. 산꼭대기에 있는 마을은 감춰질 수가 없다. 또한 사람들이 촛불을 켜서 광주리로 덮어놓는 일은 없으며 항상 촛대 위에 올려놓을 것이니, 그리하여 촛불이 집 안의 모든 사람들을 비추게 되는 것이다. 마찬가지로 그대들의 빛 또한 사람들 앞에서 밝게 빛나야만 할지니, 그래야만 그대들의 선한 행실을 사람들이 보고 그대들의 지식이 진리임을 깨달을 수 있을 것이다."

"내가 율법과 예언자들을 폐지하기 위해서 왔다고 생각하지 말라. 나는 오히려 이들을 완성시키고 감추어진 지식을 드러내기 위해서 온 것이다. 진실로 내가 그대들에게 말한다. 하늘들과 이 지구가 사라지는 한이 있어도 창조와 자연의 법칙들은 일점일획도 없어지지 않을 것이니, 모든 법칙들이 이루어질 때까지 그러할 것이다. 누구를 막론하고 법칙이나 계명 가운데 가장 사소한 것일지라도 어기고 사람들에게 그릇된 것을 가르치는 자는 가장 작은 자라 불릴 것이다. 반대로 가르침을 진실하게 전파하는 사람들은 위대하다 불릴 것이며 영혼이 그들에게 고마워할 것이다. 나는 그대들에게 말한다. 그대들이 저 율법학자들이나 바리사이파 사람들보다 옳게 살지 못하면, 영혼과 생명은 그대들에게 고마워하지 않을 것이다."

"그대들은 옛 사람이 전한 바, '살인하지 말라. 살인하는 자는 누구든지 법정에서 유죄를 선고받을 것이다.' 그러나 나는 그대들에게 말한다. 창조의 자연법칙에 따라서 정의를 행하라. 그리하면 논리적인 판결이 내려질 것이다.

만일 살인을 하거나 나쁜 말과 행동으로 싸움을 한 경우에는, 정당방위를 위해서나 법의 규정대로 행동한 사람들을 제외하고는, 이 모든 사람들에게 모두 죄가 있게 된 오직 창조의 자연법칙에 따른 정의만이 판결을 논리의 수준으로 끌어올릴 것이 그대가 옳은 경우에는 반대편 사람들과 화해하지 말라.

아마도 판사는 그대에게 유리한 판결을 내려야만 할 것이다. 진실로 내가 그대들에게 말한다. 정의란 그대들이 스스로 그것을 발견하고, 또한 그것을 주위 사람들에게 납득시킬 수 있을 때에만 성취되는 것이다."

"그대들은 '간음을 하지 말라.'는 말을 들었을 것이다. 그러나 나는 그대들에게 말한다. 배우자가 아닌 다른 사람과 동침하는 사람은 누구든지 법정으로 끌려가야만 한다. 그것은 인간이 할 짓이 못되므로 경멸당해 마땅한 짓이며, 자연의 법칙을 어기는 행위이기 때문이다."

"만일 그대의 한 쪽 눈이 그대를 괴롭게 하거든 그것을 뽑아 던져 버리라. 신체의 한 부분을 파괴하는 것이 그대의 온몸이 파괴되는 것보다 낫기 때문이다. 만일 어떤 생각이 그대를 괴롭히거든 머릿속에서 지워 버리고 떠오르지 못하도록 하라. 괴로움을 초래하는 그 생각을 소멸시키는 것이 모든 사고 세계를 혼란 속에 빠뜨리는 것보다 낫기 때문이다."

"'배우자와 이혼하는 자는 반드시 이혼증서를 주어라.' 그러나 나는 그대들에게 말한다. 배우자가 간음을 한 경우를 제외하고, 이혼하는 사람은 누구를 막론하고 결혼을 깨뜨리는 것이다. 이런 죄를 지은 자와 결혼하는 사람 또한 간통죄를 범하는 것이다."

"그대들은 또한 옛 사람이 전한 '거짓 맹세를 하지 말며, 맹세는 신에게 걸고 지키라.'는 말을 들었을 것이다. 그러나 나는 말하노니 결코 그대들은 맹세를 해서는 안 된다. 하늘에 대고 맹세하지 말라. 하늘은 무한하고 측량할 수 없기 때문이다. 땅에 대고도 맹세하지 말라. 그것은 영원하지 않기 때문이며, 또한 예루살렘으로도 하지 말라. 예루살렘도 한낱 인간의 손으로 세워진 유한한 도시에 불과하기 때문이다. 또한 그대의 머리를 걸고 맹세하지도 말라. 그대 머리카락 한 올의 색깔도 그대가 임의로 바꿀 수 없기 때문이다. 또한 어떤 사람이나 물건에 대한 기억으로도 맹세하지 말라. 아무것도 영원한 것은 없기 때문이다. 그대들의 말은 항상 간단하게 옳으면 '옳다' 하고, 아니면 '아니라'고만 하라. 무엇이든지 이를 넘어서는 것은 법칙에 어긋난다."

"그대들은 '눈에는 눈, 이에는 이'라는 말도 들었을 것이다. 그러나 나는 그대들에게 말한다. 창조의 자연법칙에 따라 정의를 행하라. 그리하면 논리적인 판결을 발견하게 될 것이다. 사랑을 필요로 하는 곳에서는 어디에서든지 사랑을 베풀라. 그리고 자연의 법칙상 처벌을 해야만 하는 곳에서는 어디에서든지 처벌하라. 사람들이 정직하게 도움을 청하거든 도움을 주라. 그러나 정직하지 않은 방법으로 그들이 당신에게 무언가를 빌리고자 하거든 외면하라."

"그대들은 '네 이웃들을 사랑하고 네 원수들을 미워하라.' 하는 말을 들었을 것이다. 그러나 나는 그대들에게 말한다. 창조의 법칙에 따라 사랑과 이해를 실천하라. 그리하면 논리에 맞는 올바른 행동과 감정을 발견하게 될 것이다. 정당한 곳에서는 사랑을 베풀고, 또한 자연의 법칙상 필요한 경우에는 혐오하라."

"그대들은 지식을 배울 수 있을 만큼 현명해져야 한다. 이는 그래야만 그대들을 만든 창조와 같이 영적으로 완전해질 수 있기 때문이다. 그대들은 그대들 스스로가 창조와 하나가 될 수 있도록, 인간으로 태어나는 무수한 과정을 통하여 영혼과 의식을 훈련시켜서 완전하게 만들지 않으면 안 된다."

(탈무드 임마누엘 제5장 3절~47절)

06. 자선, 단식, 보배와 창조의 돌보심

"그대들이 사람들 앞에서 기도할 때에는, 정확한 어휘들을 사용하여 기도하도록 주의하라. 그리하여 사람들로부터 거짓 말을 한다는 비난을 받아 아무 보답도 받지 못하는 일이 없 도록 하라. 복잡하지 않은 논리를 이용한 어휘들을 선택하여 자연의 지식과 행동을 묘사하라."

"그대들이 자선을 베풀 때는 위선자들이 사람들로부터 칭 찬을 받기 위해서 회당에서나 거리에서 하듯이 자선합네 하 고 외치고 다니지 말라. 나는 진실로 그대들에게 말한다. 그 위선자들은 그들의 자격을 잃어버렸으니, 그들의 자선행위는 오직 그네들의 이기심만을 충족시키기 때문이다."

"그대들은 기도할 때 저 위선자들처럼 해서는 안 된다. 그 들은 회당 안과 큰 길 모퉁이에 서서 기도하기를 좋아하는데, 이는 오직 그들의 이기심을 위해서, 또 사람들이 보아 주기를 바라고 하는 것일 뿐이다. 기도할 때에는, 그대들 영혼의 전 능함을 향해 기도해야 할 것이며, 우상숭배자들이나 무지하고 이기적인 자들처럼 주절거리지 말라. 그들은 많은 말을 지껄 여야만 기도가 들린다고 생각한다. 인간의 영혼은 많은 말을 필요로 하지 않는다. 다만 능력이 있는 영혼이 되기 위해 지 식을 필요로 할 뿐이다. 그러므로 영혼이 위대하며 그 능력이 무한함을 깨달아서 영혼의 전능함을 향하여 기도하라. 만일 영혼의 전능한 힘을 향해 직접 기도하는 방법을 모른다면, 영 혼과 접촉하기 위해 성물(聖物)들을 활용하여도 좋다. 그러나 결코 저 무지한 자들이나 위선자들, 우상숭배자들 및 이기적 인 자들처럼 하지는 말라. 그들은 영혼의 전능함이 그 성물 들 속에 깃들어 있다고 믿어 그것들을 경배하고 있다. 그리고 영혼의 위대한 능력은 이 성물(聖物)을 통하여 항상 그대 자신 속에 거하고 있음을 유념하라."

"그러므로 깨달은 사람으로서, 다음과 같이 기도하라. '나의 영혼이시여, 그대는 전능하시도다. 그대의 이름이 거룩하게 되기를 빕니다. 내 안에 그대의 왕국을 스스로 구현하도록 하소서. 그대의 능력이 내 안과 지구 위에서, 그리고 하늘들 안에서 펼쳐지도록 하소서. 오늘 하루분의 양식을 주셔서 나로 하여금 내 잘못을 인식하고 진리를 깨닫게 하소서. 그리고 유혹과 혼란으로 이끌지 마시고, 나를 잘못으로부터 구원하소서. 이는 내 안의 왕국과 능력과 지식이 영원히 당신의 것이기 때문입니다. 아멘.'"

"그대의 영혼에게 기도하면, 영혼은 원하는 바를 줄 것이다. 깨닫고 믿으라, 그러면 그대들이 받게 될 것이다. 그러나 능력과 영혼이 그대 안에 깃들어 있지 않다는 그릇된 가르침을 믿는다면, 그대들에게는 지식이 없을 것이며, 영적인 가난 속에서 살게 될 것이다. 설령 잘못 사용된 성물이나 우상들, 또는 신들로부터 그대들이 그릇된 믿음 속에서 간구한 것을 어쩌다가 받을 때가 있다고 하더라도, 이것은 참된 진리에 대한 지식이 없는 상태에서 오직 강력한 그대들의 그릇된 믿음으로 인해 받게 되는 것일 뿐이다. 나는 진실로 그대들에게 이른다. 참된 진리와 지식을 믿고 따르는 사람들은 축복을 받으리니 오직 그들만이 정직하게 받기 때문이다."

"그대들은 단식을 할 때 위선자들처럼 괴로운 얼굴을 하지 말라. 그들은 자기들이 단식하고 있음을 사람들이 알아채도록 하려고 찌푸린 얼굴을 하고 있다. 진실로 내가 말하노니, 그들은 이미 상을 받을 자격을 잃어버린 것이다.

이는 그들이 겉으로 나타내기 위한 삿된 목적을 위해서 단식을 하기 때문이다. 그대들은 단식을 할 때에 세수를 하고 머리에 기름을 바르라. 그리하여 단식 중임을 사람들에게 보이지 말고 은밀한 곳에 있는 그대들의 영혼에게 보이도록 하라. 그대들은 스스로의 건강과, 영혼과 지식의 확장을 위해서 단식을 할 따름이다."

"그대들은 땅 위에 큰 보배들을 쌓아 두지 말라. 땅 위에서는 좀이나 녹이 그것들을 잠식하며 도적들이 훔쳐 간다. 그 대신 영혼과 의식 속에 보배들을 모으라. 그 곳은 좀이나 녹이 슬지 못하고 도적들이 훔쳐 가지도 못하느니라. 보배들이 있는 곳에 그대들의 마음 또한 있으니, 참된 보배는 지혜와 지식뿐이니라."

"눈은 육신의 등불이다. 만일 눈이 깨끗하면, 그대의 온 육신이 밝으려니와, 눈이 사악하면, 그대의 온 육신이 어두울 것이다. 만일 육신의 등불이 어두울 때에는, 그 육신은 얼마나 어둡겠는가?"

"아무도 두 주인을 섬길 수 없는 법이니, 반드시 그가 하나는 좋아하고 다른 하나는 미워하든지, 아니면 한 쪽에는 충성하고 다른 한 쪽은 멸시할 것이다. 이와 마찬가지로, 그대들이 영혼과 재물을 동시에 섬길 수는 없다.

그러므로 나는 그대들에게 말한다. 영혼과 육신, 음식과 의복에 관한 지식에 관심을 가지라. 영혼과 생명과 육신이 이 세상의 어떤 보배들보다 더 중요하지 않겠는가? 진리와 지식에 목말라 하는 영혼이 육신이 없으면 지상에서의 생명을 보전할 수 없으니, 이는 육신과 영혼이 하나이기 때문이다. 따라서 영혼과 생명의 법칙에 대한 지식의 증대와 음식 및 의

복에 대해 신경을 쓰는 것이 마땅하니라."

"저 하늘의 새들을 보라. 그들은 씨를 뿌리거나 수확을 거두지도 창고에 쌓지도 않으나, 창조께서는 그들을 먹이신다. 그대들은 새들보다 훨씬 더 귀하지 않은가? 저 하늘의 새들을 보라. 그들은 해충들을 쓸어버리는 대가로 깃털들을 가졌으나, 그들에게는 영혼이 없다. 그들은 단지 해야 할 일을 함으로써 창조에 의해 먹여지고 입혀질 뿐이니라. 그대들은 그들보다 훨씬 더 낫지 않은가? 그대들은 자유로운 의식을 가지고 스스로 생각하고 스스로 일하며, 스스로 음식을 준비하고 의복을 입을 수 있다.

들판에서 자라는 백합을 보라. 그들은 땀 흘려 노동도 하지 않고 길쌈도 하지 않는다. 그러나 진실로 내가 그대들에게 말하노라. 그 백합들조차도 그들의 아름다움을 가지고 보는 눈을 즐겁게 해 줌으로써, 그들의 사명을 다 하고 있는 것이니라. 그대들에게 말하노니, 모든 화려함을 다한 솔로몬조차도 이 백합들 가운데 하나만큼도 치장하지는 못했다. 창조는 오늘 피어 있어도 내일이 되면 아궁이에 던져질 들풀조차도 먹이고 입히신다. 그렇다면, 그대들은 스스로를 위해 더 많은 것을 해야만 하지 않겠는가? 들풀들은 스스로를 꼴과 땔감으로 제공함으로써 자기의 임무를 완수한다. 그런데 그대들은 들풀보다 훨씬 더 가치 있는 존재가 아닌가?

오, 그대들이여, 믿음이 부족한 사람들이여. 그러므로 그대들은 마땅히 영혼의 지혜와 지식을 얻기 위해 노력하여야 하며, 음식과 의복의 부족으로 인해 고통 받지 않도록 자신을 돌보아야만 하느니라. 진실로 내가 그대들에게 말한다. 육신이 굶주림이나 목마름 또는 헐벗음으로 인해 고통을 겪을 때에는, 걱정으로 말미암아 지혜나 지식은 밀려날 것이다. 그러므로 그대들은 우선 영혼과 영혼의 지식이 거처할 곳을 마련하고, 그대의 육신을 음식과 의복으로 편안하게 하도록 하라. 그리하여 내일을 위해 준비할지니, 내일이 저절로 그대들을 돌보아 주지는 않을 것이기 때문이다. 또한 하루의 걱정은 그 하루로써 충분하니, 물질적인 풍요를 위해 걱정하지 않도록 해야 할 것이니라."

(탈무드 임마누엘 제6장 1절~54절)

07. 판단의 정신

"그릇되게 판단하지 말라. 이는 잘못 판단 당하지 않기 위해서이다. 그대들의 판단 기준으로 그대들 또한 판단될 것이요, 그대들이 남들을 재는 자로써 그대들 또한 재어질 것이기 때문이다."

"창조가 주신 자연 법칙의 논리에 따라서만 판단하도록 하라. 이는 오직 그것만이 진실과 정확함을 가지고 있기 때문이다. 그대들은 어찌하여 형제의 눈 속에 있는 티는 보면서, 자기의 눈 속에 들어 있는 대들보는 깨닫지 못하는가? 또한 어떻게 당신이 형제에게 '잠깐 기다려라. 내가 네 눈 속의 티를 빼 주리라'고 말할 수 있겠는가? 오호라, 당신의 눈 속에는 대들보가 들어 있다. 그대 위선자들이여, 먼저 그대들 눈 속에 들어 있는 대들보를 빼내고, 그 뒤에 형제의 눈 속에 있는 티를 어떻게 빼낼까를 생각하라. 그대들이 이웃을 비판하고 심판하며 그들의 잘못을 알려고 하기 전에, 우선 자연과 창조의 법칙과 논리를 배우라. 자연과 창조의 법칙을 통해서 스스로의 잘못을 먼저 깨달으라. 그 다음에 그대 이웃들의 잘못을 바로 잡을 수 있도록 하라. 그러나 신성한 물건을 개에게 주거나, 가지고 있는 진주를 돼지 앞에 던져 주어서는 안 된다. 이는 그것들이 그 물건을 짓밟고 그대들에게 달려들어 그대들을 해칠까 두렵기 때문이니라. 진실로 내가 그대들에게 말하노라. 그대들의 영적인 보물을 쓰레기 같은 자들에게나 가치 없는 자들을 위해 낭비하지 말라. 그들은 고마워하기는커녕 그대들을 찢어 발겨 버릴 것이니, 이는 그들의 이해가 부족하고 영혼이 허약하기 때문이니라."

"구하라, 그러면 그대들이 얻을 것이오. 찾으라, 그러면 그대들이 발견할 것이오. 두드리라, 그러면 그대들에게 열릴 것이다. 진심으로 스스로의 영혼에게 구하는 사람들은 받을 것이고, 그들의 영혼의 능력을 통하여 찾는 사람들은 발견할 것이며, 그들의 영혼의 문을 두드리는 사람들에게 그 문은 열릴 것이기 때문이니라.

그대들 가운데 어느 누가 자기 아들이 빵을 원할 때 돌멩이를 주겠는가? 아니면, 누가 자기 아들이 생선을 원할 때 뱀을 주겠는가? 그대들이 사악함에도 불구하고 자기 자식들에게는 좋은 것을 주고자 하는 터에, 그대들의 영혼은 그대들이 구하는 것보다 얼마나 더 좋은 것을 주겠는가?"

"사람들이 그대들에게 해 주기를 바라는 모든 것을 사람들에게 행하라. 이것이 예언자들에 의하여 전해진 법칙이니라."

"좁은 문을 통해 들어가라. 멸망으로 통하는 문과 길은 넓으니라. 또한 그 길로 가는 사람들은 많으니라. 그러나 생명과 지식으로 향한 문과 길은 좁고, 발견하는 사람들은 불과 소수이니라."

"거짓 예언자들과 율법학자들을 조심하라. 그들은 양가죽을 쓰고 다가오나 실체는 굶주린 이리와 같아서, 그대들에게 성소와 가짜 신들과 또한 신들 앞에서 그대들 스스로를 비굴하게 낮출 것을 설교하고, 우상들과 그릇된 가르침들에 굴종하라고 가르치느니라. 그대들이 지혜와 지식에 접근하고자 할 때 이를 막는 자들을 주의하라. 그들은 단지 그대들에게 영향력을 미침으로써 그대들의 재물과 소유물들을 차지하기 위해 말하는 것뿐이니라. 그런 자들은 그들의 열매를 보면 알 수 있느니라. 가시나무가 포도를 맺고 엉겅퀴가 무화과를 맺을 수 있겠는가? 좋은 씨앗은 많은 수확을 맺고, 좋지 않은 씨앗은 나쁜 수확을 초래하거니와, 좋은 나무가 나쁜 열매를 맺을 수 없고, 나쁜 나무가 좋은 열매를 맺을 수 없느니라. 그러므로 그들이 맺는 열매로써 그들을 알게 되는 것이니라."

"따라서, 나의 말을 듣고 그대로 행하는 사람들은 누구든지 자기의 집을 반석 위에 짓는 현명한 사람과 같으니라. 폭우가 쏟아져 홍수가 나고 바람이 불어 집을 몰아치더라도 그 집은 굳건하여 무너지지 않을 것이니, 이는 그 집이 바위 위에 기초를 세웠기 때문이니라. 그러나 나의 이 말들을 듣고도 이에 따라서 행하지 않는 사람들은 누구든지 모래 위에 집을 짓는 어리석은 사람들과 같으니라. 폭우가 쏟아져서 홍수가 나고, 바람이 불어서 집을 몰아 칠 때에 그 집은 무너질 것이니, 크게 몰락하게 될 것이니라."

임마누엘이 말씀하시기를 마치시니, 사람들은 그의 가르침에 대해 크게 놀랐다. 이는 그가 그네들의 율법학자들이 가르치는 것과는 다른 새로운 교리를 권위 있게 가르치셨기 때문이니라.

(탈무드 임마누엘 제7장 1절~33절)

08-1. 나병환자의 치료

임마누엘께서 산에서 내려가시니 많은 사람들이 그를 따랐다. 이때, 나병환자 하나가 와서 그 앞에 무릎을 꿇고 말했다.

"스승님, 당신은 마음만 먹으시면, 저를 깨끗하게 하실 수 있습니다."

임마누엘께서 손을 내밀어 그를 만지며 말씀하시기를

"내가 그리하리다. 깨끗해지라."

하시니 곧 깨끗이 나았다. 임마누엘은 그에게 말하였다.

"아무에게도 말하지 말라. 그 대신에 사제에게 가서 당신 자신을 보이라. 그대는 영혼의 능력과 지식의 지혜로 말미암아 나은 것이다."

08-2. 가파르나움의 백인대장

임마누엘께서 가파르나움에 가셨는데, 한 백인대장이 그에게 와서 간청을 하였다.

"스승님, 제 하인이 통풍으로 몸을 못 쓰고 집에 드러누워 고통을 겪고 있습니다. 스승님, 저는 당신의 새로운 가르침을 들었고, 인간의 영혼이 진리를 깨달으면 기적을 행할 수 있다고 하신 당신의 지혜가 진실임을 아나이다."

임마누엘께서 그에게 이르시기를

"내가 가서 그를 낫게 하리다."

하시니, 그 백인대장이 말씀드리되,

"스승님, 저는 당신을 제 집으로 모실 만한 자격이 없습니다. 그러니, 그저 한 말씀만 여기서 해 주십시오. 그러면 제 하인이 나을 것입니다. 저 또한 상부의 명령을 받들며 제 밑으로 군사들도 거느리고 있습니다. 그러므로 한 부하에게 제가 '가라' 하면 그는 가며, 다른 부하에게 '이리로 오라' 하면 그가 옵니다. 또한 하인에게 '이 일을 하라' 하면 그가 그대로 합니다."

임마누엘께서 이 말을 듣고 놀라워하시며 따르던 사람들에게 말씀하셨다.

"진실로 내가 그대들에게 말하노라. 이스라엘의 어느 누구에게서도 이러한 믿음을 본 적이 없느니라. 그러나 나는 당신들에게 말하노라. 온 세상으로부터 많은 사람들이 와서 내 가르침을 이해하고 지식 안에 있는 지혜를 깨달을 것이니라. 그렇지만 이스라엘의 자손들은 어둠 속으로 쫓겨나게 될 것이니, 곡성과 이를 가는 소리가 진동할 것 이니라. 이스라엘의 그릇된 가르침들은 수천년에 걸친 유혈사태를 초래할 것이니, 이는 이스라엘인들의 권력에 굶주린 이기심과 자기 높임이 그 땅과 전세계에 죽음과 파멸을 초래할 것이기 때문이니라. 이스라엘의 종교 지도자들과 율법학자들의 그릇된 가르침을 외면하라. 이는 그것들이 인류의 모든 세대들에게 파멸을 가져올 것이기 때문이니라. 이스라엘은 스스로를 선택된 민족이라고 믿고 있다. 그러나 이는 결코 그렇지 않으니, 그들은 법칙의 비밀을 알지 못하는 저 이방인들보다도 더 믿음이 없고 무지하기 때문이니라."

임마누엘께서 백인대장에게 이르셨다.

"가라. 그대가 믿은 대로 될 것이다."

그러자 백인대장의 하인이 그 즉시로 나았다.

08-3. 베드로의 집에 가신 임마누엘

임마누엘이 베드로의 집에 가셨을 때 그는 베드로의 장모가 고열로 앓아누운 것을 보셨다. 그가 손을 그녀에게 대시니 그 즉시로 나았다. 그녀는 일어나 임마누엘의 시중을 들었다. 저녁이 되자, 사람들이 귀신들린 자들을 많이 데리고 왔다. 임마누엘은 말씀으로 사악한 영혼들을 몰아내시고 병든 사람들을 모두 낫게 하셨다. 이리하여 예언자 이사야를 통해 장차 일어날 것으로 전해져 온 일들이 이루어졌으니, 이사야는 이렇게 전하였다.

"그는 지식에 대한 새로운 가르침을 우리에게 가져오실 것이고, 우리의 연약함을 그 스스로 떠맡으실 것이며, 또한 그분은 우리의 질병들을 치료하실 것이니라."

08-4. 제자 되기의 어려움

임마누엘은 많은 사람들이 자기를 에워싼 것을 보시고 제자들에게 건너편으로 건너갈 것을 지시하셨다.

율법학자 한 사람이 그에게 다가와 말씀드렸다.

"스승님, 어디로 가시든지 저는 스승님을 따르고자 합니다."

임마누엘이 대답하셨다.

"여우에게도 굴이 있고 하늘을 나는 새에게도 보금자리가 있으나, 나는 내 머리를 누일 거처가 없노라. 나는 지식과 지혜를 가르칠 사명을 가졌으므로 쉴 새 없이 온 땅을 다녀야만 한다."

이때 제자들 가운데 하나가 말씀드렸다.

"주여, 제 아비가 죽었다 하오니, 제가 가서 돌아가신 분을 장사지내고 오도록 허락해 주소서."

임마누엘이 말씀하셨다.

"나를 따르라. 죽은 사람은 죽은 자들로 하여금 장사지내게 하라."

08-5. 귀신 들린 두 사람을 고치심

그가 건너 편 가다라 지방으로 오셨을 때이다. 귀신들린 자 둘이 그에게 달려 왔는데, 그들은 묘지 안에서 나왔으며 위험하여 아무도 이 길로 다니지를 못했다. 그들이 소리쳐 말했다.

"하나님의 아들이시여, 우리에게 무엇을 원하십니까? 때가 되지도 않았는데 우리를 괴롭히려고 오셨습니까?"

그 때 귀신들린 자들 속의 악령들이 그에게 간청하였다.

"주여, 우리를 몰아내어 저기에서 방목되고 있는 돼지 떼 속으로 들어가게 하소서."

"그리로 가라."

악령들이 돼지 떼 속으로 들어가니, 그 돼지 떼가 물속으로 치달아 빠져 죽었다. 돼지 치던 자가 달아나 마을로 들어가 귀신들린 자들의 일과 모든 것을 말했다. 그러자 온 마을 사람들이 임마누엘에게로 달려 왔다. 그리고 그들은 그에게 마을에서 떠나가도록 요구했다.

(탈무드 임마누엘 제8장 1절~37절)

09-1. 중풍환자를 고치심

임마누엘은 배에 올라 다시 건너편에 있는 그의 마을로 건너 오셨다. 그러자 사람들이 중풍에 걸려 고통 받고 있는 사람을 침상에 눕힌 채로 데려왔다. 임마누엘은 그들의 믿음을 보시고 중풍환자에게 말씀하셨다.

"안심하라. 내 영혼이 가진 능력과 내 지혜의 가르침은 곧 자연과 창조의 가르침이니, 이에 대한 그대의 믿음이 이미 그대를 도왔느니라."

그러자 율법학자 몇 명이 군중 사이에서 그를 비난하였다.

"이 자는 신과 우리의 신성한 가르침들을 모독하고 있다."

그러나 임마누엘은 그들의 생각을 다 알고 계셨으므로 말씀하셨다.

"어찌하여 그대들은 그보다 낮게 생각할 수 있음에도 불구하고 그처럼 사악한 생각을 하는가? 그러면 어느 쪽이 이해하기가 더 쉬운가? 그대들에게는 '그대의 지식이 그대를 도왔느니라.' 하는 말이 쉬운가, 아니면 '일어나서 걸으라' 하는 말이 쉬운가? 나도 그대들과 같은 사람이지만, 단지 지식으로써 영혼의 능력을 사용할 줄 안다는 것을 깨달을 수 있도록 하기 위해, 내가 저 중풍환자에게 명령하리다. '일어나라. 그대는 그대의 침상을 들고 집으로 가라.'"

그러자 그 사람은 일어나 침상을 들고 집으로 돌아갔다. 사람들은 그것을 보자, 사람에게 그러한 능력을 부여하는 임마누엘의 놀라운 새 가르침을 두려워하고 칭송하였다.

09-2. 마태오

그 곳을 떠나시면서 임마누엘은 마태오란 사람이 세무서에 앉아 있는 것을 보시고 마태오에게 말씀하셨다.

"나를 따라오라."

그는 일어나 임마누엘을 따라갔다. 임마누엘이 어떤 집에 머무셨을 때 많은 세금 징수인들과 무식한 사람들과 진리를 구하려는 사람들이 와서 그와 제자들과 함께 식탁에 앉아 있었다. 바리사이파 사람들이 이것을 보고 임마누엘의 제자들에게 말하였다.

"그대들의 스승은 어째서 세금 징수인들과 무식한 자들과 함께 식사를 하고 있는가?"

임마누엘이 이 말을 듣자 말씀하셨다.

"건강한 사람에게는 필요가 없어도 환자에게는 의사가 필요하고, 깨달을 줄 아는 사람에게는 필요가 없어도 무식한 사람에게는 가르침이 필요하며, 옳은 가르침을 받은 사람에게는 필요가 없으나 그릇된 가르침을 받은 사람에게는 가르침이 필요한 것이다. 가라. 그대들의 그릇된 가르침의 거짓을 깨달으라. 그리하여 진리를 배우고자 애쓰는 저 사람들을 잘못 인도하지 않도록 하라."

09-3. 단 식

그 때 요한의 제자들이 그에게 와서 말하였다.

"스승님, 우리와 바리사이파 사람들은 단식을 하는데, 어찌하여 스승님과 스승님의 제자들은 단식을 하지 않습니까?"

"무식한 사람이 지식을 배우는 동안에 어떻게 단식을 하면서 고생을 할 수 있겠는가? 그리고 또 무식한 사람들에게 지식을 가르쳐야만 하는 마당에 선생이 어떻게 단식을 할 수 있겠는가? 진실로 나는 그대들에게 말하노라. 어떤 종파의 율법에 따라 단식을 해야 한다면, 그대들의 가르침은 잘못된 것이다. 단식이란 오로지 신체의 건강과 영혼의 성장을 위한 것일 뿐이다."

"아무도 헌 옷을 새 천 조각으로 기울 사람은 없으니, 이는 새 천 조각이 헌 옷으로부터 다시 뜯겨져 나갈 것이다. 헤어진 자국은 더 흉하게 될 것이기 때문이다. 또한 새 포도주를 낡은 가죽 부대에 부어 넣지도 않는 법이니, 그렇지 않으면 가죽이 찢어져 포도주가 엎질러지고 술 부대 역시 못 쓰게 될 것이다. 새 술은 반드시 새 술 부대에 넣어야 하나니, 이는 포도주와 술 부대를 둘 다 보전하기 위해서이니라."

09-4. 야이로의 딸과 혈우병을 가진 여인

임마누엘이 그들과 이야기를 하고 계실 때, 마을의 지도 자 가운데 한 사람이 와서 그 앞에 무릎을 꿇고 말하였다.

"제 딸이 방금 죽었습니다. 그렇지만 부디 제 집에 오셔서 아이에게 손을 얹어 주십시오. 그러면 그 아이가 살아날 것입니다."

임마누엘은 자리에서 일어나 제자들과 함께 그를 따라갔다. 이때 십 이년 동안이나 혈우병을 앓고 있는 여자가 있었는데, 임마누엘의 뒤로 다가가서 그의 옷자락을 만졌다. 그녀는 이렇게 혼자 생각을 했기 때문이다.

"만약 내가 이 분의 옷자락을 만지기만 하면, 나는 틀림없이 나을 것이다."

그러자 임마누엘이 돌아서서 그녀를 보고 말씀하셨다.

"마음을 놓으라. 그대의 확신이 그대를 도왔느니라."

그러자 그 여자는 그 순간에 나았다. 그가 야이로의 집에 와서 피리 부는 자들과 애통해 하는 사람들의 소동을 보시고 말씀하셨다.

"물러가라. 그 소녀는 죽은 것이 아니라, 잠들어 있을 뿐이니라."

그 사람들은 임마누엘을 비웃었다. 그러나 그들이 바깥으로 다 물러갔을 때, 임마누엘은 안으로 들어가 소녀의 손을 잡고 말씀하셨다.

"내가 네게 명령하노라. 일어나서 걸어라."

그러자 어린 소녀는 일어나서 걸었다. 그리고 곧 이 소식이 온 땅에 퍼졌다.

09-5. 한 소경과 두 벙어리

임마누엘이 그곳을 떠나 길을 가시는데, 소경 한 사람이 그를 쫓아오면서 외쳤다.

"오, 주님, 그대는 지혜와 지식의 아들이시므로 영혼이 가진 힘을 사용하실 수 있습니다. 저를 불쌍히 여겨 주십시오."

집에 도착하자 소경이 그에게 다가갔다. 그가 물으셨다.

"내가 당신을 고칠 수 있다고 확신하는가?"

소경이 대답하였다.

"예, 스승님."

그러자 그가 소경의 눈을 만지며 말씀하셨다.

"그대가 믿는 대로 그대에게 이루어질지어다."

그러자 곧 소경의 눈이 떠지면서 사물을 볼 수 있게 되었다. 그때 임마누엘은 그에게 엄하게 경고하셨다.

"그대에게 무슨 일이 일어났는지 아무도 알지 못하게 하라."

그러나 그 사람은 나가서 온 동네에 자신의 일을 퍼뜨렸다.

소경이 떠난 뒤, 사람들은 귀신들린 벙어리 두 사람을 또 데려왔다. 사악한 영혼들이 내어쫓기자 벙어리들은 말을 하기 시작하였다. 사람들이 매우 놀라고 탄복하여 말했다.

"이스라엘에서 결코 이러한 일들이 행해진 적이 없도다. 이러한 기적들을 행할 수 있다니, 영혼의 능력에 대한 이 새로운 가르침은 얼마나 대단한가?"

그러나 바리사이파 사람들은 말했다.

"임마누엘은 악한 영혼들을 몰아낼 때 그들의 두목의 힘을 빌고 있소. 그럼으로써 우리의 주님이신 신을 모독하고 있소."

그리고는 자기들끼리 모여 말하였다.

"우리보다 더 큰 지혜와 더 많은 지식을 가지고 있는 이 임마누엘이란 자는 도대체 정체가 무엇인가? 그의 가르침이 우리 것보다 더 강력하고 정확하기 때문에 우리의 지위를 위태롭게 하고 있도다. 우리는 그를 사로잡아 죽음의 고통을 겪도록 하지 않으면 안 되겠다."

09-6. 큰 수확

임마누엘은 도시와 마을들을 다니면서 창조의 비밀과 자연의 법칙들을 회당에서 가르치고 전파하셨으니, 이는 사람의 영혼이 전능함을 얻을 수 있게 하기 위해서였다. 그는 사람들 안에 존재하고 있는 영혼의 왕국에 대하여 설교하는 한편, 모든 병자들과 허약한 사람들을 고쳐 주셨다.

그는 사람들을 가엾게 여기셨으니, 이는 그들이 마치 목자 없는 양의 무리처럼 생기가 없으며 함께 뭉치지 못하고 있기 때문이었다. 이에 임마누엘은 제자들에게 이르셨다.

"수확할 것은 대단히 많으나, 그것을 거두어들일 일꾼들이 별로 없도다. 수확을 거두어들일 일꾼들을 더 많이 구할 수 있도록 그대들이 눈을 크게 떠서 찾고 또 기도하라."

그리하여 수확을 위한 일꾼들을 마침내 구하였으니, 그들은 임마누엘의 제자들 주위로 모여 들었다.

(탈무드 임마누엘 제9장 1절~47절)

10. 제자들에게 사명을 부여함

임마누엘은 열두 제자들을 불러 그들에게 부정한 영혼들을 제어하는 지식을 가르쳐 주셨다. 그리하여 그들이 부정한 영혼들을 몰아내고 모든 병과 허약함을 고칠 수 있게 하셨다. 그 열두 제자의 이름은 이렇다. 베드로라 하는 시몬과 동생인 안드레아, 제베데오의 아들 야고보와 동생인 요한, 필립보와 바르톨로메오, 토마와 세금 징수인 마태오, 알패오의 아들 야고보와 타데오, 가나안 사람 시몬과 유다 이스카리옷이었는데, 유다는 임마누엘을 제외하고는 글씨를 읽고 쓸 줄 아는 유일한 사람이었다. 임마누엘은 이 열두 제자들을 내보내며 지시하셨다.

"이스라엘인들의 거리로는 들어가지 말고 율법학자들과 바리사이파 사람들에게도 가지 말라. 다만 사마리아인들의 마을과 온 세상에 있는 무식한 사람들에게로 가라. 내가 그대들을 떠난 뒤에는, 어리석은 사람들과 우상숭배자들과 무식한 사람들에게로 가라. 이는 그들이 이 세상에 죽음과 피흘림을 초래할 이스라엘 족속에 속하지 않기 때문이다. 가서는 자연의 법칙이 곧 창조의 법칙이며, 인간의 영혼이 가지고 있는 힘이 삶을 구체화하는 것임을 널리 전하라. 병든 자는 고치고, 죽은 자는 살리라. 나병환자를 낫게 하고, 사악한 영혼들을 몰아내라. 그대들이 이 능력을 거저 받았으니, 또한 대가없이 베풀라."

"전대 속에 금이나 은, 동전 같은 것들을 모으지 말라. 또한 여행할 때에는 음식과 의복을 넣은 가방들을 가지고 가지 말라. 오직 여행 도중에 필요한 숙식과 몸을 깨끗하게 하고 의복을 갈아입기 위해 꼭 필요한 것들만 가지고 가라. 결코 너무 많이 지니고 다니지 말라. 이는 단지 짐만 될 뿐, 스스로를 도둑들이 반겨할 제물로 만들 뿐이기 때문이다. 그리고 모든 일에는 합당한 대가가 있음을 기억하라. 그러므로 그대들이 성실하게 지식을 전파하고 가르치면, 그대들에게 다른 아무것도 필요치 않게 될 것이다."

"어떤 도시나 마을에 들어가거든, 혹시 그 동네에 자격이 있는 사람이 살고 있는지를 알아보라. 그리고 떠날 때까지 그 사람에게서 머물라. 그대들이 어느 집에 들어 갈 때에는 그 집을 축복해 주라. 만일 그 집이 축복받을 자격이 있으면, 그대가 기원한 평화가 거기에 사는 사람들에게 머물 것이다. 그러나 그들에게 자격이 없으면, 그대가 기원한 평화는 그대에게로 되돌아올 것이다."

"만일 어떤 사람이 그대를 받아들이지 않거나 그대가 하는 말에 귀를 기울이려 하지 않거든, 그 집이나 도시를 떠나 그대의 발에 묻은 그곳의 먼지를 떨어버리라. 진실로 내가 그대들에게 말하노니, 그런 곳에는 머물지 말라. 이는 그런 곳이 무지와 악의 장소들이며, 그곳 사람들은 진리와 지식의 말씀들을 깨닫지 못할 것이기 때문이다. 그런 곳에서는 달아나라. 왜냐하면 그곳 주민들은 자연에 충실치 않아 성물들이나 거짓 신들과 우상들은 섬겨도, 창조를 경배하거나 창조의 법칙들을 따르지는 않기 때문이다. 그런 곳으로부터는 피하라. 그곳 사람들은 그대들의 목숨을 뺏으려 할 것이니, 이는 그들이 자기들의 그릇된 가르침들을 버리려고 하지 않을 것이기 때문이니라. 믿지 않는 자들로부터는 피하라. 진리와 지식 때문에 그대들이 목숨을 잃어서는 안 되기 때문이다. 어떤 법칙도 그대들에게 그런 것을 요구하지 않고 그런 무모한 짓을 인정하지도 않는다."

"진실로 내가 그대들에게 말하노라. 그럼에도 불구하고 앞으로 많은 사람들이 땅에 피를 뿌리며 죽어갈 것이니, 이는 이후에 내 가르침이, 율법학자들과 사제들의 마음속에서 만들어진, 결코 내가 가르친 적이 없는 그릇된 가르침으로 날조될 것이기 때문이다. 그들은 그릇된 가르침을 믿게 하여 사람들을 자신들의 통제 아래에 둠으로써 사람들의 재물과 소유물들을 빼앗기 위해 그렇게 할 것이다."

"지혜와 지식에 관한 가르침을 그릇되게 변조한 자들의 피가 넘쳐흐르고, 또 그릇된 믿음과 악의적인 속임수로 인해 내 것이 아닌 변조된 가르침들을 믿고 퍼뜨리는 모든 사람들의 피가 넘쳐흐를 때면, 이 세상 모든 곳에는 울부짖음과 이를 가는 소리가 진동할 것이다. 그릇된 믿음을 가진 사람들의 대부분이 목숨을 잃을 것이니, 여기에는 이스라엘인들이 많이 포함될 것이다. 그들은 이 세상에 종말이 올 때까지 결코 평화를 얻지 못할 것이니, 그들이 무지하고 어리석어서 영혼과 사랑과 지식의 힘을 부정하기 때문이다."

"내가 진정으로 그대들에게 말하노라. 이스라엘이란 나라는 결코 뛰어난 한 민족이 아니었으며, 항상 살인과 강도짓과 방화를 일삼아 왔도다. 그들은 혐오스럽고 약탈적인 전쟁을 통해 그들과 가장 가까운 친구들을 책략과 살인으로 들짐승들처럼 학살해가면서 이 땅을 차지하였도다. 나는 이스라엘이란 나라가 이 세상의 종말이 올 때까지 저주를 받아 결코 평화를 찾지 못하기를 기원하노라."

"오호라, 나는 양을 늑대들 가운데로 보내는 마음으로 그대들을 무지한 사람들과 우상숭배자들 사이로 보내노라. 그러니 뱀처럼 지혜롭고 비둘기처럼 순수하게 처신하라. 그러나 사람들을 조심하라. 그들은 그대들을 법정으로 넘길 것이며, 그들의 회당에서 그대들에게 채찍질을 가할 것이기 때문이니라. 그대들은 또한 내 가르침으로 인해 통치자들과 왕들 앞에 끌려갈 것이며 그들과 다른 모든 무지한 사람들 앞에서 나의 가르침에 대한 증인이 되어야 할 것이니라. 만일 그대들이 피하지 못하면 그들의 법정으로 넘겨질 것이나 염려하지 말라. 그대들 영혼의 능력이 그대들을 떠나지 않고 그대들의 지식이 해야 할 말을 일러줄 것이기 때문이니라. 말을 하는 것은 그대들이 아니라 그대들의 지식과 영혼의 능력일 것이다. 그대들은 나의 가르침으로 인해 증오를 살 것이다. 그러나 끝까지 견디는 사람은 위대하게 될 것이다. 한 도시에서 박해를 받게 되거든 다른 곳으로 피하라. 이스라엘의 도시들을 위해서는 너무 힘쓰지 말지니, 이는 그대들 스스로만 힘들 뿐이기 때문이다. 내가 그대들에게 이르노니, 이 세상의 끝이 오기까지 이스라엘 백성들에게는 아무 성과도 거두지 못할 것이다."

"제자가 스승보다 나을 수 없고 하인이 주인보다 나을 수 없으니, 제자는 스승과 비슷하고 하인은 주인과 비슷하면 그로써 족하도다. 사람들이 어떤 집의 주인을 베엘제블이라 부른다면, 그 집안 사람들에게 대해서인들 오죽 하겠는가? 그러니 이스라엘을 조심하라. 그들은 종기와 마찬가지이기 때문이다. 그러나 그들을 두려워하지는 말라. 숨겨진 것은 드러나고 비밀은 밝혀지기 마련이다. 내가 은밀히 말하는 것을 공개적으로 전하라. 또한 내가 그대들 귀에 속삭여 준 것들을 지붕 위에서 외치라. 못된 중상을 두려워하지 말고 생명이나 신체의 일부를 빼앗으려 하는 자들도 두려워하지 말라."

"내가 이 세상에 평화를 가지고 온 줄로 생각하지 말라. 나는 평화를 가지고 온 것이 아니라, 진실로 인간 안에 깃들어 있는 영혼의 능력에 대한 지식이라는 칼을 가지고 왔노라. 나는 지혜와 지식을 가지고 아들이 아비에게 맞서게 하고, 딸이 어미에게 맞서게 하며 며느리가 시어미에게, 하인이 주인에게, 백성이 그 정부에게, 또한 믿는 사람들이 설교자와 사제에게 맞서도록 하기 위해서 왔노라. 그리하여 사람들의 적은 바로 자기들의 가족이 될 것이다."

"진리로 가는 길은 멀고, 지식을 통한 지혜는 오직 서서히 침투될 것이다. 영혼의 진리가 사람들에게 깊숙이 파고 들 때까지는 암흑의 시대가 구백년, 수천년간 지속될 것이다. 율법학자들과 사제들과 종교적 권세를 가진 자들을 포함한 모든 의롭지 못한 자들과 무지한 자들은, 일반사람들이 지식을 갖는 것을 싫어할 것이다. 따라서 그들은 지식을 갖고자 하는 사람들을 박해하고 증오의 씨앗을 뿌릴 것이다."

(탈무드 임마누엘 제10장 1절~49절)

11-1. 세례자 요한의 질문

열두 제자들에게 지시를 마치신 다음, 임마누엘은 그곳으로부터 계속 이동하면서 고을들마다에서 가르치고 전파하기를 계속하셨다. 요한이 이때 임마누엘이 행하시는 일들을 감옥 안에서 듣고 제자들을 그에게 보내어 여쭈어 보게 하였다.

"당신께서 바로 예언자들이 오시리라고 예언했던 바로 그 지혜의 왕이십니까, 아니면 우리가 다른 사람을 기다려야만 합니까?"

"돌아가거든 요한에게 그대들이 보고 들은 것을 전하라. 소경이 눈을 뜨고 앉은뱅이가 일어나 걸으며, 나병환자가 깨끗해지고 귀머거리가 들으며, 죽은 사람이 살아나고 지식의 진리가 그것을 찾는 사람들에게 선포되고 있음을 전하라. 그리고 나의 가르침에 대해 거스르지 않는 사람들은 축복받을 것이다."

11-2. 세례자에 대한 증언

그곳을 떠나면서 임마누엘은 사람들에게 요한에 대해 말씀하셨다.

"그대들은 그 광야에 무엇을 보려고 나갔는가? 바람에 흔들리는 갈대를 보고자 했는가? 아니면 무엇을 보려고 나갔는가? 좋은 옷을 입은 사람을 만날 것으로 기대했는가? 보라, 훌륭한 옷을 입은 사람들은 통치자들이나 부자들 그리고 위선자들과 율법학자들, 그리고 사제들과 함께 왕들의 궁전에 있도다. 그도 아니면 그대들이 왜 나갔는가? 예언자를 만날 것으로 기대했는가? 그렇다. 내가 말하노니 요한은 단순한 예언자가 아니다. 그는 바로 성서에 이렇게 기록되어 있는 사람이니라.

'보라, 내가 그대에 앞서 나의 사자를 보내리니 그가 그대의 길을 예비하리라.'

진실로 내가 그대들에게 말하노니, 여자에게서 태어난 모든 사람들 가운데 요한보다 더 위대한 사람은 없노라. 세례자 요한의 때로부터 심지어 지금까지도 지구는 폭력에 시달려 왔으며, 폭력을 휘두르는 자들이 땅을 차지하고 있노라. 모든 예언자들과 율법은 요한의 때까지를 언급하고 있노라. 또한 그대들이 알아들을 수만 있다면, 그는 바로 내생에 다시 올 것이라고 예언된 엘리야이니라. 귀를 가진 사람들은 알아들으라."

"이 세대를 내가 무엇에 비교해야만 하겠는가? 이는 마치 어린이들이 장터에 앉아 자기 동무들을 불러 놓고 말하기를, '우리가 너희를 위해 노래를 불러도 너희는 춤추려 하지 않고, 너희 앞에서 애곡을 하여도 슬퍼하지 않는구나.' 하는 격이로다. 엘리야의 환생인 요한이 와서 먹고 마시지 않자, 사람들은 '저 자에게 귀신이 씌었다.'고 험담을 하더니, 이제 내가 와서 먹고 마시자, 사람들은

'보라, 저 자가 얼마나 먹보이며 술고래인지, 또 얼마나 세금징수인들과, 불신자들과 잘 어울리는지를!'

히고 말하고 있도다. 그러나 지혜는 인정된 행동들을 통해 정당화되는 것이니라."

11-3. 영혼과 지식을 찬양하심

그리고 임마누엘은 사람들을 가르치기 시작하셨다.

"창조는 모든 하늘과 우주와 지구를 만드셨노라. 또한 그릇된 가르침을 퍼뜨리는 어리석은 자들에게는 영혼에 대한 지식과 영혼이 가진 능력을 감추셨다가 이제 진실하게 구하는 자들에게는 스스로를 드러내시느니라. 창조를 찬양하라. 그렇다. 창조와 더불어 신과 하늘의 아들들도 이제까지 그것을 감추심으로써 인간들이 그 힘을 잘못 사용하는 것을 방지하신 것은 참으로 옳으신 일이로다. 이전에는 모든 것이 인간들에게 주어졌어도 창조의 비밀을 아는 사람은 아무도 없었으며, 심지어는 신과 하늘의 아들들까지도 몰랐노라. 이제 모든 것이 신으로부터 내게 주어졌으니, 신의 수호천사들이 내게 자

연의 법칙과 지식, 그리고 창조로부터 방사되어 나오는 법칙들을 가르쳐 주었도다. 그러므로 지식과 진리를 찾아 목말라 하는 사람들이여, 내게로 오라. 내가 그대들을 생기가 넘치도록 해주겠노라. 그대들 스스로 새로운 가르침을 배운다고 하는 멍에를 매어라. 그것은 깨달음이니, 그 안에서 그대들은 삶을 위한 평화를 찾을 것이기 때문이며, 또한 영적 발전이라는 멍에는 온유하고 그 짐은 가볍기 때문이니라."

(탈무드 임마누엘 제11장 1절~33절)

12. 결혼과 동거에 대하여

임마누엘께서 결혼의 법도 및 그와 관련된 주제를 가지고 설교를 하신 적이 있다. 그는 이렇게 말씀하시었다.

"사람들은 '간음하지 말라'는 계명을 받았다. 그럼에도 불구하고 사람들은 여전히 간음과 사통을 함으로써, 자연의 법칙을 어기고 있다. 또한 '간음과 사통을 하는 자는 누구나 처벌받으리라'고 기록되어 있다. 이런 자들은 '생명과 생명의 법칙'에 합당치 아니하므로 거세하거나 불임을 시켜야 하느니라. 만일 미혼 남녀가 떳떳하지 못하게 서로에 대한 사랑도 없이 동침을 한다면 그들 또한 벌을 받아야 하나니, 이들 역시 '생명과 생명의 법칙'에 합당치 않은 사람들이므로 거세 또는 불임시켜야 하느니라. 또 남자들끼리 동침을 하면 역시 처벌하여야 하나니, 그들이 '생명과 생명의 법칙'에 합당하게 행동하지 않고 이단적으로 행동하기 때문이니라. 따라서 그들도 거세시킨 뒤 사람들 앞에서 쫓아내고 추방하여야 한다. 그러나 여자들끼리 동침하는 것은 처벌해서는 안 된다. 여자는 씨를 뿌리는 것이 아니라, 단지 받게 되어 있는 까닭에, 그들의 행위가 '생명과 생명의 법칙'에 어긋나는 것은 아니기 때문이니라. 씨를 뿌리는 자들끼리 동침을 하면 생명이 침해당하고 파괴되지만, 씨를 받는 자들끼리 동침할 때에는 생명의 침해나 파괴 또는 생식도 없는 것이다. 진실로 내가 그대들에게 말하노라. 하늘 아래 어떤 짐승들도 인간들처럼 창조와 자연의 법칙을 거역하는 경우가 없다. 그러나 인간들은 짐승들보다도 훨씬 더 귀한 존재가 아니더냐? 하늘 아래 어떤 짐승들에게서도 수컷이 수컷과 동거를 하거나 암컷이 암컷과 동거하는 것을 발견할 수 없나니, 이는 암수 모두가 자연의 법칙을 따르기 때문이니라. 돈을 벌기 위해서나 쾌락을 위해 간음에 탐닉하는 자는 거세시키거나 불임을 시킨 다음에 사람들 앞에서 사라지도록 추방 하여야 한다."

"어린이를 성적으로 학대하는 자는 '생명과 그 법칙'에 합당치 않으니, 이 또한 사형이나 거세 또는 불임의 처벌을 가하여 영원히 생명의 자유를 빼앗거나, 속박과 고립 속에서 살도록 하여야 한다. 근친상간에 탐닉하는 자 또한 '생명과 그 법칙'에 합당치 않으니, 마찬가지로 사형이나 거세 또는 불임을 시켜서 영원히 생명의 자유를 빼앗거나, 속박과 고립 속에서 살도록 하여야 한다. 짐승과 동침하는 자 또한 '생명과 그 법칙'에 합당치 않은 자이므로 거세 또는 불임토록 만들어 사람들 앞에서 추방시켜야 한다."

"죄를 짓고 이혼한 자와 결혼하는 사람은 거세하거나 불임시켜야 할지니, 이는 그 또한 '생명과 생명의 법칙'에 합당치 않기 때문이며, 그들을 둘 다 추방하여 사람들 앞에서 사라지게 해야 할 것이다. 결혼하지 않고 여자에게 아이를 갖게 만든 남자 또한 '생명과 생명의 법칙'에 합당치 아니하므로, 마찬가지로 거세 또는 사형으로 처벌하여야 한다. 여자나 남자를 강간하는 자는 '생명과 그 법칙'에 합당치 아니하므로, 마찬가지로 거세 또는 불임으로 처벌하여야 하나니, 이로써 그가 영원히 자유를 잃고 속박과 고립 속에서 살도록 하기 위해서이다."

"물리적인 폭력이나 사람의 생각에 대한 정신적인 폭력이나를 막론하고, 다른 사람에게 폭력을 휘두르는 사람은 '생명과 그 법칙'에 합당치 아니하므로 마찬가지로 처벌하여야 하나니, 그로써 그가 사는 동안 자유를 박탈당하고 속박과 고립 속에서 생을 마치게끔 만들어야 할 것이다."

"진실로 내가 그대들에게 말하노니, 이 질서의 법칙들은 자연으로부터 주어진 것이며 반드시 준수되어야 한다. 그렇지 않으면, 인간들은 자신들과 인류 전체에게 죽음을 초래할 것이다. 지구는 오억 정도까지의 인류를 먹이고 지탱할 수 있다. 그러나 이러한 법칙들이 지켜지지 않을 경우에는, 이천년 안으로 오억의 열 배가 넘는 인간들이 이 지구상에 존재하게 될 것이며, 그러면 지구는 더 이상 그들을 지탱할 수 없게 될 것이다. 따라서 기근과 재앙, 세계적인 전쟁과 전염병들이 지구를 뒤덮게 될 것이고, 인류는 자살행위를 저지르게 되어 불과 극소수만이 살아남게 될 것이다."

"나는 진실로 그대들에게 말하노라. 이 지구 땅 위에 그토록 엄청난 인간들의 피가 뿌려지면 땅으로부터 새로운 형태의 생명체들이 생겨나게 될 것이며, 그들은 인류에게 극단적인 공포를 가져다 줄 것이다. 그 때에는 울부짖음과 이를 가는 소리가 천지를 진동할 것이다. 그러나 오늘날 그대들에게는 모든 좋은 것들을 받도록 허락되었고, 그대들이 준수하면서 살아야 할 법칙들이 주어졌도다. 그대들은 추가로 주어진 법칙들을 믿고 따라야 할지니, 그럼으로써 그대들은 지상에서의 번영과 가정의 평화를 누릴 수 있을 것이다."

"여자는 남자에게 순종하여야 한다는 옛 법칙을 강요하려 하지 말라. 여자도 남자와 똑같이 동등한 권리와 의무를 갖는 사람이기 때문이니라. 그러나 남자가 여자와 결혼을 할 때에는 여자가 가장 신뢰하는 재산 관리인에게 일정액을 보증금으로 지불해야만 하나니, 이는 여자가 필수품들의 부족 때문에 고통을 받지 않게 하기 위함이니라. 여자가 건강하기만 하면, 그 보증금의 금액은 언제 어디에서나 그녀의 나이에 은 백냥을 곱한 금액으로 간주되어야 할 것이니라. 따라서 여자에게 지불할 보증금은 그녀가 가진 지식, 능력과 힘에 따라 계산될 것이다. 그 돈의 액수는 여자를 사는 값이 아니라, 그 여자를 위한 보증금으로 간주되어야 하나니, 그녀가 어떤 결핍으로도 고통 받지 않게 하기 위한 것이니라. 남녀간의 결혼이라는 유대 관계는, 법률에 따라서 양쪽 모두가 정신적으로 자격이 있고 결혼을 영위할 능력이 있을 때에만 허락되어야 하느니라. 또한 남녀간의 결혼 합의는 여자에 대한 대가가 지불되었을 때만 이루어져야 한다. 만일 미리 준비된 합의 에의해 아무런 대가를 지불하지 않을 경우에는 남자가 아내의 모든 필수품들을 제공해야만 한다."

"아내의 불임은 이혼이나, 다른 판결 또는 조치의 이유가 되지 아니한다. 간통 이외에 이혼을 할 수 있는 유일한 근거가 있으니, 그것은 식구 가운데 어느 한 사람에게든지 그의 중요한 의식이나 육체 또는 생명을 파괴하든지 위험에 처하게 한 경우이다. 죄로 말미암아 이혼하는 자는 반드시 거세된 채 추방되어 사람들 앞에서 사라져야 할지니, 그가 '생명과 그 법칙'에 합당치 않기 때문이다. 만일 모든 것이 이런 방식으로 행해지고 지켜진다면, 정의와 평화가 모든 인류에게 있을 것이며 생명은 보전될 것이다."

(탈무드 임마누엘 제12장 1절~35절)

13. 임마누엘과 안식일

임마누엘이 안식일에 보리밭을 지나 걸어가신 적이 있었다. 그때에 제자들이 배가 고픈지라 보리 이삭을 따 먹었다. 바리사이파 사람들이 이것을 보고 임마누엘에게 말하였다.

"보시오, 그대의 제자들이 안식일에 금지되어 있는 짓을 하고 있소."

그러자 그가 그들에게 말씀하셨다.

"그대들은 다윗이 그의 수하들과 굶주렸을 때 어떻게 했는지를 읽지 않았는가? 그가 성전에 어떻게 들어가서 자신이나 수하들은 먹을 수 없고 오직 사제들만 먹을 수 있었던 제단에 바쳐진 빵을 먹었는지를 읽지 않았는가? 또는 율법에 기록되어 있는 바, 사제들이 성전에서 안식일에 안식률을 어기고도 어떻게 죄의식을 느끼지 않았는지를 읽지 않았는가? 진실로 내 그대들에게 말하노라. 이 독사의 후손들이여, 안식일에 아무 일도 해서는 안 되기를 기다리느니, 차라리 돌멩이가 빵으로 변하기를 기다리는 것이 빠를 것이니라.

본래 안식일을 거룩하게 지켜야 한다는 율법이란 사람이 논리에 맞지 않게 지어낸 한 법에 불과하며, 사람이 만들어낸 다른 모든 율법들과 마찬가지로 창조의 율법에 어긋나기 때문이니라. 거짓 예언자들과 성서를 왜곡한 자들이 바로 이러한 창조와 자연의 율법을 거역하는 율법들에 대해 책임을 져야 할 죄인들이니라. 안식일을 거룩하게 여겨야 하므로 아무도 이 날에는 일을 해서는 안 된다는 것은 인간이 만든 율법이니라.

그러나 이 율법은 인간의 마음에서 비롯된 그릇된 가르침 가운데 하나이며 또한 논리에 맞지 않는 것이니라. 진실로 내가 그대들에게 이르노니, 어떤 안식일도 거룩한 것이 아니며 어떤 율법도 안식일에 일을 하여서는 안 된다고 강요하지 않느니라. 그러니, 안식일이란 그 날 해야 할 일을 해도 되는 다른 어느 날이나 마찬가지인 평범한 하루일뿐이다. 사람들은 자기 스스로의 의지를 가지고 있다. 그러므로 사람들만이 오직 안식일을 다스리는 주인이니, 이것은 거짓 예언자들과 성서를 왜곡한 자들과 비리사이파 사람들에 의해 더럽혀지지 않았던 성서와 율법에 기록된 그대로이다."

그리고 임마누엘은 거기서부터 걸음을 계속하셔서 바리사이파 사람들의 회당으로 들어가 사람들을 계속 가르치셨다. 그때 그 곳에 손이 오그라든 사람이 하나 있었으므로 바리사이파 사람들은 임마누엘에게 물었다.

"안식일에 환자를 고치는 것이 율법에 맞는 일이오?"

이는 그들이 임마누엘에게 불리한, 더욱 강력한 사례를 확보하기 위해서였다. 그러나 그는 그들에게 대답하셨다.

"그대 위선자들이여, 그대들이 단지 눈과 귀와 이해력만 가지고 있다면, 그래서 보고 듣고 이해할 수만 있다면 얼마나 좋겠는가? 그러나 그대들은 볼 수도 들을 수도 없고 이해력도 없구나. 이것은 그대들이 자연을 보고 듣고 이해하기 위한 지식이 없기 때문이며, 또한 그대들이 창조의 율법에 대해 올바른 인식을 가지고 있지 않기 때문에 창조가 안식일을 거룩하게 여기지 않으심을 보고 듣거나 또 이해할 수가 없는 것이다. 모든 안식일에도 창조는 하늘의 별들을 운행시키시고, 해와 바람과 비를 조절하시며, 지상에 있는 모든 생명체들을 키우신다. 창조는 어느 안식일에도 다른 안식일들과 마찬가지로 물이 제 길을 따라 흐르게 하시고, 모든 것이 창조에 의해 만들어진 대로 본연의 길을 가도록 하신다.

안식일에도 본연의 길을 가는 다른 모든 생물이나 식물들보다도 사람들은 훨씬 더 귀하지 않은가? 만일 사람들이 진실한 율법을 따른다면, 그들은 다른 모든 생물들과 식물들의 지배자가 될 것이다! 그대 독사의 후손들이여, 그대들, 돈과 권력을 위한 탐욕 때문에 그릇된 가르침을 퍼뜨리는 성서를 왜곡하는 자들이여, 그대들은 그대가 가진 단 한 마리의 양이 물웅덩이에 빠졌어도 그 날이 안식일이라 하여 그 양을 끌어내지 않고 내버려 두겠는가? 사람들은 한 마리의 양이나 그대들의 기만적이고 그릇된 가르침과는 비교할 수 없이 크고 귀한 존재인 것이니라!"

그리고는 그 손이 오그라든 사람에게 말씀하셨다.

"손을 펴라!"

그 사람이 오그라든 손을 펴자, 그 손이 즉시 다른 쪽 손과 마찬가지로 온전해졌다. 바리사이파 사람들은 회당 밖으로 나가서 임마누엘에 대한 회의를 소집하고, 그를 어떻게 파멸시킬 것인가를 논의하였으니, 이는 그가 사람들 앞에서 자기들이 그동안 거짓들을 말해 왔음과 잘못 가르쳐 왔음을 폭로하였기 때문이었다.

임마누엘은 그 사실을 알고 그 회당을 떠나셨다. 그러자 많은 사람들이 그를 따라나섰고, 그 중에는 환자들이 여러 명 포함되어 있었는데, 그는 그들을 모두 고쳐 주셨다. 그는 자신에 대해 소문을 내지 말도록 엄하게 말씀하셨다. 이는 그가 장차 붙들려서 십자가에 매달려 죽게 될 것을 두려워하셨기 때문이다. 그러나 진리를 전파하겠다는 그의 결심이 [붙잡혀 죽을 것에 대한 두려움을 이겨내었으므로], 임마누엘은 사람들 앞에서 가르침과 지혜를 드러내는 일을 계속하셨다.

(탈무드 임마누엘 제13장 1절~26절)

14. 유다 이스카리옷의 잘못

임마누엘과 그의 제자들이 베들레헴에서 사람들을 가르치고 그들에게 조언을 해주던 때의 일이다. 그러나 유다 이스카리옷은 임마누엘의 가르침을 충실히 따르지 않고 자기의 욕심만을 위해 살게 되었다. 그는 임마누엘의 말씀을 듣고자 모인 사람들에게서 은밀히 금품을 거두었고, 금, 은과 동전을 전대에 모아 그의 허영심을 충족시키며 살고자 하였다. 그러자 바리사이파 사람 시몬의 아들 유다 이하리옷이 그의 잘못된 행동을 임마누엘에게 고자질하였다. 그는 대가를 받고자 하였기 때문이었다. 그러나 임마누엘은 고맙다고 말할 뿐 아무런 선물이나 대가도 그에게 주시지 않으므로, 유다 이하리옷은 그에게 앙갚음을 하고자 하였으니, 이는 그 또한 금, 은과 동전을 탐내었기 때문이다.

한편 유다 이스카리옷은 임마누엘에 의해 사막으로 인도되어 거기서 꼬박 사흘 동안 옳고 그른 것에 대한 개념을 배웠다. 그 결과, 그는 과거를 뉘우치고 진심으로 임마누엘의 가르침을 따르게 되었다. 그는 베들레헴으로 돌아와서 자신의 모든 재산과 소유물들을 가난한 사람들에게 나누어 주었고,

임마누엘의 신뢰받는 제자가 되었다. 그러나 바로 그 때, 그는 자신이 임마누엘의 가르침에 대해 줄곧 기록해 왔던 두루마리를 도난당하고 말았다. 그리하여 그는 임마누엘에게 그 일을 보고하였다. 그러자 임마누엘은 말씀하셨다.

"진실로, 진실로 내가 유다 이스카리옷 그대에게 말하노라. 그대는 다만 내 가르침과 삶에 대한 기록을 분실당한 것뿐만 아니라, 그보다 훨씬 더 사악한 일들로 인해 고통을 당해야만 하게 될 것이다. 왜냐하면, 앞으로 이천년 동안 그대는 나를 배반하였다는 그릇된 비난을 받게 될 것이기 때문이다. 이는 바리사이파 사람 시몬이 그렇게 되기를 바라고 있기 때문이다. 그러나 실제로는 그의 아들인 유다 이하리옷이 범인이다. 그 역시 아비인 시몬 이하리옷과 마찬가지로 내 생명을 노리는 바리사이파 사람 가운데 하나이다. 그대에게서 그 기록들을 훔쳐서 율법학자들과 바리사이파 사람들에게 가져다 준 자도 바로 유다 이하리옷이니, 이는 그들이 그 기록을 근거로 나를 재판하고 죽일 수 있도록 하기 위해서이다. 그는 그대가 기록한 두루마리의 대가로 은 일흔 냥을 받았고, 또 장차 나를 박해자들에게 넘기는 데 성공하고 나면은 서른 냥을 더 받게 될 것이다.

진실로 내가 그대에게 말하노라. 그는 그 일에 분명히 성공할 것이며, 또한 그대는 앞으로 이천년 동안 그에 따른 대가를 무고하게 치를 것이다. 그리하여 그대는 순교자가 될 것이다. 그러나 내 가르침과 생애를 한 번 더 기록하라. 왜냐하면, 이천년 내로 그대의 기록들이 드러날 때가 올 것이기 때문이니라. 그때까지 나의 가르침은 변조되어 한 사악한 종파가 될 것이니, 그로 말미암아 많은 피가 흐르게 될 것이니라. 왜냐하면, 사람들에게는 내 가르침을 이해하고 진리를 깨달을 준비가 아직 되어 있지 않기 때문이다."

"내 가르침이 진리임을 인정하고 커다란 용기를 내어 이를 전파할 사람, 사람들에게는 별로 대단하지도 않게 보일 그 사람은 이천년이 지나서야만 나타날 것이다. 그는 나에게 관한 그릇된 가르침에서 비롯된 종파들과 그 종파의 지지자들에 의해 중상모략을 당하고 거짓말을 하는 자로 여겨질 것이다. 그대 유다 이스카리옷 또한 그 사람이 나타날 때까지는 사제들의 사기 행위와 사람들의 무지로 인해서 나를 배신했다는 누명을 쓰고, 무고하게 헐뜯기고, 계속 비난당하게 될 것이다. 그러나 그런 것에 신경 쓰지 말라. 진리를 가르치려면 반드시 희생을 치를 것이 요구되기 때문이다. 사람들은 그들의 영혼과 의식과 지식의 면에서 볼 때 아직 미약하다. 따라서 그들은 우선 스스로에게 많은 죄와 잘못을 저지를 수밖에 없다. 그런 뒤에라야 비로소 지식과 지혜를 축적하는 것을 배우게 되어 진리를 깨달을 수 있게 될 것이다."

"그러니, 나의 가르침과 생애를 한 번 더 기록하라. 그렇게 함으로써 이 모든 일들로 하여금 발생하도록 하고, 사람들 사이에서 진리에 대한 깨달음이 풍성한 수확을 거둘 수 있도록 하라. 그리하여 내 가르침이 후세에 전해져서 진리의 열매들을 맺을 수 있도록 하라. 이제부터 나와 같이 머물러 있도록 하라. 나를 따라다니면서 자연의 법칙이며 관원적인 창조의 법칙이기도 한 나의 가르침을 기록하는 자로서 그대의 임무를 충실하게 수행하라. 창조의 의지보다 더 위대한 의지가 없나니, 그것은 법칙들을 통해 스스로를 드러내느니라. 또한 창조의 법칙은 어제와 오늘, 내일 그리고 모레와 모든 시대를 통해서 적용되는 것이니라. 그러므로 반드시 그대로 나타나지 않으면 안 될 미래를 확정하고, 또한 미리 정하게 될 창조의 법칙들을 이행하도록 하라."

(탈무드 임마누엘 제14장 1절~27절)

15-1. 비유들의 의미

같은 날 임마누엘은 밖으로 나가 호숫가에 앉으셨다. 많은 사람들이 그의 주위에 모였으므로, 그는 한 배의 뱃전에 올라 앉으셨고 그 밖의 사람들은 모두 호숫가에 서 있었다. 그는 사람들에게 여러 가지에 대하여 비유들로써 말씀하셨다.

"보라, 한 농부가 씨를 뿌리러 나갔도다. 그가 씨를 뿌리는 도중에 어떤 씨들은 길 위에 떨어졌다. 그러자 새들이 와서 그 씨앗을 먹어 버렸다. 또 어떤 씨들은 바위에 떨어졌는데, 거기에는 흙이 별로 없었다. 그래서 해가 높이 떠오르자 그것들은 마르기 시작하였고, 뿌리를 내리지 못했기 때문에 완전히 말라 버리고 말았다. 어떤 것들은 가시덤불 속에 떨어졌다. 그리고 가시들이 자라서 그것들을 뒤덮어 버렸다. 그러나 어떤 씨들은 좋은 땅에 떨어져서 열매를 맺었으니, 어떤 것은 백배, 또는 육십배, 또 다른 것은 삼십배의 열매를 맺었다. 들을 수 있는 귀를 가진 사람들은 들으라."

그러자 제자들이 그에게로 올라와서 물었다.

"사람들이 알아듣지 못하는데 어찌하여 비유로써 가르치십니까?"

"내가 비유로써 말하는 것은 영혼의 비밀을 그대들에게 이해시키고자 하는 것이지, 저 사람들에게 이해시키고자 하는 것이 아니다. 저 사람들이 분명히 내 말을 귀로 듣기는 하지만 아직도 율법학자들과 바리사이파 사람들의 그릇된 가르침에 따라 살고 있다. 그들의 의식은 깨닫지 못하고 비어 있는 상태이니, 우선 생각하는 것부터 배우지 않으면 아니된다. 그들을 일깨워 생각을 하도록 만들기 위해서 비유로 말하는 것 이외에 달리 더 나은 방법이 있는가? 진실로 내가 말하노니, 생명과 진리에 대한 깨달음은 자기 스스로의 생각을 통해서 얻거나 비유로 주어진 비밀을 풀어냄으로써 얻는 것만이 가치가 있고 보람이 있는 것이니라.

사람들에게는 아직 지식이 별로 없고 통찰력 또한 없기 때문에, 창조의 법칙들과 영혼이 가진 능력이 아직도 인류에게는 현실적인 것으로 받아들여지지 아니한다. 무엇보다 먼저 사람들은 진리를 인식하는 것을 배우고, 그리하여 창조의 법칙에 따라서 사는 것을 배워야만 영적으로 지식을 갖게 되고 전능해질 수 있을 것이다. 지식과 통찰력을 가지고 있는 사람들에게는 더 많은 것이 주어질 것이다. 따라서 그들이 풍족하게 소유하게 될 것이다. 그러나 그런 것들을 가지고 있지 않은 사람들은 이미 가지고 있는 것마저 빼앗기게 될 것이다. 그러므로 내가 그들에게 비유로써 말을 하는 것은 볼 수 있는 눈을 가지고도 그들이 보지 않고, 들을 수 있는 귀를 가지고 있어도 듣지 않으며, 더욱이 이해하지도 못하기 때문이니라. 그리고 그러한 그들 중에서 이사야의 예언이 이루어지고 있으니, 그는 말했다. '너희들이 열린 귀로 들을 것이나 이해하지 못할 것이오, 너희가 눈을 뜨고 볼 것이나 알아보지 못할 것이니라.' 왜냐하면, 이 사람들은 마음이 완고하여 귀로는 잘 알아듣지 못하고 눈은 졸고 있기 때문에, 창조로부터 주어진 진리와 법칙들을 눈으로 보고 귀로 들으며 마음으로 이해하고 납득함으로써 이들로부터 도움과 지식을 얻으려고 하지 않기 때문이니라."

"이스라엘 사람들은 창조의 법칙들에 충실치 않기 때문에 저주를 받아서 결코 평화를 찾지 못할 것이다. 그들은 피를 뿌리게 될 것이니, 이는 그들이 끊임없이 창조의 법칙들을 거역하여 불법을 자행하기 때문이니라. 그들은 스스로를 선택된 민족이며 또한 별개의 종족으로서 다른 모든 인류의 위에 존재하는 것으로 생각하고 있다. 이 얼마나 사악한 잘못이며 사악한 생각인가? 왜냐하면, 원래 이스라엘이란 결코 한 나라나 한 인종이 아니었으므로, 따라서 결코 선택된 인종이 아니기 때문이니라. 창조의 법칙에 충실하지 않은 이 이스라엘은, 살인과 방화로 규정지을 수 있는 불명예스러운 과거를 가진 인간들의 집단일 뿐이니라. 이 불충실한 집단 가운데 불과 몇 사람들만이 명예로운 과거와 거슬러 올라갈 수 있는 가계를 가지고 있을 뿐이니라. 그렇지만 이 사람들은 저 독사들의 세대에 속하지 않나니, 저들은 그릇된 유태의 믿음과 모세로부터 취한 그릇된 믿음과 가르침에 자기들 스스로를 저당 잡힌 사람들이니라. 이 그릇된 믿음과 가르침 또한 모세가 이집트인들에게서 도용한 것이니, 이 몇 안 되는 사람들은 진리와 참된 지식을 깨달은 사람들이며, 따라서 그들은 오직 창조의 법칙들만을 인정하고 있느니라. 그러나 그들은 이 땅에 얼마 남지 않았기 때문에 다섯 손가락으로도 헤아릴 수가 있다. 그들은 불과 몇 명일뿐이어서 아무도 그들을 눈으로 보지 못하며, 아무도 그들의 말을 듣지 못한다. 그러나 그대들의 눈은 축복받았나니 그들을 보기 때문이며, 그대들의 귀는 축복받았나니 그들로부터 듣기 때문이니라."

"진실로 내가 그대들에게 이르노니, 많은 예언자들과 의로운 사람들이 그대들이 보고 있는 바를 보기 원하였어도 보지 못하였고, 그대들이 듣고 있는 것을 듣기 원하였어도 듣지 못하였느니라. 그러니, 이제 이 씨 뿌리는 자에 관한 비유가 뜻하는 바를 들으라. 만일 어떤 사람이 영혼이나 창조의 법칙에 관한 진리의 말씀을 듣고도 그것을 이해하지 못하면, 사악한 존재가 와서 그 사람의 마음에 뿌려진 말씀들을 가로채어 갈 것이다. 그 말씀들이 길 위에 뿌려진 씨들이니라. 바위 위에 뿌려진 씨들이란, 그 말씀들을 듣고 그것을 그 자리에서 기쁘게 받아들이는 사람들에게 전해진 말씀들이니라. 그러나 그들은 자신 안에 충분한 토양이 없기 때문에, 그 말씀들이 튼튼하게 자랄 수가 없다. 만일 말씀들의 진실함으로 인해 고통과 핍박을 당하게 되면 그들은 변덕스러워지고 성을 내게 될 것이니라. 가시덤불 속에 뿌려진 씨들이란, 말씀은 들었으되 세상에 대한 집착과 물질적인 풍요에 대한 욕심이 진리와 지식을 질식케 하여 아무 결실도 맺지 못하게 되는 사람들에게 전해진 말씀이니라.

좋은 땅에 뿌려진 씨들이란, 그 말씀들을 받아들여 진리를 찾고 발견하게 되는 사람들에게 전해진 말씀들이니라. 그러므로 그들은 진리의 법칙에 따라서 살 수 있는 것이다. 그리하여 그들은 그 씨가 자라고 익게 하여 풍성한 수확을 거둘 수 있게 하는 것이다.

어떤 사람은 백배, 다른 사람은 육십배, 또 다른 사람은 삼십배의 수확을 거두게 되는 것이니라. 이것이 그 비유의 의미이다. 그리고 사람들이 생각하는 방법을 배우고 통찰력을 기르기 위해서는, 이 비유가 가지고 있는 비밀을 깨닫지 않으면 안 되는 것이다. 그럼에도 불구하고 지혜와 진리의 발견을 위한 길은 머니라. 또한 창조의 법칙들이 아무리 확실하다 하여도, 그 법칙들을 따르는 것 또한 쉬운 일이 아니니라."

15-2. 좋은 열매 중의 잡초

임마누엘은 사람들에게 또 다른 비유를 들어 말씀하셨다.

"영혼의 왕국은 어떤 사람이 좋은 씨를 심어놓은 밭과 같으니라. 그러나 그가 자고 있을 때, 그를 미워하는 사람이 와서 좋은 씨들 사이에 잡초의 씨들을 심어놓고 갔다. 심은 씨들이 자라 열매를 맺을 때에 잡초들 또한 나타났느니라. 그러자 하인들이 그에게 와서 물었다. '주인님, 밭에 좋은 씨들을 심지 않으셨습니까? 저 잡초들은 어디에서 생겨났습니까?' 그가 대답하였다. '나를 미워하는 어떤 사람이 그랬구나.' 그러자 하인들이 말했다. '저희들이 가서 저 잡초들을 뽑아 버리오리까?' 그러나 그 주인은 말하였다. '아니다, 너희가 좋은 열매마저 동시에 뽑아 버릴까 걱정되노라. 수확할 때까지 둘 다 같이 자라도록 하여라. 수확할 때에 내가 일꾼들에게 이르리라. 우선 그 잡초들을 모아 단으로 묶어서 불 속에 넣게 하여 재가 되면, 그 재를 밭에 뿌려 땅이 기름지도록 하라 하리라. 그러나 좋은 열매는 거두어 들여 나를 위해 내 창고에 쌓아 두라고 하리라.'"

임마누엘은 이어서 말씀하셨다.

"보라, 그러니 잡초와 좋은 열매들이 나란히 자라고 있도다. 잡초는 좋은 열매가 자라는 것을 방해하고 있다. 그러나 나중에는 그 잡초가 거름이 되어 토양을 기름지게 하느니라. 그 땅을 위해 잡초가 자양분으로 만들어지지 않는다면, 양분을 필요로 하는 그 좋은 열매 또한 다음에는 제대로 자랄 수가 없는 것이니라."

15-3. 겨자씨의 비유

임마누엘은 사람들에게 또 다른 비유를 들어 말씀하셨다.

"영혼의 왕국이란 어떤 사람이 밭에 가져다 심은 겨자씨 한 알과 같도다. 겨자씨는 씨들 가운데에서 가장 작으니라. 그러나 다 자라면 다른 어떤 관목들보다도 커져서 한 그루의 나무가 된다. 따라서 새들이 하늘에서 날아와 그 가지에 깃들게 되는 것이다."

15-4. 누룩의 비유

임마누엘은 그들에게 다른 비유를 들어 말씀하셨다.

"영혼의 왕국은 어떤 여인이 가져다가 서 말의 밀가루에 섞은 뒤 완전히 발효될 때까지 휘젓는 누룩과 같도다."

그는 사람들에게 모든 진리를 비유 속에서 말씀하셨고, 비유를 통해서만 그들에게 말씀하셨으니, 그럼으로써 예언자를 통해 전해진 것들이 이루어지도록 하셨다.

예언자는 말하였다.

"그가 비유들로 입을 열 것이며, 태초로부터 감추어져 왔던 것들을 널리 밝히실 것이니라."

그가 비유로써만 말씀을 하신 것은, 그것들을 통해 사람들이 진리를 배우고 발견함으로써 창조의 법칙들을 인식하고 따를 수 있도록 하기 위해서였느니라.

15-5. 밭에 있는 보물과 값비싼 진주

"귀를 가진 사람들은 들으라. 영혼의 왕국은 어느 밭에 숨겨진 보물과 같도다. 어떤 사람이 그 보물을 발견하면 그것을 그 자리에 숨겨두었다가 그는 기쁨에 차서 모든 재산을 팔아 그 밭을 사는 것이다. 바꾸어 말하면, 영혼의 왕국은 어떤 보석상인이 찾아다니는 좋은 진주와 같으니라.

그는 귀한 진주를 발견하면 가지고 있는 모든 것들을 팔아서라도 그 귀한 진주를 사는 것이다."

15-6. 고기 잡는 그물

"또 달리 말하면, 영혼의 왕국은 어부가 호수에 던져서 모든 종류의 고기를 낚아 올리는 그물과도 같도다. 그물이 가득 차면, 어부는 그것을 호숫가로 끌어 올려서 차분하게 구분하여 좋은 생선은 통 속으로 넣고 쓸모없는 생선들은 내버리느니라. 영혼의 왕국이 바로 그러하니, 영혼의 왕국은 사람의 내부를 지배하며, 영혼의 왕국을 지배하는 것은 바로 그 사람이니라. 따라서 이 비유들을 명심하여, 이들이 가지고 있는 비밀들을 푸는 방법을 배우라. 그럼으로써 그대들이 창조의 법칙들에 대하여 생각하고 그것들을 깨닫고 따르는 것을 배우도록 하라. 그대들은 이 모든 것을 알아들었는가?"

임마누엘이 이렇게 물으시자 사람들은 대답했다.

"예."

그러자 그가 말씀하셨다.

"그러므로 어떤 율법학자일지라도 영적인 지식과 영혼의 왕국의 제자가 되는 사람은 누구나 마치 새로운 보물과 오래된 보물을 모두 집으로 가지고 오는 한 집안의 가장과 같은 것이니라."

15-7. 나자렛에서

임마누엘은 이러한 비유들에 대한 말씀을 마치신 뒤 그곳을 떠나셨다. 그리고 고향인 나자렛으로 와서 회당에서 가르치셨다. 고향 사람들은 놀랐다. 그리고는 서로에게 말하였다.

"그가 어떻게 저러한 지혜와 위대한 능력을 얻었는가? 그는 목수인 요셉의 아들이 아닌가? 요셉의 아내는 수호천사의 아들로 말미암아 임신하지 않았던가? 그의 모친 이름이 마리아가 아닌가? 유다, 요셉, 시몬과 야곱이 그의 동생들이 아닌가? 그리고 그의 여동생들은 어떤가? 모두 우리와 함께 있지 않는가? 그는 도대체 어디로부터 이 모든 지혜와 그가 행한 놀라운 일들을 할 수 있는 능력을 얻었는가?"

그리하여 고향 사람들은 임마누엘에게 반감을 가지고 법정으로 넘기겠다고 협박하였다. 그러자 임마누엘이 말씀하셨다.

"어떤 예언자라도 결코 자기 고향이나 자기 집에서 당하는 것만큼 낮게 평가되는 적이 없다. 인류가 지식을 제대로 갖추지 못한 채 율법학자들이나 성서를 왜곡한 자들의 그릇된 가르침에 의해 노예가 되어 있는 한, 나의 이 말은 영원히 사실임이 증명될 것이다. 따라서 이천년 이내로 사람들이 알고 생각하기 시작하게 될 때가 되면, 내가 실제로 행한 가르침이 변조되지 않은 채 새로 드러나게 될 것이라는 것도 사실로 입증될 것이다. 그 먼 미래에 나타날 새로운 예언자는 악과 질병에 대해서는 그다지 큰 힘과 능력을 가지고 있지 않을 것이다. 그러나 그는 나보다 지식이 더 뛰어날 것이며, 진정한 나의 가르침에 대한 그의 계시는 전세계의 뼈대를 흔들어 놓을 것이다. 왜냐하면 그 시대에는 전세계에 성서를 왜곡한 자들에 의해 변조된 나의 가르침들이 범람하고 있을 것이며,

또 죽음을 초래하게 될 그릇된 종파 속에서 살고 있을 것이기 때문이다. 그 때는 또한 우주로부터의 전쟁들이 지구를 위협하기 시작할 것이며, 많은 새로운 신들이 이 지구를 지배하기 위해 힘을 모색하기 시작할 것이다. 진정으로 나는 그대들에게 말하노라. 그 새로 올 예언자는 나에게도 장차 일어날 것과 마찬가지로 불신자들에 의해 박해를 받게 될 뿐만 아니라, 온 세상 사람들과 많은 거짓 예언자들을 만들어낼 수많은 거짓 종파들로부터 핍박을 받을 것이다.

그러나 이천년 말까지는 그 새 예언자가 변조되지 않은 내 가르침들을 작은 모임들을 통해 밝힐 것이니, 이는 내가 또한 신뢰하는 벗들과 제자들의 작은 모임들에서 영혼과 창조의 지혜와 지식, 그리고 법칙들을 가르치는 것과 마찬가지일 것이다. 그렇지만 여전히 그의 길은 매우 힘들 것이며, 장애물들로 가득할 것이다. 왜냐하면, 그는 북쪽에 자리 잡은 평화를 사랑하는 한 나라에서 그의 사명을 시작할 것이지만, 그 나라는 내 가르침을 왜곡된 성서에 근거를 둔 완고하고 그릇된 종파에 의해 지배되고 있을 것이기 때문이다. 나는 그렇게 예언한다. 그리고 또한 그렇게 될 것이다."

임마누엘은 나자렛에서 그의 위대한 능력을 발휘하지 않으셨고 위대한 지혜 또한 가르치지 않으셨으니, 이는 나자렛 사람들이 진리를 가볍게 여겼기 때문이니라.

(탈무드 임마누엘 제15장 1절~83절)

16-1. 헤롯과 세례자 요한

임마누엘이 나자렛에 계실 때, 그에 관한 소문이 헤롯에게 알려졌다. 헤롯은 부하들에게 말했다.

"이 자는 세례자 요한이 분명하오. 그가 죽음에서 살아났기 때문에 그토록 엄청난 능력을 가진 것이오."

이는 헤롯이 제 동생 필립보의 아내 헤로디아로 말미암아 요한을 사로잡아 투옥하였다가 목을 베었기 때문이었다. 이전에 세례자 요한은 헤롯을 꾸짖은 적이 있었다.

"그대가 헤로디아를 취한 것은 옳지 않소이다. 이로써 당신은 그녀와 간음을 한 바가 되었으니, 율법에 따라 당신들은 처벌되어야만 합니다."

헤롯은 세례자 요한을 그 자리에서 죽였으면 직성이 풀렸겠으나 백성들이 두려워 그렇게 하지 못했는데, 그 이유는 백성들이 세례자 요한을 예언자로 인정하였기 때문이었다. 그런데 헤롯이 자신의 생일잔치를 베푼 자리에서, 헤로디아의 딸이 그들 앞에서 춤을 추어 헤롯을 크게 기쁘게 하였다. 그러자 그는 그녀가 요구하는 것이라면 무엇이든지 주겠다고 약속을 하면서 법칙에 어긋나게 맹세까지 하였다. 그러자 헤로디아의 딸은 제 어미에게서 지시받은 대로 말하였다.

"세례자 요한의 머리를 은쟁반 위에 얹어서 저에게 가져다 주십시오."

헤로디아의 딸은 그 말을 하면서 울었다. 이는 그녀가 세례자 요한의 가르침을 믿었을 뿐만 아니라 그를 사랑하고 있었기 때문이다. 헤롯왕은 헤로디아가 딸을 설득하여 세례자 요한의 목을 요구하도록 하였음을 알고 속으로 크게 기뻐하였다. 이렇게 되면 백성들이 헤롯에게는 죄가 없는 것으로 생각할 것이니, 일단 맹세한 것은 누구든지 반드시 지켜야 하였기 때문이었다. 그러나 헤로디아의 딸은 자신이 춤을 추기 전에 헤롯과 자기 어머니가 그녀로 하여금 상으로써 세례자 요한의 머리를 요구하도록 미리 짜 맞추었다는 사실을 몰랐다. 이리하여 헤롯은 감옥으로 사람을 보내어 요한의 목을 베었다. 그의 머리는 은쟁반 위에 올려져서 그 소녀에게 건네졌다. 그녀는 잘려진 세례자 요한의 이마에 입 맞추고 슬피 울며 말하였다.

"사랑이 이토록 쓰디쓴 것인 줄은 내가 진정 몰랐도다."

그리고 그녀는 세례자 요한의 머리를 자기 어머니에게 가져다 주었다. 그 다음에는 요한의 제자들이 그의 시체를 가져다가 장사를 지냈고, 임마누엘에게로 가서 그 간에 일어난 일들을 다 말씀드렸다. 이 일을 전해들은 임마누엘은 두려움에 사로잡혀서 배를 타고 사람의 발길이 닿지 않는 황폐한 지역으로 달아나셨다. 사람들은 그가 떠나셨다는 소문을 듣고 마을을 떠나 그를 따라갔다. 배를 타고 호수에 계시던 임마누엘은 자신을 따라오는 사람들의 커다란 무리를 보셨다. 그들을 가엾게 여기신 그는 호숫가로 올라와서 그들의 질병을 고쳐주셨다.

16-2. 오천 명을 먹이심

저녁이 되자 그의 제자들이 임마누엘에게 와서 말씀드렸다.

"이 지역은 외떨어져 있고 밤은 깊어가고 있습니다. 사람들에게 물러가도록 말씀하셔서 그들이 마을에 가서 양식과 음료수를 구할 수 있도록 해 주시지요."

임마누엘이 말씀하셨다.

"그들이 이곳에서 물러가야 할 필요는 없다. 그대들이 그들에게 먹고 마실 것을 주도록 하라."

그러나 제자들이 말하였다.

"저희가 여기에 가지고 있는 것은 빵 다섯 덩이와 물고기 세 마리뿐입니다."

임마누엘은 말씀하셨다.

"그것들을 내게로 가져오너라."

그는 사람들에게 앉으라고 말씀하시고 나서, 빵 다섯 덩이와 생선 세 마리를 손에 드셨다. 그리고 몇 마디 축원을 하시고는 빵과 생선을 뜯어서 제자들에게 건네주기 시작하셨고, 제자들은 그것을 사람들에게 나누어 주었다. 그들은 모두 배불리 먹었다. 그리고 나서 남은 부스러기들을 모았더니 열두 바구니가 채워졌다. 그리고 먹은 사람들의 숫자는 약 오천 명이나 되었다.

16-3. 호수 위를 걸으심

얼마 안 있어 임마누엘은 제자들에게 자신은 사람들을 다 돌려보내고 나서 뒤따라가겠으니 배를 타고 먼저 게네사렛으로 출발하라고 말씀하셨다. 사람들을 다 돌려보내신 뒤, 임마누엘은 혼자 작은 산 위로 올라가 휴식을 취하여 기력을 회복하고자 하셨다. 그는 저녁 내내 그 곳에 혼자 계셨다. 그의 제자들이 탄 배는 그 때에 호수 한 가운데에 있었는데 파도 때문에 크게 고생을 하고 있었다. 바람이 역풍이었는데다가 폭풍우가 몰아치고 있었기 때문이었다. 밤 사경 무렵에 임마누엘께서 그들을 향해 오셨는데, 그는 호수의 파도 위를 걸어 오셨다. 제자들은 그가 물 위를 걸어오시는 것을 보자, 겁에 질려 말했다.

"저건 유령이야!"

그들은 두려워서 비명을 질렀다. 그러나 이내 임마누엘이 더 가까이 와서 그들에게 이르셨다.

"안심하라. 바로 나이니 무서워하지 말라."

"스승님, 스승님이십니까?"

하고 베드로가 물었다.

"정말로 나다."

임마누엘이 대답하셨다.

베드로가 다시 말했다.

"스승님, 만일 스승님이시면 저도 물 위를 걸어 스승님께로 갈 수 있도록 해 주십시오."

임마누엘이 말씀하셨다.

"이리 내게로 오너라. 두려워하지 말고… 물이 그대를 떠받치고 있음을 이해하고 인식하라. 그러면 그것이 그대를 떠받쳐 줄 것이다. 그대의 지식과 능력을 의심하지 말라. 그러면 물은 굳건한 받침대가 될 것이다."

이에 베드로는 배에서 내려서 물 위를 걸어 임마누엘께 다가갔다. 그러나 몰아치는 폭풍 한 자락을 찢어내듯이 강한 벼락이 내리치자, 그는 깜짝 놀라서 물속으로 가라앉기 시작했다. 그가 외쳤다.

"임마누엘, 살려 주소서!"

임마누엘이 재빨리 그에게 다가가서 손을 내밀어 붙잡으며 말씀하셨다.

"오, 그대 지식이 부족한 자여. 그대는 왜 놀라는가? 또 놀랐을 때 어찌하여 의심을 하느냐? 그대가 방금 경험한 바와 같이, 그대가 가진 지식의 힘이 그대에게 능력을 주는 것이니라. 벼락이 치기 전에는 그대가 내 말을 믿었으나, 벼락이 치자 그대는 깜짝 놀랐고 또 내 말에 의심을 품기 시작했다. 그 결과, 지식의 힘이 그대에게서 떠났고, 그대의 능력도 사라져 떠난 것이다. 영혼의 능력을 결코 의심치 말라. 그것은 창조 그 자체의 한 부분이니, 따라서 영혼의 능력에는 한계가 없다. 보아라, 하늘 높이 원을 그리면서 생을 찬미하며 지저귀던 작은 새가 있었는데, 한 줄기 강한 바람이 불어 그를 동요케 하였다. 그 새는 갑자기 자신의 날 수 있는 능력을 의심했고, 그리고는 아래로 떨어져 죽었다. 그러니 그대는 영혼이 지닌 힘을 결코 의심하지 말고, 그대의 지식과 능력을 결코 의심하지 말라. 그러면 진실되고 정확한 논리가 그대들에게 창조의 법칙을 입증해줄 것이다."

그들은 뱃전으로 올라섰다. 그러자 임마누엘이 폭풍우를 향해 멈추라고 명령하셨다. 그러자 폭풍우가 잠잠해졌고 바람도 멈추었다. 배 안에 있던 사람들이 놀라면서 말했다.

"당신은 진실로 영혼의 스승이시며, 창조의 법칙을 아는 분이십니다. 당신 같은 분은 지금까지 태어난 적이 없으며 우리에게 알려진 어떤 예언자도 이 같은 능력을 가진 사람이 없었습니다."

그러나 임마누엘은 대답하셨다.

"내가 그대들에게 말하노니, 나보다 훨씬 더 위대하신 영적 스승들이 계시다. 그들은 [창조에 가까운 정신층에 있는] 프탈레 영역에 계신 우리들의 아주 먼 조상들이시다. 또한 우주로부터 왔던 존재들 또한 위대하며, 그들 중에서 가장 위대한 분이 신이시다. 그리고 그는 세 인종의 영적 지배자이시다. 그러나 창조는 신의 위에 존재하시니, 신 또한 창조의 법칙들을 충실하게 따르며 존중하신다. 따라서 창조가 전능한 만큼 신께서 전능한 것은 아니다. 그러므로 자기 자신을 신으로 불리는 것을 자신에게 허용하고 또한 문자 그대로 모든 황제들과 왕들 위에 군림하시는 신에게도 한계가 있는 것이다."

"사람들은 무지하고 어리석어서 신을 창조라고 믿고 있으며, 또한 성서를 왜곡한 자들이 섞음질을 한 그릇된 가르침을 따르고 있느니라. 사람들이 신을 전능한 창조라고 믿을 때, 사람들은 창조의 진리에 대해 제대로 알지 못하게 된다. 왜냐하면, 신 또한 우리와 마찬가지인 인간이기 때문이다. 그러나 신과 우리 인간과는 커다란 차이점이 있으니, 그것은 신은 그의 의식과 지혜, 그리고 논리와 사랑에 있어서 우리보다도, 또 지구상의 모든 사람들보다도 수천배나 위대하다는 것이다. 그렇지만 신이 곧 창조는 아니니라. 창조는 무한하며 형태가 없다. 따라서 신 또한 창조의 피조물이니, 창조야말로 논리적이지 못한 인간들의 판단에 따르면 시작도 끝도 없는 존재이니라."

그들은 바다를 건너 게네사렛에 상륙하였다. 임마누엘이 어떤 분인지를 그곳 사람들이 알게 되자, 그들은 온 땅에 소문을 내어 온갖 병자들을 그에게로 데리고 왔다. 병자들은 임마누엘의 옷자락 끝이라도 만질 수 있다면 자신들의 병이 나을 것이라 믿고 그렇게 하도록 허락해 주실 것을 임마누엘께 간청하였다. 그리하여 그들은 그의 옷자락을 만졌다. 그리고 그의 옷자락 끝을 만진 사람들은 건강해졌다.

(탈무드 임마누엘 제16장 1절~62절)

17. 인간이 만든 계명과 창조의 법칙

예루살렘에서 온 바리사이파 사람들과 율법학자들이 임마누엘에게 물었다.

"당신의 제자들은 왜 장로들의 율법을 따르지 않습니까?"

"그대들은 어째서 그대들의 율법을 따름으로써 창조의 법칙을 어기고 있는가? 모세는 '인간의 율법에 따라 말했소. 부모를 공경하라. 부모에게 옳지 못하게 대하는 사람은 죽으리라.' 그러나 창조의 법칙이 가르치는 바는 이렇소이다. '부모를 공경하시오. 부모를 공경하지 않는 자는 가족들과 의로운 자들의 사회에서 추방될 것이다.' 그러나 당신들은 사람들로 하여금 그들의 부모에게 이렇게 말하라고 가르치고 있다. '저는 부모님께 마땅히 드리게 되어 있는 모든 것을 제가 믿는 종교에 제물로 드리고 있습니다. 그러니 저는 부모님들에게 아무런 빚을 진 것이 없습니다.' 그러니, 당신들은 사람들에게 더 이상 부모를 공경할 필요가 없다고 그릇되게 가르치고 있는 것이다. 당신들은 권세를 획득하기 위해 창조의 법칙을 이런 식으로 당신들이 지어낸 율법과 욕심으로 대체하였다. 그대 위선자들이여, 이사야가 그대들에 대하여 정확하게 예언하였소이다. '이스라엘 사람들이 입으로는 창조를 존경하나, 그들의 마음과 지식은 그로부터 한참 멀어져 있노라. 그들은 그들의 종파를 헛되이 섬기나니, 이는 그들이 인간들이 만든 것에 불과한 날조되고 기만에 찬 믿음들을 가르치기 때문이다.'"

그리고 임마누엘은 군중들을 자기 앞으로 불러 말씀하셨다.

"내 말을 잘 듣고 알아들으시오! 율법학자들과 바리사이파 사람들의 가르침은 그릇되고 날조된 것들이다. 왜냐하면, 그들은 창조의 법칙이 아닌 사람들이 만든 가르침을 그대들에게 가르치기 때문이다."

그의 제자들이 그에게로 와서 말했다.

"율법학자들과 바리사이파 사람들이 그 말씀을 들으면 항의할 것이라는 것을 모르십니까? 그들은 스승님에게 불리한 증거를 잡기 위해서, 또 당신의 가르침을 트집잡아 당신을 죽이기 위해서 여기에 온 것입니다."

그러나 임마누엘은 대답하였다.

"창조의 법칙에 따라서 살지 않는 모든 식물들은 말라 버리거나 썩을 것이다. 그들을 내버려 두라. 왜냐하면 그들은 다른 소경들을 인도하는 소경과 마찬가지이기 때문이다. 그러나 소경이 다른 소경을 인도하면 둘 다 구덩이에 빠지게 될 것이니라. 우리들이 떠납시다. 그리하여 저 핍박자들이 손에 쥘 것이 없는 채로 남아 있도록 합시다."

베드로가 그에게 말씀드렸다.

"식물들과 소경들에 대해 하신 말씀을 우리를 위해 쉽게 풀이해 주십시오."

그러자 임마누엘은 제자들을 꾸짖으며 말씀하셨다.

"그대들 역시 아직까지도 이해하지 못하며, 그런 까닭에 인식과 납득과 이해에 무지하고 의심을 품고 있는 것인가? 그대들이 나와 오랫동안 같이 있었으되 아직도 생각하는 능력과 진리를 깨닫는 능력이 없구나."

"진실로 내가 그대들에게 말하노라. 그대들 스스로가 장차 내 가르침을 변조하는 짓을 많이 할 것이다. 그대들의 지식은 다른 사람들의 지식을 간신히 뛰어 넘을 뿐이다. 그대들은 아직도 모든 비유와 설교들이 영적인 의미들을 갖고 있으며, 따라서 사람의 영적인 삶에 관한 의미를 가지고 있음을 이해하지 못한다는 말인가? 오, 이 지식이 부족한 사람들이여. 그대들의 이해력이 아직도 일반 사람들의 어리석음을 뛰어넘지 못한다는 말인가? 주의하라. 그렇지 않으면 그대들은 나를 잘못된 관점에서 보게 될 것이며, 나를 내가 주장할 수 없는 어떤 근원이라고 몰아세울 것이다."

(탈무드 임마누엘 제17장 1절~25절)

18-1. 바리사이파 사람들의 징표 요구

임마누엘은 그 곳을 떠나 티로와 시돈 지방으로 피하였다. 이때 사두가이파 사람들과 바리사이파 사람들이 그에게 가서 자기들에게 영적인 능력의 징표를 보여 달라고 요구하였다. 이에 임마누엘이 대답하였다.

"그대들은 저녁에 '하늘이 붉으니 내일은 날씨가 좋겠다' 하고 아침에는 '하늘이 붉고 구름이 끼었으니 오늘은 날이 흐리겠다'고 한다. 그대들이 이렇게 하늘의 징조는 분명히 알면서도 시대의 징조는 분별할 수 없단 말인가? 이 사악하고 믿음이 없는 세대가 징표를 구하는구나. 그러나 나는 물고기의 뱃속에 산 채로 들어갔다가 사흘 뒤에 다시 살아서 빛 가운데로 나온 요나의 징표 외에는 보여 줄 수가 없구나."

그리고 그는 그 자들을 남겨둔 채 떠나셨다.

18-2. 바리사이파 사람들의 징표 요구

그들이 배를 타고 맞은 편 호숫가에 도착했을 때, 제자들은 먹을 것을 가지고 오지 않았음을 깨달았다. 그때 임마누엘이 그들에게 말씀하셨다.

"바리사이파' 사람들과 사두가이파 사람들의 누룩을 조심하라."

제자들은 서로 말했다.

"아마도 우리가 빵이나 다른 먹을 것을 가지고 오지 않았기 때문에 하시는 말씀인가 보다."

임마누엘께서 이 말을 들으시자 노하여 말씀하셨다.

"오, 이 지식이 부족한 사람들이여. 어째서 당신들은 빵을 가져오지 않았음을 걱정하는가? 그대들은 아직도 깨닫지 못하느냐? 내 말을 이해하기 위한 노력도 할 수 없다는 말인가? 그대들의 지식이 그토록 부족하고 이해력이 그토록 모자라서 아직도 내 말의 의미를 깨닫지 못한단 말인가? 그대들은 아직도 이해하지 못하는가? 그리고 영원토록 이해하지 않기를 바란다는 말인가? 그대들은 빵 다섯 덩이와 생선 세 마리로 오천명을 먹이고도 몇 광주리씩이나 남은 것을 거두었던 것을 기억하지 못하는가? 어떻게 그대들은 내 말이 날마다 먹는 것에 대해 말하는 것이 아닌 줄을 깨닫지 못하는가? 그대들에게 말하노니, 바리사이파 사람들과 사두가이파 사람들의 누룩을 조심하라."

그제야 제자들은 임마누엘이 빵에 넣는 누룩을 조심하라 하신 것이 아니라, 율법학자들과 바리사이파 사람들의 그릇되고 왜곡된 가르침을 경계하라고 말씀하시는 것임을 마침내 알아들었다.

18-3. 베드로의 믿음

임마누엘이 필립보의 가이사리아 지방에 이르렀을 때 제자들에게 물으셨다.

"사람들은 나를 누구라고 하더냐?" 그들이 대답하였다.

"어떤 사람들은 스승님을 세례자 요한이라 하고, 어떤 사람들은 엘리야라 하고, 또 어떤 사람들은 예레미야 또는 다른 옛 예언자들 가운데 하나라고 합니다."

그가 그들에게 물으셨다.

"그대들은 나를 누구라고 생각하느냐?"

시몬 베드로가 대답했다.

"당신은 예언된 메시야이며, 세 인종의 영적 지배자이신 살아 있는 신의 아들이십니다."

임마누엘이 크게 노하여 말씀하셨다.

"오, 이 불행한 자여. 나는 그대들에게 진실만을 가르쳤으니, 그대들에게 그런 것을 드러낸 적이 없도다. 내가 또한 그대에게 말하노니, 그대가 분명히 충실한 제자이기는 하나, 그대의 이해는 어린 아이의 수준에 불과하노라. 그대 베드로여, 나는 그대의 반석 위에 나의 가르침을 펼 수가 없노라. 그대는 무지의 문을 열 것이니, 그로 인해 나의 가르침을 그대가 잘못 해석한 것에 사람들이 압도되어 그릇된 해석과 변조된 가르침에 따라서 살아가게 될 것이다. 나는 영혼의 왕국의 열쇠를 그대에게 줄 수 없노라. 그대가 그것으로 그릇된 자물쇠를 열고 잘못된 문을 열고자 할 것이기 때문이니라. 나는 세 인종의 영적인 지배자의 아들이 아니니, 따라서 신의 아들이 아니니라. 또 오직 창조만이 영혼을 다스리실 뿐, 결코 인간이 다스리지 아니하느니라. 그러므로 그대는 이 틀린 가르침으로부터 스스로 벗어나서 진리를 배우도록 하라. 나의 어머니는 마리아이고, 그녀는 외계에서 온 우리 조상들의 자손인 수호천사로 말미암아 나를 가졌으며, 또한 내 지상의 아버지는 요셉이니 그는 오직 나의 양아버지로서 행동한다."

임마누엘은 제자들에게 결코 베드로와 같은 말을 하거나 그릇된 생각을 하지 말라 하시고 베드로의 헛된 말을 퍼뜨리지 못하도록 엄명하셨다.

18-4. 유월절에 있을 고난에 대해 언급하심

그때부터 임마누엘은 그의 제자들에게 자신이 예루살렘에 올라가서 율법학자들과 대사제들 및 장로들로부터 고난을 당해야만 할 것이라는 말씀을 하시기 시작하셨다. 이는 그가 그로 인해 그들에게 가르치는 것을 중단하지 않을 수 없기 때문이었다. 베드로가 그에게로 가서 성을 내며 말했다.

"부디 신이나 창조께서 그것을 중단시키시기를 원합니다. 당신에게 이 일이 일어나지 않으면 좋겠습니다. 그들이 당신을 체포하여 고문하고 죽일 것이기 때문입니다."

임마누엘이 베드로에게 크게 노하여 말씀하셨다.

"사탄아, 썩 물러나거라. 그대는 나를 성가시게 하는 자로다. 이는 그대가 영적으로 생각하지 않고 오직 인간의 입장에서 생각하고 있는 까닭이로다. 시몬 베드로여, 그대는 나를 다시 화나게 하고 그대의 무지한 생각을 드러내 보이고 있도다. 진실로 내가 그대에게 말하노라. 그대의 무지로 인해 세상은 많은 피를 흘리게 될 것이니, 이는 그대가 나의 가르침을 변조하고, 사람들에게 사실과 다르게 퍼뜨릴 것이기 때문이니라. 그대 때문에 많은 사람들이 죽게 될 것이요, 그대는 최초로 나를 그릇된 이름으로 부르는 자가 될 것이며, 나를 신의 아들이라 칭하고 또 신은 바로 창조 자체라고 말하여 사악한 모욕을 하는 원천이 될 것이니라. 그러나 그대는 아직도 나의 인내의 은총을 받고 있으니, 아직도 그대의 무지를 뚜렷이 개선할 수 있는 여지는 있도다."

그리고 나서 임마누엘은 제자들에게 말씀하셨다.

"나의 가르침을 따르고자 하는 사람은, 누구나 스스로 진리와 깨달음과 이해를 찾아야 하는 짐을 져야만 하느니라. 이는 진리와 지식으로 삶을 사는 사람들은 승리할 것이나, 허위와 무지 속에서 사는 사람들은 패배할 것이기 때문이니라. 만일 사람이 온 천하를 얻는다 하더라도 그의 의식이 손상되면 온 천하인들 무슨 소용이 있겠는가? 또한 사람이 생각을 할 수 없다면 어찌 자신의 영혼에 도움이 되겠는가?"

"내가 진실로 그대들에게 말하노라. 이생에서 영적 지식의 힘을 맛보지 못할 사람들이 여기에 몇 있도다. 그들은 그것을 다음 생에서 배우게 될 것이니라. 사람의 영혼은 생각과 탐구를 통하여 지식을 얻을 때까지는 무지하다. 사람들의 영혼이란 사람들이 만들어낸 것이 아니라, 사람들에게 주어진 창조의 일부분이니라. 사람들은 이것을 깨달아 영혼을 완전하게 하여야 하느니라. 그렇게 함으로써 사람의 영혼은 창조와 일체가 되기 위하여 발전하는 것이니, 이는 창조 또한 끊임없는 성장 속에서 살아가기 때문이니라. 창조는 영원불멸하며, 인간의 영혼 또한 마찬가지이다. 이 지식을 가르치는 것은 범위가 광대하여 이해시키기가 쉽지 않으나, 이것이 삶의 길이며, 이와 같이 삶이 펼쳐지는 것이니라. 사람들의 삶은 영혼의 완성을 성취하도록 예정되어 있다. 그리하여 그 때부터 그들도 완전함 속에서 살 수 있는 것이니라."

"설혹 사람들이 잘못을 저지르는 경우라 하더라도 그것은 창조의 법칙에 따라 움직이고 있는 것이다. 그들은 그 잘못으로부터 지각과 지식을 배우고 쌓게 되는 것이니라. 그럼으로써 그들의 영혼을 계발하고 영혼의 능력에 따라서 행동할 수 있게 되는 것이니라. 잘못을 저지르는 일이 없이는, 영혼의 계발에 꼭 필요한 논리와 통찰력과 지식과 지혜를 쌓는 것이 불가능하다. 나는 진실로 그대들에게 이르노라. 사람들이 잘 못을 저지르게 되면 신이나 창조에 의해 벌을 받을 것이라고 하는 대사제들이나 율법학자, 그리고 바리사이파 사람들의 가르침은 속임수이며 그릇된 것이니라. 잘못은 지각과 지식을 얻게 해 준다. 따라서 영혼의 진보에 보탬이 되는 것이니라. 지각과 지식 및 영혼의 진보에 이바지하는 한 처벌을 받아야 만 하는 잘못이란 없는 것과 마찬가지로, 이생 또는 다음 생 에서도 그로 인해 대를 이어가면서 처벌되어야 할 잘못이란 없는 것이니라. 그러한 잘못에 대한 처벌은 모든 자연의 법칙 들과, 따라서 창조의 모든 법칙과도 모순되는 것이니라. 만일 어떤 사람이 영혼의 통찰력과 지식에 도움이 되는 잘못을 저 질렀다고 해도, 그는 이생이나 다음 생에서도 처벌을 받지 않 는다. 사람들이 그들이 저지른 잘못들을 통해서 영혼을 완전 하게 하고 통찰력과 지식을 습득해야만 하는 사명을 깨닫고 살게 된다면, 그들은 법칙들에 의해 예정된 삶을 살고 있는 것이니라."

"창조의 법칙들에 의해 지배되는 영혼의 위대성에 따라서 끊임없이 배워야 함에도 불구하고 사람들이 배우지 않기 때 문에, 그들은 필연적으로 직면해야 할 상황에 부딪히게 되는 것이니, 그들이 함정에 빠지기 때문이다. 그리하여 자신의 의 식과 생각, 감정, 행동을 잘못된 길로 이끌고 나서는 스스로 에 대한 죄책감에 사로잡혀, 다른 사람들의 영향력이 파고들 수 있도록 자기의 영혼을 열어 놓게 되는 것이니라. 다른 사 람들이 가진 영적인 힘은 좋게든 나쁘게든 개인의 삶에 영향 을 미치게 된다."

"만일 사람들이 이 시점에서 생각하고 이해하기를 시작하려 하면, 그들에게는 가르침이 필요하다. 그러므로 하늘의 아들들은 예언자들을 보내어 인류에게 창조의 진정한 법칙과 삶에 관한 지식을 가르쳐 왔도다. 그러나 사람들은 아직도 무지하다는 것이 판명되었으니, 이는 그들이 새 가르침이 진정한 진리임을 이해하지 못하고 대사제들과 성서를 왜곡하는 자들의 그릇된 율법을 추종하고 있기 때문이니라. 이 사람들에게는 이해가 결여되어 있기 때문에, 필연적으로 그들에게 전해져야만 하는 진리를 저주한다. 그래서 그들은 예언자들을 저주하고 돌팔매질하며, 죽이고 십자가에 매다는 것이니라. 그러나 예언자들은 진리에 대한 가르침을 사람들에게 전해야만 하므로, 그들은 사람들에게 저주를 받으면서도 무거운 짐과 고통을 감당해야만 하는 것이니라."

"사람들은 많은 예언자들을 박해했던 것과 똑같이, 지금 나의 생명을 뒤쫓고 있다. 나는 비록 결백하지만 유죄가 선고될 것이라는 피할 수 없는 운명의 예언이 내게 적용될 것이다. 그렇지만 나는 죽지 않을 것이다. 다만 임사 상태에 빠져서 죽은 것으로 간주된 채 사흘 밤과 낮 동안을 지낼 것이다. 나는 무덤에 안치될 것이니 이는 요나의 징표를 성취하기 위한 것이니라. 멀리 인도에서 온 의술에 매우 뛰어난 내 친구들이 나를 돌볼 것이며, 내가 셋째 날에 무덤에서 탈출하는 것을 도울 것이니, 그럼으로써 인도에 있는 사람들에 대한 나의 사명을 완수하기 위한 것이다. 나는 이 사건을 통해 어떤 통찰을 얻고 지식을 늘리며, 영혼과 의식 속에서 새로운 능력을 갖게 될 것이다."

19-1. 어린이의 생각

제자들이 임마누엘에게 여쭈어 보았다.

"영적으로 가장 위대한 사람은 누구입니까?"

임마누엘은 어린이 하나를 부르셨다. 그리고는 그 아이를 그들 가운데에 세우셨다. 그리고 말씀하셨다.

"진실로 내가 그대들에게 말하노니, 그대들이 변화하여 이 어린이와 같이 되지 않고서는 영적으로 위대하게 되지 못할 것이니라. 이 어린이와 같이 지식을 찾고 탐구하며 이해를 쌓고, 지식에 목말라 하는 사람이라면 영적으로 위대해질 것이니라. 어린이와 같이 찾고 탐구하며 발견하는 사람들은, 언제나 그들 자신이 가진 최상의 가능성에 도달할 것이니라. 그러나 이러한 진리에 귀 기울이지 않고 그릇된 가르침을 따르거나 진리를 찾지도 구하지도 않는 사람들은 차라리 맷돌을 목에 매달고 깊은 바다 속으로 빠져 죽는 것이 나을 것이니라. 찾고 노력하며 발견하는 것 없이는 진실로 삶은 의미가 없으며, 삶의 의미를 충족시킬 수가 없는 것이니라. 진실을 찾는 자들과 진정한 삶을 위해 탐구하는 사람들의 삶을 이해하지 못하는 사람들은 차라리 사회에서 추방하여, 그들이 진리를 찾아 기꺼이 헤매는 사람들을 방해하지 못하도록 하는 것이 나을 것이니라. 그러나 그 비지성적인 사람들도 추방된 다음에는, 그들이 살아있는 동안 창조의 법칙에 기꺼이 관심을 기울이려고 할 것이니라. 성가시게 하는 자들로 인해 세상은 고통을 당할 것이니, 문제거리는 반드시 문제를 일으키는 자들을 통해 생기기 때문이다. 그러나 남을 성가시게 하는 자들에게는 화가 있을 것이니라."

"만일 그대의 손이나 발이 그대에게 괴로움을 끼치거나 떨어져 나가더라도 걱정하지 말라. 다리 하나를 잃더라도 영적으로 위대하게 성장하는 것이, 사지가 멀쩡하면서 의식이 부족하거나 아예 무감각한 영혼을 가진 것보다는 낫기 때문이니라. 눈 하나가 그대를 괴롭히거나 못 쓰게 된다고 하더라도 걱정하지 말라. 멀쩡한 두 눈을 가지고도 영적으로 소경인 것보다는 눈을 못 쓰더라도 그대의 영혼과 의식의 힘으로 창조의 법칙을 보고 깨닫는 것이 그대를 위해서 낫기 때문이니라. 그대들은 육체적으로는 건강하나 의식 속에서는 병들고 모자라는 사람들에 속하지 않도록 스스로 경계하라."

"나의 가르침이 갖는 의미와 그 속에 담긴 진실을 찾도록 하라. 이는 나 역시 그대들과 같은 사람이기 때문에 그것들을 찾고 이해하지 않으면 안 되었기 때문이니라. 내가 그대들과 같은 사람임에도 불구하고 이같이 지식을 쌓았으니, 그대들 역시 배우고 탐구하고 이해하며 깨달을 수 있는 능력이 있다. 그렇게 하는 가운데 그대들이 창조의 법칙을 이해하고 따르게 되는 것이니라."

19-2. 가까운 사람의 잘못에 대하여

"만일 그대가 아끼는 사람이 실수로 잘못된 가르침을 따르거든, 그를 찾아가서 남들이 없는 곳에서 은밀히 대면하라. 그가 만일 당신의 말을 따르면, 그대는 벗을 얻은 것이니라. 만일 그가 그대의 말을 따르지 않고 잘못을 계속하거든 그를 내버려두라. 일단 그대가 할 수 있는 모든 노력을 그에게 다 베푼 이상은, 그 사람은 가르칠 가치가 없기 때문이니라. 비지성적인 사람에게는 그의 영혼에 혼란을 초래하는 것보다 스스로의 불행한 길을 그대로 걷도록 내버려 두는 것이 차라리 낫기 때문이니라. 진실로 그대들에게 말하노니, 이성적이지 못한 사람에게 이성을 가르친다는 것은 하늘이 무너져도 가능하지 않은 일이다. 그러니 그들을 경계하라. 지혜의 씨는 싹을 틔울 수 있는 비옥한 땅에 뿌리도록 하라. 왜냐하면 싹을 틔우는 씨들만이 열매를 맺을 수 있기 때문이니라."

(탈무드 임마누엘 제19장 1절~22절)

20-1. 결혼, 이혼 및 독신생활에 관하여

임마누엘은 말씀을 마치신 뒤에 갈릴레아를 떠나 요르단강을 건너 유태 땅으로 들어가셨다. 많은 사람들이 그의 뒤를 따랐고, 그는 거기서 병자들을 고쳐 주셨다. 바리사이파 사람들이 와서 그를 시험하여 말했다.

"어떤 이유에서든지 남자가 아내와 이혼하는 것이 옳습니까?"

"진실로 내가 그대들에게 말하노라. 이혼이 허락되기를 바라느니, 하늘에 있는 별들이 떨어지기를 바라라. 진실로, 남자는 결혼을 함으로써 부모를 떠난다. 그리고 배우자와 하나가 되니, 그들은 피와 살이 섞인 한 몸이 되는 것이다. 그들은 이제 더 이상 둘이 아닌 피와 살을 나눈 한 몸이며 한 개체인 것이다. 한 혈육으로서 그들이 자식을 낳게 되니, 자식들은 다시 그 부모와 같은 혈육으로 이루어진 한 몸이 되는 것이다. 이런 식으로 하나가 된 것은 아무도 떼어 놓을 수 없나니, 이는 자연의 법칙에 어긋나기 때문이다."

"그렇다면 모세는 왜 이혼 증서를 주라고 말하였습니까?"

"모세는 그대들의 마음이 완악한 것을 보고, 또한 그대들을 지배하기 위하여 이혼을 허락한 것뿐이다. 그러나 인류가 시작된 이래로 이혼이 허락된 적이 없었다. 단지 모세는 이 경우에 법칙을 위반하였던 것이다. 그러나 나는 그대들에게 말하노라. 배우자가 간음이나 규정되어 있는 다른 잘못을 저질러 이혼한 경우가 아니면, 이혼하는 사람은 누구든지 결혼을 파기하는 것이다."

그러자 그의 제자들이 그에게 말했다.

"만일 그것이 남녀간의 도리라면 결혼이란 것이 별로 좋은 것이 못 되는 것 같습니다."

그러나 그는 그들에게 말씀하셨다.

"그들에게 이 말이 주어진 경우를 제외하면 모든 사람들이 알아듣지는 못할 것이다. 왜냐하면 태어날 때부터 결혼에 맞지 않는 사람들이 있고, 다른 사람이 맞지 않게 만들었기에 결혼하지 않는 사람도 있으며, 또 영적인 힘을 위해 결혼을 피하는 사람들도 있다."

20-2. 어린이에 대한 축복

그때 어린이들이 앞으로 이끌려져 왔다. 임마누엘께서 그들 위에 축복을 내려주시기를 부모들이 원했기 때문이었으나 제자들은 그들을 꾸짖었다. 그러나 임마누엘이 말씀하셨다.

"어린이들이 내게 오는 것을 막지 말라. 그들은 내 말을 가장 주의 깊게 듣는 청중들이며, 또한 지혜의 왕국은 그런 청중들의 것이기 때문이다."

그리고 그들의 머리 위에 손을 얹으시고 말씀하셨다.

"지식과 지혜를 배워라. 그러면 너희들은 영적으로 완전하게 될 것이며, 법칙들을 진실하게 따르는 사람들이 될 것이니

라. 진실로 내가 너희에게 이르노니, 나는 임마누엘이라. 곧 신과 같은 지식을 가진 사람이라고 불리고 있느니라. 너희들도 나와 마찬가지로 지식이 내포하고 있는 지혜를 깨달아서 나와 똑같은 이름을 갖도록 해야 하느니라."

그는 제자들에게 말씀하셨다.

"진실로 나는 그대들에게 이르노니, 그대들이 지혜로워질 수 있도록 지식을 구하고 진리를 깨우치라. 내가 진리가 우리 가운데 있다고 하는 의미인 '신과 같은 지식을 가진 사람' 이라고 불리고 있듯이 영적으로는 내가 왕들이나 황제들의 위에 있노라. 따라서 세 인종을 창조한 하늘의 아들들 가운데에서는 신이 지혜의 왕이듯이, 나는 모든 인간들 가운데서 지혜의 왕이니라. 내가 지구의 여인에 의해 태어나 그녀의 언어로 말하고 있기 때문에 그녀의 언어로 임마누엘이라 불리고 있듯이, 신 또한 그 별의 언어로 신, 곧 지혜의 왕이라고 불리고 있는 것이니라. 그는 자기 종족의 지배자이며 지구 인류들의 주인이시기도 하느니라. 내가 하는 말의 뜻을 찾고 깨달으라. 그대들이 뻔뻔스럽게도 나를 신의 아들 또는 창조의 아들이라고 부르고, 심지어는 선과 악의 지배자라고 일컬음으로써 나를 모독하는 일이 없도록 하라."

"저 어린이들을 보라. 그들은 그대들 같지 않다. 그들은 내 말의 지혜와 진리를 신뢰하고 있다. 그러므로 지혜가 그들의 것이 될 것이다. 그런데 그대들이 어째서 그들을 밀어내는가?"

그리고 그는 어린이들의 머리 위에 손을 얹어 주시고는 떠나셨다. 그들이 걸어가는 동안 베드로가 그에게 말했다.

"스승님, 우리는 모든 것을 버리고 당신을 따랐습니다. 그러니 우리는 그 보답으로 무엇을 얻게 되겠습니까?"

임마누엘이 대답하셨다.

"진실로 내가 그대들에게 말하노니, 나를 따르고 있는 그대들 가운데 몇 사람은 나의 가르침의 지혜를 받아들일 것이다. 그러므로 그들은 앞으로 윤회, 환생하면서 영적으로 위대하게 될 것이다. 그러나 나머지 몇 사람은 나의 가르침의 지혜를 잘못 이해하여 나에 대한 그릇된 가르침을 퍼뜨리게 될 것이며, 이로 인해 내생들에서도 진리를 발견하기가 대단히 어려울 것이다. 따라서 내 가르침은 온 세상의 모든 사람들 가운데에 항상 있을 것이다. 나의 가치 있는 가르침이 많은 사람들에게 전해질 것이나, 그들이 그것을 이해하지 못할 것이다. 많은 사람들이 나에 대한 그릇된 가르침을 따를 것이며, 그 때문에 진리를 발견하지 못할 것이다. 이는 그들이 나를 신으로, 또는 신의 아들로, 심지어는 창조의 아들로까지 잘못 알 것이기 때문이다. 그들은 큰 소리를 칠 것이며, 오직 그들만이 진리를 알고 있다고 주장할 것이다. 그들은 커다란 잘못의 희생물이 되어버린 까닭에 사악하고 그릇된 가르침을 따르게 될 것이기 때문이다. 많은 사람들이 인간들 사이에서 두드러질 것이다. 그들은 그릇된 가르침들 때문에 인간적으로만 생각할 것이기 때문이다. 그러나 그들은 영적인 지식면에서는 가장 부족하게 될 것이며 지혜 또한 가장 모자라게 될 것이다. 지혜는 오로지 진리에 대한 지식이 열매를 맺고, 창조의 법칙이 준수되고 존중되는 데에만 존재하는 것이다."

(탈무드 임마누엘 제20장 1절∼34절)

21. 두 소경

그들이 제리코에 갔더니 많은 사람들이 그 뒤를 따랐다. 이때 눈먼 사람 둘이 길가에 앉았다가 임마누엘이 지나가시는 소리를 듣고 큰 소리로 외쳤다.

"오, 주여, 하늘의 아들의 자제시여, 저희에게 자비를 베푸소서."

사람들은 조용히 하라고 윽박질렀으나 소경들은 오히려 더 크게 울부짖었다.

"오, 주여, 하늘의 아들의 자제시여, 우리에게 자비를 베푸소서."

임마누엘은 걸음을 멈추어 그들을 불러 물으셨다.

"그대들은 나에게 무엇을 원하는가?"

"주여, 우리의 눈을 뜨게 하셔서 우리로 하여금 세상의 아름다움을 볼 수 있도록 해 주십시오."

그러자 그는 그들을 불쌍하게 여기셨다.

"그대들의 생각에, 그대들이 볼 수 있도록 하는 것은 누구의 힘이라고 생각하는가?"

"그것은 창조의 힘이며, 그것은 법칙들 속에 있습니다."

임마누엘은 크게 놀라셨다.

"진실로, 내가 여태까지 이 같은 믿음과 지식을 이 백성들 가운데서 본 적이 없노라. 그대들이 믿는 대로 그대들에게 이루어질지어다."

그러면서 그들의 눈을 만지시니, 그들은 그 자리에서 눈을 떠서 임마누엘을 따랐다. 다시 제리코로 향해 걸어가면서 임마누엘은 쉬운 말로 사람들을 가르치셨다.

"진실로 나는 그대들에게 말하노라. 만일 그대들이 영적으

로 깨달을 수 있고 이해함으로써 지혜를 포용하며 또한 진실
로 사랑을 실천하고 의심하지 않는다면, 그대들 또한 소경을
치유할 수 있을 뿐만 아니라, 무화과나무를 보고 '마르라' 하
면 마를 것이요, 산을 향해 '네 자신을 들어 바다 속으로 던
져라.' 하여도 그대로 될 것이다. 진리와 지혜를 깨달을 수 있
도록 하라. 그러면 그대들의 영혼과 인식이 능력을 가지게 될
것이다. 그대들이 깨달을 수 있어서 지혜의 진리 속에서 살게
되면, 그대의 영혼은 무한한 능력으로 가득찰 것이다. 그대들
이 그것을 믿는다면, 기도 중에 원하거나 바라는 것을 모두
얻을 수 있을 것이다. 그러나 기도가 반드시 필요한 것이라고
는 생각하지 말라. 왜냐하면, 만일 영혼이 지혜를 통해 훈련
되어 있으면, 기도를 하지 않고도 얻을 수가 있기 때문이니
라."

"'사람은 의지를 가지고 있다.'라고 하는 날조된 가르침에
귀를 기울임으로써 잘못을 저지르는 일이 없도록 하라. 이 믿
음은 틀린 것이기 때문이니라. 그러나 이것을 알아 두라. 그
대들은 무엇을 하고자 하든 간에 항상 의지를 먼저 창조하여
야만 하느니라. 그것이 자연의 법칙이기 때문이다. 사람들은
그렇게 함으로써 스스로의 삶의 방향을 결정하며, 그것을 운
명이라고 부르는 것이다. 그러나 사람들이 법칙에 어긋나지
않는 의지를 창조하기 위해서는, 의지를 창조할 수 있는 원천
이 되는 지식을 습득하고 진리를 먼저 배워야만 하느니라. 그
대들 스스로 배움을 통해 영혼을 완전하게 하기 위해 사는
사람들이라고 생각하라. 왜냐하면 모든 인간들은 영적으로 완
전해져야만 하는 사명을 띠고 태어났기 때문이다. 미래에 대

하여 염려하지 말라. 미래에는 인간이 창조와 멀어졌기 때문에 인간들이 스스로를 영적으로 다시 한 번 완전하게 해야만 한다는 그릇된 가르침이 널리 퍼질 것이다. 그러나 그때에 대해서 걱정하지 말라. 다만 이와 같은 그릇된 가르침을 경계하라. 왜냐하면 그것은 처음부터 끝까지 틀린 것이기 때문이다. 진실로, 진실로 나는 그대들에게 말하노라.

인류가 영적으로 완전했던 적은 결코 없었다. 그리고 인간성이 창조로부터 멀어진 적 또한 결코 없었다. 모든 사람들의 영혼은 스스로를 완전하게 하며, 지혜에 도달해야 하는 사명을 가지고 하나씩 따로 창조된 것이다. 그럼으로써 창조의 법칙들의 운명에 의해 사람들마다의 영혼이 창조와 하나가 될 수 있도록 한 것이다. 또 그렇게 함으로써 창조 자체도 성장하고 확장하며 스스로를 완전하게 할 수 있도록 하는 것이다."

"한 사람이 가진 영혼이 하나뿐이듯이 창조 또한 그 스스로 하나이니, 그 밖에 다른 어떤 것도 가지고 있지 않다. 창조는 그 자체가 순수한 영혼이며, 따라서 그 자체가 무한한 힘이다. 그것은 그 자체로서 한 개체이며 그 밖에는 아무것도 존재하지 않기 때문이다. 그러므로 미래에 나타날 그릇되고 날조된 가르침들을 경계하라. 그것들은 나를 창조의 아들, 그리고 신의 아들이라고 부름으로써 나를 욕되게 할 것이다. 이런 가르침들은 결국에는 다 거짓이니, 그것들로 인해 이 세상은 많은 궁핍과 비탄을 겪게 될 것이다. 미래의 이러한 그릇된 가르침들에 귀를 기울이지 말라. 그것들은 영혼과 창조와 나를 삼위일체라고 말할 것이며, 이 세 개체가 구분되는 동시에 하나라고 말할 것이다. 미래의 이러한 그릇되고 왜곡된 가르침들을 경계하라. 왜냐하면 창조의 논리적인 법칙에 따르면 삼위일체라고 하는 것은 불가능하기 때문이다."

"진실로 나는 그대들에게 말하노니, 왕자들은 백성들을 통제 아래에 두려고 하며, 또한 군주들은 백성들을 괴롭힐 것이다. 그러나 새롭게 생길 종파들 역시 온 힘을 다 기울여 나의 가르침들을 왜곡시켜 퍼뜨림으로써 사람들을 억압하려고 할 것이다. 그러니 그들을 경계하여, 그릇된 가르침들이라는 멍에를 메고 가도록 강요당하지 않도록 하라. 그러한 일들이 그대들에게 일어나서는 안 될 것이니, 그대들은 성장하여 진리를 배우고 그것들을 가르쳐야만 하기 때문이다. 내가 사람들에게 진리와 지식을 가르치기 위해 이 세상에 온 것과 마찬가지로, 그대들은 이 진리가 온 세상에 퍼질 수 있도록 계속해서 가르쳐야만 하는 것이다."

(탈무드 임마누엘 제21장 1절~36절)

22-1. 예루살렘 입성

그들이 예루살렘의 감람산 근처에 있는 벳파게에 왔을 때에 임마누엘은 들에서 두 사람을 보내시면서 말씀하셨다.

"그대들 앞에 보이는 마을로 가라. 그러면 암나귀 한 마리가 말뚝에 매여 있고 그 옆에 새끼 나귀가 같이 서 있는 것을 보게 될 것이니, 묶은 것을 풀어서 내게 데려 오라. 그것은 내게 대한 선물이며, 그 때문에 거기 매여 있는 것이다. 만일 누가 묻거든 '나자렛의 임마누엘이 필요로 한다.'고 하라. 그러면 그가 즉시 그것을 그대들에게 내어 줄 것이다."

그의 제자들은 그곳으로 가서 시키신 대로 하였다. 그들은 암나귀와 새끼를 데리고 왔다. 그리고 자신들의 옷을 나귀 등에 깔아서 임마누엘이 그 위에 앉으시도록 하였다. 예루살렘 사람들은 임마누엘, 곧 지혜의 왕이 오신다는 소식을 듣자, 길 위에 자기네들의 옷을 깔았다. 임마누엘의 앞장을 서서 가는 사람들과 뒤를 따르는 사람들은 소리쳤다.

"다윗의 자손 만세! 진리의 새로운 가르침을 알리기 위해 오시는 그를 찬양하라!"

그들이 예루살렘성 안으로 들어가자, 온 성안의 사람들이 웅성거렸다.

"오는 사람이 도대체 누굽니까?"

사람들은 대답하였다.

"갈릴레아의 나자렛에서 오신 예언자 임마누엘이시오. 그는 진리의 새로운 가르침을 가지고 오십니다."

22-2. 성전을 정화하심

임마누엘은 예루살렘의 성전으로 들어가셨다. 그리고 중개인들과 상인들, 비둘기를 파는 장사꾼들과 환전상들이 그곳에 제멋대로 자리 잡고 있는 것을 보고 진노하셨다.

임마누엘은 화가 나서 그들에게 말씀하셨다.

"'성전은 가르침의 장소, 묵상의 장소가 되어야 한다.'라고 기록되어 있음에도 불구하고, 그대들은 성전을 도둑들의 소굴로 만들었도다."

노여움에서 그는 환전상들의 탁자와 비둘기를 파는 장사꾼들의 의자를 발로 차고 나귀를 몰던 채찍으로 그들을 몰아 밖으로 쫓아내셨다. 그리고 눈먼 사람들과 다른 장애자들이 그를 찾아오니, 그들 모두를 그 곳에서 고쳐 주셨다. 대사제들과 율법학자들은 그가 저지른 엄청난 행위와, 또한 성전 안

에서 사람들이

"다윗의 자손 만세!"라고 크게 함성을 외치는 것을 보자 크게 화가 났다. 그래서 그들은 임마누엘에게 물었다.

"그대에게는 이 백성들이 말하는 것이 들리는가?"

그가 말씀하셨습니다.

"그대들은 진리가 그토록 무서워 화를 내는가?"

그는 그들을 거기에 내버려 둔 채 고을을 떠나 베다니아로 가서 그 곳에서 밤을 보내셨다.

22-3. 예루살렘 재입성

임마누엘이 다시 성전으로 들어가 가르치고 계실 때, 대사제들과 율법학자들과, 그리고 장로들이 와서 물었다.

"그대는 무슨 권한으로 이 같은 일들을 행하는가? 또 누가 그대에게 권한을 부여하였는가?"

"나 또한 그대들에게 한 가지 묻겠으니, 그대들이 내 물음에 대답을 하면 나도 내가 누구에게서 권한을 받아 이 일을 행하는지에 대해 대답을 할 것이다. 요한이 사람들에게 세례를 주는 것은 누구에게서 그 권한을 부여받았는가? 창조로부터 받았는가? 아니면 사람에게서 받았는가?"

그들이 질문에 대해 심사숙고하다가 자기들끼리 말했다.

"만일 우리가 요한이 권한을 창조로부터 받았다고 대답하면, 그는 '그러면 그대들은 왜 그것을 믿지 않았으며, 그 법칙들을 따르고 있지 않느냐?' 할 것이오, 그렇다고 만일 그가 사람에게서 권한을 받았다고 답을 한다면, 백성들은 요한을 예언자로 간주하고 있기 때문에 우리는 그들을 겁내어야 할 것이다."

그래서 그들은 임마누엘에게 대답했다.

"우리는 알지 못하오."

그러자 임마누엘이 그들에게 말씀하셨다.

"이 독사의 후손들이여, 나 또한 내가 그 누구로부터 권한을 받아 이 일들을 행하는지 그대들에게 말하지 않겠소. 그러나 그대들은 이 경우에 대하여 어떻게 생각하는가? 한 사람에게 두 아들이 있었는데 하루는 그가 맏아들에게 가서 말했다. '내 아들아, 오늘 포도원에 가서 일을 하여라.'

'예, 아버지. 그렇게 하겠습니다.' 그러나 그는 대답만 했을 뿐 가지 않았다. 그래서 그 사람은 둘째 아들에게 가서 말했다. '아들아, 오늘 포도원에 가서 일을 하여라.' 둘째 아들은 대답하였다. '저는 그 일을 하고 싶지 않습니다. 그러니 가지 않겠습니다.' 그러나 그는 곧 마음에 가책을 느껴 포도원으로 갔다. 이제 내가 그대들에게 묻겠다. 이 두 아들 중에서 어느 아들이 아버지의 뜻대로 하였습니까?"

"그야, 물론 둘째 아들이지요."

임마누엘은 그들에게 말씀하셨다.

"진실로, 진실로 나는 그대들에게 말하노라. 그대들이 지식의 참 뜻을 이해하기 전에 저 세금 징수인들이나 창녀들이 그것을 먼저 이해할 것이다. 요한과 다른 예언자들이 그대들에게 와서 올바른 길을 가르쳤으되, 그대들은 그들을 믿지 않았고 저 세금 징수인들과 창녀들은 그들을 믿었다. 그대들은 그들의 말뜻을 알아들었음에도 불구하고 잘못을 뉘우치고 마음을 바꾸지 않았다. 만일 그랬더라면 그대들이 그들을 믿었을 것이다. 그대들은 진리를 알면서도 금이나 은, 동전들과 재물로 이익을 얻기 위해서, 그리고 타락의 길로 이끌어진 가난한 사람들이 내는 돈으로 부를 축적하기 위해서 진리를 부정하고 있다. 그대들은 신앙이라는 명목으로 사람들을 그릇된 길로 인도하고 부당하게 이용하고 있는 것이다."

"많은 재산을 소유하고 있는 주인이 한 사람 있었다. 그는 포도원을 만들어 주위에 담장을 치고 또 안에는 창고를 만들고 축대를 건축하였다. 그리고 그것을 소작인들에게 소작을 주고 그곳을 떠났다. 포도를 수확할 때가 되었고 동시에 세를 거둘 때가 되었으므로, 그는 하인들을 포도원으로 보내어 소작인들에게서 세를 받아 오도록 하였다. 그러나 포도원의 소작인들은 그가 보낸 하인들을 잡아서 하나는 때려죽이고, 또 하나는 고문을 해서 죽이고, 마지막 사람은 돌로 쳐서 죽였다. 그러자 주인은 처음보다 많은 하인들을 보냈는데도 소작인들은 이전의 하인들에게 한 것과 똑같은 짓을 그들에게도 행하였다. 주인은 마침내 집사의 아들을 보내면서 말했다. '그들도 집사의 아들은 두려워하리라.' 그러나 소작인들은 그를 보고 자기네들끼리 말했다. '이 자는 주인의 상속자임이 틀림없도다. 우리가 그를 죽이고 유산을 빼앗자.' 그들은 집사의 아들을 붙잡아 포도원 밖으로 떠밀어 죽여 버렸다. 그들은 그를 죽였다고 생각했다. 그들은 그를 한 무덤 속에 집어넣었다. 집사의 아들은 임사상태에서 깨어나 사흘 밤과 사흘 낮을 무덤 속에 있다가 탈출했다. 그리고 주인에게 돌아가서 그 간에 일어난 일을 보고했다. 자, 포도원 주인이 집사의 아들로부터 그 간 일어난 일을 모두 다 듣고 나서 어떻게 했을 것이라고 그대들은 생각하는가?"

대사제들과 율법학자들, 그리고 장로들은 대답했다.

"그 주인은 아마도 그 악한 자들을 벌주어 내쫓고 포도원은 세를 제때에 바치는 다른 소작인들에게 넘겼을 것이오. 그리고 그 이전에 그는 포도원의 상속권을 그 집사의 아들에게 주었을 것이 거의 틀림없소."

임마누엘이 그들에게 말씀하셨다.

"그대들은 이 비유의 의미를 인식하고 있다. 그리고 그대들은 성서들 속에서 이 구절을 읽었을 것이다.

'지은 자들이 내버린 돌이 초석이 되었도다.'

그러므로 나는 그대들에게 말하노라. 나는 비유에 나오는 집사의 아들과 같고, 그대들은 그 포도원을 세낸 소작인들과 같다. 진실로, 나의 가르침들은 그대들에게 낯설지 않고 매우 잘 알려져 있다. 왜냐하면, 그것들이 예언자들을 통해 그대들에게 이미 전해졌기 때문이며, 그들을 통해 그대들은 이미 그것들을 알고 있기 때문이다. 그러나 만일 그 가르침들을 가볍게 여기고 그대들에게 유리하도록 변조한다면, 이는 나를 거짓말을 한 자라고 할 것이며 신도 또한 거짓말을 하는 존재로 만들 것이다.

그러므로 나는 그대들에게 말하노라. 평화와 기쁨이 그대들과 그대 백성들로부터 영원히 박탈될 것이며, 그것들은 자기들의 과일들을 재배하는 다른 백성에게 주어지게 될 것이다. 만일 이 인종과 북쪽 및 동쪽에 있는 다른 두 종족의 지배자이신 신이 명령하신 법칙들을 그대들이 무시하고 짓밟는다면, 앞으로 오는 모든 시대에 걸쳐서 그대들 또한 경멸당하고 짓밟히게 될 것이다. 유태인들이 져야만 할 짐은 위대한 일곱 시대들 동안의 무거운 바위와 같을 것이며, 이 바위 위에 떨어지는 사람은 누구든지 산산조각이 날 것이다. 또한 이 바위 밑에 깔리는 자는 가루가 될 것이다."

대사제들과 바리사이파 사람들이 임마누엘의 설교를 들었을 때, 그들은 그가 자신들과 자신들의 백성들을 앞으로 올 모든 세대에 걸쳐 저주하였음을 알아들었다. 그들은 어떻게 하면 그를 사로잡을 수 있을까에 대하여 생각했다. 그러나 그들은 그를 예언자로 믿고 있는 백성들을 겁내었다.

(탈무드 임마누엘 제22장 1절~50절)

23-1. 세 금

바리사이파 사람들이 어떻게 하면 임마누엘의 말에서 트집을 잡을 수 있을지 상의하려고 의회를 소집했을 때, 그들은 헤롯의 사람들을 포함하여 자기들의 수하들을 임마누엘에게 보냈다. 그 수하들은 임마누엘에게 말했다.

"스승이시여, 우리는 당신이 진실하고, 올바르게 그 법칙을 가르치시며, 사람들의 평가를 중시하지 않으시고 신과 창조의 법칙들만을 존중하기 때문에 인간의 신분을 염두에 두지 않으신다는 것을 알고 있습니다. 그러니 스승의 의견을 말씀해 주십시오. 우리가 로마 황제에게 세금을 내는 것이 옳습니까, 아니면 옳지 않습니까?"

임마누엘은 그들의 악의를 알아차리고 말씀하셨다.

"위선자들이여, 이다지도 비열한 방법으로 나를 시험하려 하다니, 그대들은 얼마나 어리석은 자들인가? 내가 그대들의 그 비열한 어리석음을 고쳐 주리니, 세금으로 낼 동전을 하나 가져오라."

그러자 그들은 그에게 동전 한 닢을 드렸다. 그가 그들에게 말씀하셨다.

"이 동전 위에 누구의 얼굴과 이름이 새겨져 있는가?"

"황제의 것입니다."

그러자 그는 말씀하셨다.

"그렇소. 그러므로 황제의 것은 황제에게 주고, 신의 것은 신에게 드리며, 창조의 것은 창조에게 바치라. 그대들은 신과 황제는 인간이며, 그들 위에는 인간들이 최고의 존경을 표해야만 하는 창조의 전능하심이 계시다는 것에 유념하고 알아야 한다. 이는 비록 신과 황제가 실로 모든 인류와 백성들의 지배자들이기는 하지만, 신과 황제들의 위에는 창조가, 모든 사람들과 모든 생명들의 위에 계신 것과 마찬가지로, 그들이 의존하는 가장 높은 권위로서 존재하기 때문이다."

바리사이파 사람들의 수하들이 이 말씀을 듣고는 놀라서, 그를 가만히 놓아두고 떠나갔다.

23-2. 환 생

같은 날, 환생을 믿지 않는 사두가이파 사람들이 임마누엘에게 왔다. 그들이 그에게 물었다.

"스승이시여, 모세는 '남자가 죽을 때 그에게 자식이 없으면 그의 형제가 형수를 아내로 맞아 죽은 형제를 위해 자식을 낳게 하라'고 하였습니다. 언젠가 우리 가운데에 일곱 형제가 살았습니다. 그 중 첫째가 결혼을 한 뒤에 죽었는데, 그에게 자식이 없었기 때문에 자기 아내를 바로 밑의 동생에게 부탁하고 죽었습니다. 그런데 둘째와 셋째 또한 같은 식으로 죽었고, 결국에는 일곱째까지도 죽었습니다. 마침내 그 여자도 죽었습니다. 지금 스승님은 새로운 생이 있다고 가르치십니다. 그렇다면 그들의 내생에서 그 여인은 일곱 형제 중 누구의 아내가 되어야만 하겠습니까?"

"그대들은 잘못 알고 있으며 장로들이 가지고 있는 왜곡되지 않은 성서들에 대해 모르고 있을 뿐 아니라, 창조의 법칙들에 대해서도 알지 못하고 있다. 진실로 나는 그대들에게 말하노니, 모세는 결코 그러한 계명을 전하지 않았다. 그는 다만 죽은 사람의 형제되는 이가 죽은 형제에게 대한 존경의 표시로 그 부인을 자신이 부양함으로써, 의지할 데 없는 과부를 돌보아 주어야만 한다는 계명을 준 것이다. 어떻게 동생이 자기의 형을 위해 후손을 낳아 주는 것이 가능하단 말인가? 모든 사람들마다 그 씨가 다르지 않은가? 또한 다음 생에서는 그들이 서로 알아보지 못하기 때문에, 그들은 모두 남남이 될 것이다. 그러므로 그 아내가 이 사람이나 저 사람에게 속해야 한다는 법이 없다. 각기 새로운 생에서 사람들이 결혼하고 싶으면, 결혼하고 싶어 할지 안 할지는 확실치 않지만, 결혼하고 싶은 상대를 자기들 스스로 결정하는 것이다. 창조의 법칙을 확고하게 믿으라. 창조의 법칙은 새로운 생에 있어서 사람들은 자기들의 전생을 기억하지 못한다고 가르치고 있다. 그러므로 그대들의 질문은 불필요한 것이다. 오늘날 자신의 전생들을 기억하는 사람들은 오직 예언자들뿐이니, 그들은 창조의 법칙을 준수하며 지혜 속에서 살기 때문이다. 그러나 그대들과 모든 이스라엘 백성들은 앞으로도 오랜 기간 동안 영적 암흑 속에서 살게 될 것이므로, 영혼과 의식의 이해와 지혜는 오랫동안 그대들로부터 감추어진 채로 있을 것이다. 다른 백성들이 오히려 영혼과 의식에서 그대들보다 앞서서 높은 수준으로 진화하여 창조의 법칙들을 따를 것이다. 그러므로 그 백성들은 영적으로 그대들보다 더 우월하게 되어 위대한 지혜를 쌓을 것이니, 그로 인해 그들 가운데에 많은 사람들이

머지않아 그 예언자들과 같이 되어서 전생을 기억하게 될 것이다. 그러나 그대들과 이 이스라엘 백성들은 의식이 부족한 상태로 머무르게 될 것이며, 따라서 영적 암흑 속에서 방황하게 될 것이다. 이것은 만일 어떤 사람이 형벌을 자초하면 그가 그 대가를 반드시 치러야 하는 것과 같은 것이다."

사람들은 이 말을 듣자, 크게 충격을 받고 두려워하였다.

23-3. 가장 큰 계명

바리사이파 사람들은 임마누엘이 사두가이파 사람들의 말문을 막으셨다는 말을 듣고, 회의를 열어 숙의를 하였다. 그들 가운데 하나인 율법학자가 임마누엘을 시험하기 위해 물었다.

"임마누엘, 법칙 중에서 첫 번째 가는 계명이 무엇이오?"

"그대는 누구의 법칙에 대해 말하는 것인가? 황제의 법칙인가? 신의 법칙인가? 아니면 창조의 법칙에 대한 것인가?"

"나는 그 세 법칙 전체에 관해 말하고 있소."

"창조의 법칙 가운데에서 가장 중요한 계명은 지혜요, 신의 법칙은 신을 세 인종의 지배자로서 영접하고 그의 법칙을 준수하는 것이요, 이는 신께서 그들의 지혜의 왕이시며, 선하고 올바른 조언자이기 때문이며, 황제의 법칙 가운데에서는 '너희들은 황제에게 순종하고 그의 법칙을 준수하며, 십일조를 바치는 것이요, 황제는 백성의 지배자이며 백성들을 보호하고 수호하는 존재이기 때문이오.' 이것들이 이 세 가지의 범주에서 가장 고귀하고 중요한 법칙들이다."

"그러나 그 첫 번째의 법칙과 동등한 법칙이 달리 또 있으니 바로 이것이니라. '그대들은 오직 창조만이 전능함을 인식하라. 이는 창조만이 우주의 모든 만물 가운데에서 불변하며 따라서 영원하기 때문이니라. 신이나 황제는 일시적이나, 창조는 영원하느니라.'"

"이 두 가지의 법칙에 다른 모든 법칙과 예언자들이 근거하고 있는 것이다. 신과 황제가 만든 법칙들은 인간이 만든 법이며, 사람들 사이에서 법과 질서를 유지하기 위한 것이다. 그러나 창조의 법칙은 생명과 영혼을 위한 법이다. 따라서 이는 영원하고 불변하는 것이다. 이와 마찬가지로, 인간의 영혼은 창조의 작은 한 부분들이기 때문에 영원불멸하다. 창조가 영원불멸한데, 그 불멸하는 존재의 한 부분들이 어떻게 존재하기를 멈출 수 있겠는가? 사람은 죽지만 사람의 영혼은 계속 살아서 육신을 떠나 저승으로 간다. 그곳에서 그 영혼은 [이생에서 얻은] 지식의 지혜를 축적하는 일을 계속하는 것이다. 그들이 의식의 고양을 통해 얻은 영적인 지혜의 크기에 따라서, 그 영혼들은 자기들의 미래와 환생과, 또한 그에 따르는 행동들을 결정하는 것이다. 나 또한 예언자의 한 사람으로서 미래를 알고 있기 때문에, 내가 신의 대리인으로서 다시 태어날 것임을 그대들에게 말해 둔다. 그때에는 내가 사람들을 가르치는 한편으로, 그릇된 가르침을 따르고 영혼의 지혜를 하찮게 보는 사람들을 심판하는 자리에 앉을 것이다. 그러므로 진리의 말씀들은 가혹하고 무자비할 것이며, 수많은 사람들이 그로 인해서 크게 성을 낼 것이다. 진리의 가혹한 말씀들은 그릇된 가르침에 따라 살아온 자들과 영혼의 지혜를 격하시킨 모든 사람들에게 대해 그들의 무지를 깨우쳐 주는 심판과 형벌이 될 것이다."

바리사이파 사람들이 모였을 때, 임마누엘은 그들에게 물으셨다.

"그대들의 생각은 어떤가? 내가 누구의 아들인가?"

"다윗의 아들입니다."

"그는 이미 오래 전에 죽었고, 나는 수호천사인 가브리엘로부터 태어났으니, 내가 어떻게 그의 아들이 될 수 있겠는가? 그대들은 다윗이 다음과 같이 말하면서 나를 주라고 부른 것을 읽어 보지 않았는가? '인류의 주께서 내 주에게 말씀하셨으니, 나의 오른쪽에 앉으라. 그리하여 내가 그대의 적들을 그대 발밑에 놓을 수 있도록 하라. 그대는 나의 양아들이며 나를 계승할 존재이기 때문이다. 이렇게 다윗이 나를 주라고 부르는데, 내가 어찌 그의 아들이 될 수 있겠는가?'"

그에 대해 아무도 대답을 할 수가 없었다. 그들은 다만 자기네들끼리 은밀히 말했다.

"이 자가 신과 예언자들을 모독하고 있소이다. 이 자를 사로잡아서 죽이도록 합시다. 왜냐하면 이 자가 우리로 하여금 더 이상 백성들에게서 존경을 받지 못하도록 우리의 지위를 위태롭게 하고 있기 때문입니다."

(탈무드 임마누엘 제23장 1절~56절)

24. 율법학자들과 바리사이파 사람들을 질책하심

임마누엘은 백성들과 제자들에게 말씀하셨다.

"율법학자들과 바리사이파 사람들이 오늘날 예언자들의 자리를 차지하고 있다. 그러나 그들이 말하는 어떤 것도 이행하거나 받아들이지 말라. 또한 그들의 행위를 본받지도 말라. 그들은 그대들에게 그릇된 가르침들을 가르치는 바, 이것들은 그들과 그들 조상들이 자기들의 이익을 위해 날조한 것들이다. 그들은 무거운 짐들을 고안해 내어서는 사람들의 어깨에 올려놓는다. 그러나 그들 스스로는 손가락 하나도 까닥이려고 하지 않는다. 그들이 하는 모든 행동은 오직 사람들에게 보이기 위해서, 그리고 좋은 인상을 주기 위해서일 뿐이다. 그들은 예복의 술을 길게 하는 만큼이나 기도 시간을 늘린다. 그들은 식탁의 상석에 앉기와 회당에서 가장 좋은 자리에 앉기를 즐긴다. 그리고 그들은 저자 거리에서 인사 받기와 사람들로부터 스승이라 불리기를 즐긴다. 그러나 그대들은, 지식의 지혜를 완전히 이해하기 전에는 아무도 그대들을 스승이라고 부르지 못하게 하라. 또한 그대들이 창조의 법칙들을 따를 때까지는 아무도 그대들을 선생님이라고 부르지 못하게 하라.

왜냐하면 남들로 하여금 자기 자신을 스승 또는 선생님이라고 부르는 것을 허용하면서도 지식의 지혜를 소유하고 있지 않은 자들은, 거짓말을 하는 자로서 비난받을 것이기 때문이다. 그리고 자기 자신을 격에 맞지 않게 높이는 자는 낮추어질 것이며, 스스로를 격에 맞지 않게 낮추는 자 또한 멸시를 받게 될 것이다. 의식수준이 높은 사람은 스스로가 의식이 뛰어났음을 인정하도록 하고, 의식수준이 낮은 사람들은 스스로가 모자람을 인정하도록 하여야 할 것이며, 또한 의식수준이 어중간한 사람들은 스스로가 어중간함을 인정하도록 하라. 사람들이 스스로를 실제의 자신들보다 더 뛰어난 것으로 간주하거나 또는 부족한 것으로 간주하는 것은 현명하지 못하고 어리석은 짓이다.

화 있을진저, 그대들 율법학자들과 바리사이파 사람들이여. 거짓말과 그릇된 가르침들로써 의식을 향한 사람들의 영적인 진보를 가로막는 그대들, 사기꾼, 위선자, 그리고 협잡꾼들이여. 그대들은 영적인 진보를 쉽게 완수하지 못할 것이며, 또한 그릇된 가르침으로 진보하고자 하는 사람들마저도 그것을 얻지 못하게 방해를 할 것이다. 화 있을진저, 그대들 율법학자들과 바리사이파 사람들이여. 그대들은 과부들의 재산마저 탐식하면서 겉으로는 기도에 깊이 몰두하는 척하는 사기꾼, 위선자, 그리고 협잡꾼들이다. 그로 인해 그대들은 더욱 더 긴 세월 동안을 영적 암흑 속에서 머물게 될 것이다. 화 있을진저, 그대들 율법학자들과 바리사이파 사람들이여. 그대 위선자들은 믿는 사람 하나를 얻기 위해서는 산과 바다를 넘기도 마다하지 않는 척하지만, 일단 그가 한 통속이 되면 그를 그릇된 가르침에 그대들보다 갑절로 심하게 빠져드는 불합리하고 비이성적인 정신적 어린 아이로 둔갑시킨다. 화 있을진저, 그릇된 가르침에 눈이 멀어 그것을 추종하는 자들이여. 그대들은 '사람이 성전에 대고 맹세를 하면 그 맹세는 지키지 않아도 되지만, 성전에 있는 황금에 대고 하면 그 맹세는 꼭 지켜야한다'고 말을 한다.

그대들 어리석고 눈먼 자들이여, 그대들은 악의 소생들이다. 어째서 맹세라 하는 것이 구속력이 없으며 가치 없는 행동인 줄을 뻔히 알면서도 사람들로 하여금 맹세를 하도록 하는가? 혹은 그대들은 말한다. '만일 사람이 제단에 대고 맹세를 하면 소용이 없다. 그러나 희생물을 통해서 맹세를 하면 그것은 효력이 있다.' 그대들 눈이 멀고 그릇된 선생들이여, 창조의 법칙들이 분명히 맹세를 해서는 안 된다고 언급하고 있거늘, 도대체 누가 그대들에게 맹세나 서약을 요구할 수 있는 권리를 주었는가? 그대들은 언제 어디에서든지 옳으면 단지 '옳다'고 말하고, 그르면 단지 '아니라'라고 말해야만 하는 것이다. 지상이나 우주에 있는 무엇이든지 그것에 대고 맹세를 하는 사람은, 영속성이 없어 덧없는 것에 대고 맹세하는 것이다. 그러므로 그 맹세 역시 영속성이 없는 것이다. 그러나 창조나 그의 법칙에 대고 맹세하는 자는, 그들이 임의로 좌지우지할 권한이 없는 것에 대고 맹세를 하는 것이다. 그러므로 맹세란 어떤 경우에도 의미가 없는 것이다. 그러므로 사람들이 무엇에 대고 맹세를 한다는 것은 그들의 약속이 갖는 진실성을 부인하는 것이며, 자신들의 약속을 오히려 의심스럽게 만드는 것이다."

"화 있을진저, 그대들 율법학자들과 바리사이파 사람들이여. 그대들은 박하와 운향과 근채와 회향의 씨를 십일조로 바치면서도 법칙들 가운데 가장 중요한 것들, 이름하여 정의와 지식의 자유 및 창조의 진리를 무시하며, 또한 사랑과 논리와 정의에 관한 법칙들에 대해서는 주목조차 하려 하지 않는 위선자들이다. 화 있을진저, 모든 눈먼 사람들을 이끄는 눈먼 자들이여. 그대들은 말한다. '이것은 반드시 해야만 하고 저것은 안하고 내버려 두면 안된다.' 그대들은 오로지 그릇된 가르침만을 내세우면서 창조의 법칙들은 무시하고 있다. 그대들 눈먼 지도자들이여. 그대들은 한낱 날벌레들에 불과하면서 소화시킬 수도 없는 낙타들을 집어 삼키고 있다.

화 있을진저, 그대들 율법학자들과 바리사이파 사람들이여. 그대들은 겉은 깨끗하게 씻었지만 그 속은 여전히 더러운 탐욕과 욕심으로 가득 차 있는 잔과 접시들 같은 위선자들이다. 그대들 눈먼 자들이여, 율법학자들과 바리사이파 사람들이여. 위선자들이며 진리를 왜곡하는 자들이여, 그대들의 잔 속부터 깨끗이 씻어내어 속도 바깥만큼 깨끗하게 하여 그것이 자체의 밝음으로 빛날 수 있도록 하라. 화 있을진저, 그대들 율법학자들과 바리사이파 사람들이여. 그대들은 겉으로는 아름답게 보이지만, 속에는 악취와 뼈들과 오물들이 가득 차 있는 하얗게 회칠한 무덤들과 마찬가지인 위선자들이다. 따라서 그대들은 사람들 앞에서는 경건하고 선량해 보이지만, 그대들의 속은 위선과 거짓과 흉포함으로 가득 차 있도다.

화 있을진저, 그대들 율법학자들과 바리사이파 사람들이여. 그대 위선자들은 예언자들을 위해 기념비를 세우고 의인들의 묘를 장식하면서 말하고 있다. '만일 내가 조상들이나 아버지의 시대에 살았더라면 예언자들을 박해하는 일이 없었을 것이다. 따라서 지금처럼 그에 대한 죄를 같이 뒤집어쓰는 일도 없었을 것을…'

화 있을진저, 그대들 율법학자들과 바리사이파 사람들이여, 그대들 사기꾼이고 위선자이며 협잡꾼들이여. 그대들은 죽은 자들 가운데 높거나 평범한 수준의 죽은 자들을 비밀히 부르는 자들이니, 그렇게 함으로써 스스로를 속여 그들과 대화를 할 수 있다고 믿으며 스스로를 미혹시키고 있도다. 그대들은 죽은 사람들과 대화를 할 수 없다. 설령 그들과 대화를 할 수 있다고 해도 죽은 사람들이 그대들에게 해 줄 수 있는 말이란, 오직 그들이 살아생전에 가지고 있었던 그릇된 생각들뿐이다. 그대들은 지혜를 소유하여 진리를 말해 줄 수 있을 정도의 수준에 있는 죽은 사람들을 불러낼 수 있을 만큼 영적으로 위대하지 못하다. 그것은 그대들이 예언자들을 죽이고 그들의 가르침들을 왜곡한 자들의 후손들임을 스스로에게 입증하는 것이다. 자, 그러니 그대들은 그대 아비들의 길을 답습하고 있다. 그러므로 그대들은 이생을 아무런 이해가 없이 마칠 것이며, 미래의 생들을 통해서도 이해하는 데에 어려움을 겪게 될 것이다. 그대들 뱀과 독사의 자식들이여, 아무런 이해가 없는데 어떻게 그대들이 영적으로 위대해질 수가 있겠는가?

그대들의 선조들과 아비들이 죽인 첫 예언자로부터 그대들이 성전과 제단 중간에서 죽인 바라키아의 아들 자카리아에 이르는 모든 예언자들의 피와, 장차 그대들이 흘리게 할 모든 피들까지 이 지구상에 그대들로 인해서 뿌려지는 모든 의로운 사람들의 피가 그대들에게 되돌아올 것이다. 그대들은 인류 중에서 추방될 것이며, 차지하고 있는 땅 또한 잃었다가 잠시 되찾기는 하겠지만 결국에는 먼 미래에 이르기까지 다시 잃게 될 것이다. 진실로 내가 그대들에게 말하노라. 그대들의 존재는 끊임없는 투쟁과 전쟁이 될 것이며, 인류는 적개심과 증오를 가지고 그대들을 공격할 것이다. 그대들은 선조들이 거짓과 속임수로 빼앗은 이 땅에서 어떤 안식이나 평화도 찾지 못할 것이다.

왜냐하면 그대들이 조상들로부터 물려받은 살인이라는 짐과, 조상들이 이 땅의 정당한 거주자들을 해치고 생명과 재산을 빼앗은 까닭에 짊어지게 된 업보가 그대들을 계속 쫓아다닐 것이기 때문이다. 그러므로 그대들의 선조들과 그대 자신들로 인해 이미 뿌려진 피들과, 또한 그대들과 그대들의 가까운 후손들과 먼 후손들이 지금도 뿌리고 있고, 앞으로도 계속해서 저 먼 미래에 이르기까지 뿌리게 될 모든 의로운 사람들의 피들이 그대들을 찾아 올 것이다. 이 세상은 그대들을 향한 증오로 가득 찰 것이며, 심지어는 먼 미래에도 그대들이 빼앗은 땅에서 물러날 때까지, 또는 그대들이 원수를 맺은 종족들과 타협에 의해 평화를 이룩하고 형제적인 신뢰와 합일을 창조하며 그대들이 날조하고 훔친 권리들을 포기할 때까지는, 어떠한 안식이나 평화도 얻지 못할 것이다. 그대들 뱀과 독사의 자식들이여, 이런 일들이 먼 장래에 이르기까지 그대들에게 일어날 것이니라. 그러나 창조와 권리와 법칙들에 관한 내 가르침이 다시 세상에 퍼지게 될 때에는, 또한 그대들에게 다행스러운 경험을 필연적으로 하게 될 것이다. 그때에는 그대들이 진정한 평화를 이룩함으로써 그대들을 향한 세상의 증오를 종식시키고 안정을 얻을 수 있는 계기로 삼아야만 할 것이다.

그러므로 미래에는 창조의 법칙과 명령에 대한 내 가르침에 귀를 기울이라. 나의 가르침이 새롭게 가르쳐질 때에는 주의를 기울이라. 왜냐하면, 그것은 많은 것들이 바뀌고 강성한 자들과 독재자들이 무너지며, 그리하여 모든 인종의 나라들이 자유로워지게 될 시대의 전조가 될 것이기 때문이다. 그 먼 미래에는 영적이며 창조의 능력과 법칙 및 명령들에 관해 새롭게 제시되는 나의 가르침에 유념하라. 진실로, 진실로 나는 그대들에게 이르노라. 내가 그대들에게 지금 말하는 바대로 이 모든 것들이 이루어질 것이니, 그대들에게, 또 그대들의 종족에게 이 모든 것들이 먼 미래에 도달할 때까지 끊임없이 그대로 벌어질 것이니라."

(탈무드 임마누엘 제24장 1절~53절)

25. 예 언

그러고 나서 임마누엘이 성전 밖으로 걸어 나가시자 제자들이 다가왔다. 그에게 건물의 바깥을 보여드리고자 하였기 때문이다. 그가 그들에게 말씀하셨다.

"이 모든 것들을 보라. 진실로 내가 그대들에게 말하노라. 여기에 있는 어느 돌 하나도 온전한 채로 다른 돌 위에 남아 있지 못할 것이다. 유태인들은 생명과 진리를 유린하면서, 사람들이 흘린 피 위에 이 예루살렘을 건설하였다. 그러나 유태인들은 자신들을 시온의 아들딸이라고 부르는 이스라엘인들과 그릇된 자기네 종파에 의해 잘못된 믿음을 가지고 있는 자들인 유태 사람들로 나누어져 있다. 이스라엘인들은 나와 무관하며 또 나를 죽이려고 하는 사람들이지만, 유태 사람들에게는 내가 다른 인류들에게와 마찬가지로 내가 진리의 가르침을 가지고 왔나.

이스라엘 사람들은 탐욕과 살인을 통해서 이 땅을 강탈했다. 그들은 같이 술잔을 나누던 친구들을 죽였으며, 또한 똑같은 민족이면서 단지 종파가 다를 뿐인 유태 종파의 동료 신자들을 기만하고 오도해 왔다. 이리하여 이스라엘 사람들은 친구들을 배신하였고, 자기들의 욕심 때문에 그들을 살해했다. 그러나 그들에게도 똑같은 일이 장차 벌어질 것이니, 고대로부터 그들이 권리를 빼앗고 정복해 버린 이 땅의 정당한 소유자들에게 의해 그대로 당하게 될 것이다."

그가 감람산 위에 오르셔서 앉아 계실 때 제자들이 그에게 와서 물었다.

"말씀해 주십시오. 언제 그런 일들이 일어나고 어떤 징조가 있겠습니까?"

"이천년에서 몇 년이 더 지나서일 것이다. 그러나 그 때까지 이스라엘은 결코 평화를 찾지 못할 것이니, 이는 많은 전쟁과 무수한 사악함들이 이 땅의 불법 소유자들인 그들을 위협할 것이기 때문이다. 그러나 어느 누구도 그대들을 타락시키지 못하도록 주의하라. 수많은 사기꾼들과 거짓 예언자들이 내 이름으로 와서 말할 것이다. '내가 임마누엘이며, 또한 시대의 징조이니라.' 그리고 그들은 많은 사람들을 잘못 인도할 것이다. 사람들은 전쟁과 전쟁의 외침 소리들을 수없이 듣게 될 것이며, 또 눈으로도 보지 않으면 안 될 것이나 이를 두려워해서는 안 된다. 왜냐하면 이것이 비록 반드시 겪어야만 할 일이기는 하지만, 이 자체가 아직 지구의 종말을 뜻하는 것은 아니기 때문이다.

많은 나라들이 그 정부에 대항하여 일어날 것이며, 이 나라가 저 나라와 대항하고, 또 한 왕국이 다른 왕국에 대항하여 싸울 것이며, 무서운 기근과 지진들, 그리고 엄청난 홍수들이 도처에서 발생할 것이다. 이 모든 것들은 거대한 재난들의 시작에 불과하다. 머지않아 지식을 가진 사람들은 노출되어 고난을 당하고 살해될 것이다. 그들은 그들의 가르침과 지혜가 내포하는 진리로 인해 사람들로 부터 미움을 받게 될 것이다. 수없이 많은 종파들이 각기 서로를 적대하여 일어나겠고 엄청난 피를 흘리게 될 것이다. 그리고 그 공격에 굴복하는 사람들과, 서로가 서로를 배반하고 증오하는 사람들이 헤아릴 수 없이 많을 것이다. 왜냐하면, 그들은 영적으로 왜소한 채로 머물러 있을 것이기 때문이다. 많은 사람들의 가슴 속에서 사랑이 점점 식게 될 것이니, 이는 서로에 대한 신뢰의 부족이 생겨날 것이기 때문이다. 또한 증오가 전 세계를 다스리며 사악함이 지배하게 될 것이다.

그러나 진리를 고집하는 사람들은 살아남을 것이다. 이러한 경험이 교훈으로서, 이다음에 올 새로운 시대에 전세계에 살아남은 모든 사람들을 위한 증거로서 전파될 것이니, 그 때에 비로소 종말이 올 것이다. 예언자들이 이미 전했듯이 예루살렘이 파괴되는 잔혹상을 사람들이 눈으로 직접 보게 될 때 이 지구의 종말이 올 것이다. 그때 이스라엘에 의해 점령된 땅에 있는 사람들은 누구를 막론하고 산 속으로 피해야만 한다. 그때 지붕위에 있던 사람들은 집에서 무엇을 꺼내 오려고 지붕에서 내려와서는 안 된다. 들판에 있던 사람들은 겉옷을 위해 집으로 되돌아가서는 안 된다. 화 있을진저, 그 때에 아이를 뱄거나 아기들에게 젖을 먹일 여인들이여. 그들은 말할 수 없는 애통함을 겪고 죽음을 겪어야 할 것이기 때문이다. 그러한 여인들의 숫지기 적지 않을 것이다. 이 세상이 시작된 이래로 있은 적이 없었으며, 또한 이후에도 결코 없을 만큼 처절한 애통함이 곧 그 뒤를 따를 것이다. 만일 이러한 날들이 단축되지 않는다면 이 세상에는 아무도 살아남지 못할 것이다.

그러나 이 기간은 영혼과 생명의 존속을 위해 단축될 것이다. 이것은 진리와 법칙들을 섬기는 사람들 때문이다. 이때가 되면 온 세상이 통곡과 이를 가는 소리들로 가득 찰 것이다. 이는 사람들의 이해 부족과 탐욕 때문이다. 사람들은 서로를 죽이기 위하여 하늘과 땅과 물에서 사용하기 위한 쇠로 만든 기계를 제작할 것이다. 그들은 이 철제 기계들을 사용하여 땅과 도시들을 가로 질러 무거운 발사체들을 던질 것이다. 이 발사체들에서는 불이 나와서 온 세계를 태울 것이니, 남아 있는 것들이 별로 없을 것이다. 사람들은 이 발사체들의 치명적인 불을 자극하기 위해 그 속에 생명의 초석을 집어넣을 것이다.

진실로 나는 그대들에게 말하노라. 만일 그때에 예전에 하늘의 아들들이 그랬던 것처럼, 강력한 힘을 가진 존재들이 나타나서 망상에 사로잡힌 독재자들의 거침없는 미친 짓을 한순간에 멈추게 하지 않으면, 인간은 아무도 살아남지 못할 것이다. 그때에 인류는 오억의 열배를 훨씬 더 넘을 것이므로 그들 가운데 대부분이 멸망하고 죽음을 당할 것이다. 이것이 창조의 법칙이 정해 놓은 길이다. 왜냐하면, 사람들은 법칙을 어겨 왔으므로 먼 미래에 이르기까지도 계속 그 법칙들을 어길 것이기 때문이다. 그때 어떤 자들은 사람들에게 말할 것이다. '보라, 임마누엘이 여기 계시니, 그는 이 시대의 징표이다.' 사람들은 그것을 진실로 믿어서는 안 된다. 많은 거짓 임마누엘들과 무수한 사기꾼들, 거짓 예언자들이 나타나 엄청난 이적들을 행할 것이므로, 무턱대고 찾아서 믿다가는 실패하기를 거듭하는 일반 사람들뿐만 아니라 학자들이나 지성을 갖춘 사람들 또한 타락으로 이끌리게 되는 일도 그때는 가능할 것이다.

들으라. 내가 그대들에게 미리 말하노니, 내가 말한 바는 스스로 이루어질 것이다. 그때 사기꾼들과 사람들을 타락으로 이끌고자하는 자들이 '그가 사막에 있노라' 할 때에 사람들은 그리 가지 말아야 하며, 또한 그런 자들이 '그는 다락에 있노라' 하여도 그 말을 믿어서는 안 될 것이다. 나는 확실히 그때에 태어날 것이므로, 내가 사람들로 하여금 나를 알아볼 수 있도록 하겠다. 이것이 창조의 법칙과 운명이 원하는 바이며, 또한 그렇게 될 것이다. 하늘에서 번개가 치면서 삽시간 에 착지점에 도착할 때까지 커다란 빛을 발하는 것처럼, 미래에 내가 오는 것도 그러할 것이다. 나는 새로운 가르침을 가지고 올 것이며 하늘의 아들들이 대군의 도래를 선포할 것이다. 또한 나는 다시 새롭게 된 삶을 살 것이며, 진리에 대한 가르침이 사람들 가운데에 통찰과 변화를 가져올 때까지 다시 한번 세상으로부터 사기와 신성모독이라는 비난을 받게 될 것이다.

모든 시대의 사람들이여, 주검이 있는 곳에 독수리가 모인다는 것을 알아 두라.

그러므로 경계하라. 그 때에 애통함이 지나면 얼마 안 있어 해와 달이 그 빛을 잃고 혜성들이 하늘에서 떨어질 것이며, 하늘의 힘들이 흔들리기 시작할 것이다. 하늘들과 대기의 구조가 교란될 것이며, 인간들의 탐욕으로 인해 불이 붙여진 땅에서 나오는 검은 기름으로 말미암아 대지는 불탈 것이다. 하늘은 연기와 불로 캄캄해질 것이다. 따라서 기상 역시 교란되어 혹심한 추위가 닥칠 것이니, 진실로 무분별하게 발달된 인간들의 힘 때문에 온갖 종류의 생명들이 죽음을 맞게 될 것이다. 그때에야 비로소 하늘에서 징조들이 나타나게 될 것이다. 그리고 지구상의 모든 인간들은 울부짖으면서 밖으로 나와서, 하늘의 구름 사이에 있는 이 인간 세상의 불합리를 징벌하기 위해 오는 위대한 힘과 엄격한 심판을 증거하는, 그 징표들을 보게 될 것이다."

"신은 지상에 있는 세 인종을 지배하는 분이시므로, 창조의 법칙들과 계명들의 가치는 영원토록 변치 않을 것이다. 이 지구상에 있는 인간들은 창조와 불합리한 인간들과의 관계에 대한 본보기로서, 영원토록 분노 속에서 자기들 스스로를 심판하게 될 것이다. 인간들은 그들을 다스리시는 존재이신 신에게 그들의 존재에 대한 빚을 지고 있다. 그러므로 그들은 반드시 그의 명령을 따라야 하며, 그를 가장 위대한 지혜의 왕으로서 존경하지 않으면 안 된다. 그는 수호천사들로 하여금 큰 소리를 내는 나팔들을 가지고 지구의 이 끝에서 저 끝까지 온 사방에서 그를 따르는 사람들을 불러 모으도록 하실 것이다.

무화과나무에게서 한 가지 비유를 배우라. 나뭇가지에 잎사귀가 달리기 시작하면, 여름이 가까운 줄 알아야 하는 것이다. 그러므로 사람들이 이 모든 것들을 보게 되는 때가 바로 그때이니, 그들은 이 지구에 종말이 왔음을 깨닫게 될 것이다.

진실로, 진실로 나는 그대들에게 말하노라. 이것이 바로 앞으로 일어날 일들이니라. 이 인류들은 내가 말한 이 모든 것들이 이루어질 때까지 결코 멸망하지 않을 것이다. 하늘들과 지구는 때가 되면 없어질 것이며 이 우주 역시 사라질 것이다. 그러나 내 말씀들은 사라지지 않을 것이니, 이는 내 말씀들이 창조의 법칙 안에 있는 진리의 말씀들이기 때문이니라."

"이 모든 일들이 일어나게 될 날짜와 시간은 아무도 모른다. 수호천사는 물론 신 자신도 모르시며, 나 임마누엘 또한 모른다. 오직 가장 위대한 지혜를 소유하고 있는 창조의 법칙과 명령들 속에 있는 섭리와 운명만이 알고 있을 뿐이다."

"창조만이 모든 인류들의 까마득한 위에 홀로 우뚝 솟아계시며, 또 그 혼자만이 영광과 찬양을 받으실 자격이 있는 것이다. 이는 창조가 또한 자신의 위에 있는 절대적인 힘에게 영광과 찬양을 돌리시는 것과 마찬가지이다. 만일 사람들이 신을 받들고 영접하며 또한 창조만을 가장 높고 유일한 힘으로서 인식을 한다면, 사람들은 당연히 진리에 따라서 행동을 하게 될 것이다."

(탈무드 임마누엘 제25장 1절~57절)

26-1. 법칙과 계명들

"창조의 법칙들과 계명들, 그리고 신의 법칙들이 세상 만물에 적용되고 있으므로, 사람들은 그것들을 준수하고 존중하여야만 한다. 창조의 법칙들과 계명들은 바로 영혼과 생명을 위한 것들이며, 신의 법칙들과 계명들은 물질과 인류의 질서를 위한 것들이다. 신은 법칙들과 계명들 두 가지 모두를 올바르고 또한 삶의 지침이 될 수 있도록, 물질과 인간의 질서를 위하여 발령하셨다. 따라서 법칙들과 계명들은 인간이 도덕적으로 바른 존재가 되기 위해 지혜와 지성 속에서 걸어야만 하는 길들의 역할을 하는 것이다. 창조와 신의 법칙들을 준수하는 한 사람들에게는 다른 어떤 법칙이나 계명도 필요없다. 사람들은 반드시 창조와 신의 법칙들과 계명들을 유일하고 진실한 법칙들과 계명으로 믿고 따라야만 한다. 이는 오직 이것들만이 불변의 가치와 정확성을 가지고 있기 때문이다.

만일 사람들이 이들 법칙들과 계명들로부터 빗나가게 되면, 그들은 그릇된 논리에 기초한 비논리적이며 부적합한, 인위적인 법칙들을 만들게 된다. 만일 사람들이 영적으로 나약하면, 그들이 만드는 법칙들도 또한 나약하고 이단적인 것이 될 것이다. 만일 그들이 외람되게 창조의 법칙들과 계명들을 무시하고 신의 법칙들과 계명들까지 무시하게 되면, 사람들은 스스로 인위적인 법칙들을 만들 수밖에 없게 된다. 그러나 그것들은 오류로 가득 차 있으며, 또한 모든 사람들을 타락에 빠지게 만들 것이다. 사람이 만든 법칙들과 계명들은 언제 어디에서나 살인과 악을 배출하게 되므로 악이 온 세상에 퍼지고 승리할 것이니, 사람들은 더 이상 악을 통제하지 못하게 될 것이다. 법칙들과 계명들은 오직 지혜와 논리로부터 비롯될 때만 가치가 있는 것이다. 그러나 논리는 지혜와 이해를 필요로 한다. 인간이 만든 법칙들과 계명은 창조의 법칙들과 계명에 그 기초를 두지 않는 한, 또한 신이 창조의 법칙들과 계명에 의거하여 그의 지혜를 가지고 지시한 신의 법칙들과 계명에 근거를 두지 않는 한 가치가 없다."

26-2. 잠 언

"진실로 나는 그대들에게 말하노라. 사람들은 자연 속에서 깨닫게 되는 창조의 법칙으로부터 지혜를 배워야만 한다. 그러나 만일 사람들이 생각하고 찾지 않으면, 지혜를 얻지 못한 채 어리석은 상태로 남아 있게 될 것이다. 지혜로운 사람은 잃어버린 것들과 죽어 없어진 것들로 인해, 또는 이미 지나간 과거의 것들 때문에 울지 않는다. 어리석은 자들만이 울 가치가 없는 것들 때문에 운다. 그래서 그들은 슬픔과 궁핍과 불행을 가중시키는 것이다. 지혜가 풍부하고 법칙에 따라 사는 사람들은, 생명체들이 잘못이 없는 한 그들에게 최소한의 상처도 입히지 않으려고 노력하며, 그 때문에 그들이 고통을 받는 일이 없도록 한다. 자기 자신의 감각을 지배하지 못하는 미련한 사람들은 손해를 이익으로, 이익을 손해로, 고통을 기쁨으로 잘못 알게 된다. 그들은 지혜를 따르지 않고 지식을 구하지 않으며, 또한 그 법칙을 깨달으려 하지도 않기 때문에, 몰이해와 죄악으로 가득 차게 된다. 부정직과 어리석음, 무례, 탐욕, 부도덕과 난폭함과 성냄들은 의식이 가난한 자들을 상처 입힐 것이다.

만일 사람들이 적절한 방법으로 의식 속에서 지혜를 매일 조금씩이라도 터득할 수 있다면, 그들은 마치 첫 보름 동안의 빛나는 달처럼 빨리 성장할 것이다. 지혜는 인류의 가장 위대한 자산이며, 창조된 의지 또한 마찬가지이다. 지혜는 사랑과 행복의 원천이 된다. 그러나 이 지혜와 의지, 사랑, 행복과 같은 모든 것도 영혼의 힘이 없이는 의미가 없다.

스스로는 아무것도 하지 않으면서 운명이 작용하기를 기다리는 바보는, 물은 담겨 있지만 불에 올려놓지 않아서 물을 끓일 수 없는 주전자와 같다. 암소를 키우는 자는 항상 우유를 얻는다. 또한 지혜를 양육하고 영혼의 능력을 통해 그것을 활용하는 사람은 많은 열매를 거둘 것이다. 창조의 법칙을 하나씩 하나씩 이해하라. 그리고 일단 이해했으면 그것을 꼭 붙들고 거기에 따라서 살도록 하라. 이는 그 법칙들이 가장 위대한 지혜이기 때문이다. 지혜만큼 밝은 눈이 없고 무지만큼 어두운 암흑이 없으며, 영혼의 힘만큼 큰 능력이 없고 의식의 가난만큼 무서운 두려움이 없다. 지혜보다 더 고귀한 행복이 없고, 지식보다 더 나은 친구가 없으며, 또한 영혼의 힘 이외에는 달리 구원자가 없다. 지성을 가진 사람은 내 말을 알아들을 수 있을 것이니, 이로 인해 그들이 지혜로워지고 깨닫게 될 것이다."

26-3. 사울의 그릇된 교리

임마누엘이 그의 말씀을 마치셨을 때, 사울이라 하는 자가 그에게로 와서 말했다.

"당신은 새로운 가르침을 전파하는데, 내게는 그 가르침이란 것이 처음부터 이상하고 어리석은 소리 같으며 당신의 마음은 혼란된 것같이 보이는군요."

"마음이 혼란된 자는 바로 그대인데, 어찌하여 나에게 내 마음이 혼란되었다고 말하고 있는가? 진실로 내가 그대에게 말하노라. 그대는 사울이라 하는 자이며 내 가르침 때문에 나와 제자들을 박해할 것이나, 나중에는 마음을 바꿀 것이다. 이제부터 그대는 바울이라 불리게 될 것이며, 온 사방으로 떠돌아다니게 될 것이니, 내 가르침을 그릇 되었다 하고 내 영혼이 혼란되었다고 한 것으로 인해 고난을 겪어야만 할 것이다. 그대는 양 어깨에 큰 죄를 쌓아 올릴 것이니, 그대가 나의 가르침을 잘못 이해하고 내 가르침을 그릇되게 전파할 것이기 때문이다. 그대의 말은 혼란될 것이니, 따라서 온 세상 사람들은 그릇된 교리를 경배하게 됨으로써 노예로 전락할 것이다.

그대가 그릇된 그대의 가르침을 가지고 악한 종파의 노예가 되어 그리스 땅에 들어갈 때, 나를 그들의 말로 '기름 부음을 받은 자'라고 부를 것이다. 그리스 사람들은 나를 예수 그리스도, 곧 '기름 부음을 받은 자'라고 부를 것이니, 이는 모두 그대의 무지함에 기인하는 것이다. 이 이름으로 인해 수많은 사람들의 피가 이 세상에 있는 모든 통을 가지고도 담지 못할 정도로 흐르게 될 것이다. 이는 그대가 무지한 탓이니라. 그대는 아직도 내 가르침으로 인해 나와 내 제자들을 핍박하고 있으나, 그대가 마음을 바꾸게 될 때가 올 것이다. 나를 다시 대하게 될 때에는 그대는 나를 유령이라고 생각할 것이다. 진실로 내가 그대에게 이르노라. 다른 많은 사람들과 마찬가지로 그대는 앞으로 내 가르침을 왜곡하고, 사람들에게 그릇된 종파들을 만들 기초를 제공한 데 대해 크게 비난을 받아 마땅할 것이다. 그대는 나로 하여금 '예수 그리스도'라 불리도록 하고 그릇된 종파의 구세주로 불리도록 하는 어리석은 짓을 하는 주체가 될 것이다."

임마누엘은 진노하여 지팡이로 사울을 멀리 쫓아버리셨다.

사울은 복수심에 가득 차 바리사이파 사람의 아들인 유다 이하리옷과 합세하였다. 그리고 어떻게 하면 임마누엘을 체포하여 당국자들에게 넘길 것인가를 의논하였다.

26-4. 자 살

사울이 떠나간 뒤에 임마누엘은 그의 제자들을 불러 말씀하셨다.

"이틀 뒤 유월절이 되면 내가 법정에 넘겨져 십자가에 매달리게 될 것을 그대들도 알고 있겠지만, 이는 예정된 바이며 내가 계속하여 배울 수 있도록 하기 위한 것이다. 나를 배신할 자는 바리사이파 사람인 시몬의 아들 유다 이하리옷이니, 이는 그가 금과 은이나 재물에 탐욕스럽기 때문이다. 그가 은 삼십냥에 나를 팔아넘길 것인데, 이는 그가 제 아비의 욕심 때문에 잘못 이끌어졌기 때문이다. 그러나 은을 얻은 데서 오는 그의 기쁨도 그리 길게 가지 못할 것이니, 이는 그가 변덕스럽고 불안정하여 곧 죄의식을 느끼게 될 것이기 때문이다. 유다 이하리옷은 용기가 없고 지식도 별로 없으므로 스스로 나뭇가지에 허리띠로 목을 매달 것이다."

"진실로 내가 그대들에게 말하노라. 유다 이하리옷의 자살이 당연하게 보일지 모르나, 그것은 옳지 않다. 비록 사람들이 그들의 권리를 요구하고 스스로를 다스릴 자유의지를 가지고 있다고 해도 자신들의 생사를 결정할 권리는 가지고 있지 않다. 법칙이 뜻하는 것은, 사람들이 끝까지 자기들의 삶을 살아나감으로써, 그들의 영혼을 완전하게 하는 것이다. 그러나 만일 그들이 자살을 통하여 스스로를 심판한다면, 그들은 법칙으로부터 빗나가게 되고 창조의 계획과 법칙들을 거역하는 것이 된다. 사람들이 자기들의 생사를 결정할 권리가 없다는 것을 깨달으라. 그들은 오직 그들이 살고자 원하는 삶의 종류를 결정할 권리를 가질 뿐, 생사를 결정할 권리는 가지고 있지 않다. 법은 어떠한 사건이나 상황도 자살을 정당화할 수 없다고 말한다. 이것은 살인 청부업자나 안락사와 같은 다른 사람들에 의한 자살도 포함하고 있다. 사람들이 제 아무리 큰 죄를 지었더라도, 또는 인생의 짐이 아무리 무겁다고 하더라도 그들에게 자기들의 죽음을 결정할 권리는 없다. 유다 이하리옷이 아무리 큰 죄를 지었더라도, 자기의 생사를 결정할 권리는 없다. 어떠한 죄나 실수도 영혼을 이해와 완전으로 이끄는 것이다. 그러나 만일 사람들이 자살함으로써 그들의 죄와 실수로부터 도피한다면, 이것은 그들이 이해와 책임을 회피하는 것이기 때문에, 다른 생에서 똑같은 것을 다시 배워야만 하게 된다. 그 때문에 완전을 향한 의식과 영혼의 진보가 늦추어지게 되므로, 그것은 창조가 뜻하는 바가 아니다. 하여튼 자살은 통탄할 만큼 비겁한 행위이며, 창조의 법칙들과 계명을 아무 생각 없이 무시하는 행위이다."

(탈무드 임마누엘 제26장 1절~63절)

27-1. 제자들의 소란

임마누엘께서 말씀을 마치시자, 제자들이 매우 흥분하여 말했다.

"왜 유다 이하리옷을 잡아서 당신을 배반하지 못하도록 돌로 쳐 죽이지 않습니까?"

임마누엘이 격노하여 말씀하셨다.

"그대들은 법칙이 '이유 없이 살생을 하지 말라'고 하고 있음을 모르는가? 그리고 내가 미리 말했듯이, 내 자신이 어떤 지식을 얻기 위해 십자가에 매달릴 것이라는 것을 모른단 말인가? 그대들이 어떻게 감히 법칙이 정해 놓은 운명을 무시하려고 하는가? 이것은 이미 주어졌고 의도된 바가 아닌가? 내가 나의 길을 가듯, 모든 사람들 또한 그들의 길을 가야만 하는 것이다. 진실로 내가 그대들에게 말하노라. 만일 내가 나의 운명을 따르려고 하지 않으면, 내가 인도로 가서 이행해야 할 사명을 어떻게 완수할 수 있겠는가? 오, 그대들 용기와 지식이 결여된 사람들이여, 나는 진리를 가르쳤으나 그대들은 그것을 깨닫지 못하는도다. 내가 떠난 뒤에 내 가르침이 그대들에 의하여 왜곡되어 그릇된 교리와 종파들이 되어 온 세상으로 퍼지게 되리라는 사실을 어째서 그대들은 아직도 이해하지 못하는가? 그대들은 그렇게 할 것이니, 따라서 온 세상이 그릇된 길잡이와 가르침으로 울리게 될 것이다. 그대들 중에서 많은 사람들이 인류에 대해 죄를 짓게 될 것이다. 내가 그대들에게 가르쳤음에도 불구하고 진리를 깨닫지 못하고 말 것이다. 그대들이 퍼뜨리게 될 그릇된 가르침은 세상에 크게 울려 퍼질 것이다. 다시 말하노니, 그대들은 내 가르침이 내포한 지식과 진리의 말씀을 이해하지 못하고 있노라. 그대들과 이 백성들은, 예언자들이 이 인류에 대하여 전하였듯이 어둠과 압제에 사로잡혀 있는 이 땅의 정당한 거주자들과 마찬가지로 어둠에 사로잡혀 있다. 왜냐하면, 이 백성들 또한 이 땅을 약탈하고 원주민들을 지배하고 억압해 온 이스라엘 사람들과 마찬가지로 진리에 대한 가르침을 저버렸기 때문이다. 내가 비록 이 세대에서의 내 임무를 완수하기는 하였으나, 이 백성들에게 이성을 가르치지는 못했으니, 이는 이스라엘 사람들의 잘못과 그릇된 가르침들 때문이며, 백성들이 이성에 반대되는 혼란스럽고 기만적인 가르침 때문에 이성적으로 생각하지 않기 때문이다. 그러므로 나는 떠날 것이다. 진리의 가르침을 북쪽과 동쪽에 있는 다른 두 인종에게도 전해야 하기 때문이다.

막강한 이스라엘의 통치하에 있는 이 땅의 정당한 거주자들인 이 백성들이 신의 가호 밑에 있는 것과 마찬가지로, 다른 두 인종들 또한 신의 가호 밑에 있다. 말하자면, 그들은 지구의 최북단에 있는 인종이니, 그 곳은 지구의 끝에 있으면서 추위와 얼음이 가장 높은 산들을 지배하고 있는 곳이며, 다른 또 하나는 인도에 있는 인종들이다. 이들이 신의 가호 밑에 있는 까닭은 신이 이들 세 인종의 주인이기 때문이다. 나는. 원래 아라하트 아테르사타[매우 높이 진화된 영적인 수호자들의 그룹]의 영역에 있다가 이 세상으로 환생하였노라. 나는 신의 의지에 따라 예언자로서 이곳으로 보내졌으니, 이는 내가 이 세 인종에게 새로운 진리의 가르침을 전하기 위한 것이다. 그러므로 나는 아라하트 아테르사타에 의해 예정되었고 신에 의해 요구된 길을 가야만 하나니, 이는 신이 창조의 법칙을 섬기는 것과 마찬가지로 나도 신의 뜻과 법칙을 섬기기 때문이다."

27-2. 베다니아에서

임마누엘은 말씀을 마치고 베다니아에 있는 나병환자 시몬의 집으로 가셨다. 그가 식탁에 앉으시자, 한 여인이 향수를 유리 그릇에 담아들고 와서 그의 머리 위에 부어 드렸다. 제자들은 이것을 보자, 화를 내면서 그 여인을 꾸짖었다.

"무엇 때문에 이렇게 낭비를 하는가? 이 향수를 비싼 값으로 팔았더라면 그 돈을 가난한 사람들을 위해 쓸 수 있었을 것이 아닌가?"

임마누엘은 이 말을 들으시고 제자들을 나무라셨다.

"그대들이 이 여인에게 화를 내는 이유가 무엇인가? 그녀는 나의 가르침을 믿기 때문에 내게 좋은 일을 하였노라. 그녀는 고마운 마음을 이렇게 나타낸 깃이며, 그녀에게는 아까울 것이 없느니라. 그녀는 지혜로워졌고 창조의 법칙에 따라 살고 있다. 그러므로 내게 향수로 고마움을 나타낸 것이다. 그녀의 고마움은 지속될 것이다. 그리고 이제부터 그녀가 내게 취한 행동은 온 세상에 알려지게 될 것이다. 진실로 내가 그대들에게 이르노라. 진실한 가르침이나 변조된 가르침을 막론하고, 온 세상에서 나의 가르침이 전파되는 곳마다 사람들은 그녀가 나에게 한 일을 기억할 것이다. 그녀가 오랫동안 기억될 것과 마찬가지로, 그대들 가운데 한 사람이 나를 배반했다고 하는 그릇된 가르침 또한 기억될 것이다."

"우리가 여기 함께 있는 동안에, 예루살렘에 있는 바리사이 파사람의 아들 유다 이하리옷은 나를 배신하여 대사제들에게 나를 넘길 음모를 꾸미고 있다. 우리가 여기 모여 있는 동안에, 그는 제사장들에게 그들이 나를 잡기 위해 내건 피의 대가를 요구하고 있다. 만일 그의 도움으로 나를 잡으면, 그들은 삼십냥을 그에게 줄 것이다. 그들은 이러한 음모와 함께 그대들 가운데 하나에 대해서도 흉계를 꾸미고 있으니, 이는 그들이 범인으로서 사람들에게 그를 내세우고 싶어 하기 때문이다. 곧, 바리사이파 사람의 아들인 유다 이하리옷이 나를 병사들에게 넘길 것이나 그들은 나의 제자인 유다 이스카리옷이 배신자로서 알려지도록 흉계를 꾸미고 있는 것이다. 따라서 사람들은 말할 것이다. '보라, 이 정신착란자들이 자기들 중에서도 패가 갈려 하나가 다른 하나를 배신하고 있다. 그러니, 어떻게 임마누엘의 가르침이 진리일 수 있겠는가?' 그러나 바리사이파 사람의 아들인 유다 이하리옷과 나의 제자인 유다 이스카리옷은 거의 똑같은 이름을 가지고 있기 때문에, 제사장들의 거짓말은 처음부터 의심 없이 받아들여질 것이다."

27-3. 최후의 만찬

무교절의 첫날, 임마누엘은 제자들에게 말씀하셨다.

"성 안으로 들어가 내 친구 아론에게 가서 말하라. 내가 '유월절 잔치가 가까웠으니 내가 그대 집에서 제자들과 함께 마지막 식사를 하기를 원하노라.'라고 하더라고 하라."

제자들은 임마누엘이 말씀하신 대로 하였다. 그리고 그들은 아론 및 그의 부인과 함께 아론의 집에서 음식을 준비하였다. 그들이 자리에 앉아 먹을 때, 그가 말씀하셨다.

"보라, 내가 무거운 짐을 스스로 져야 할 때가 가까워지고 있다. 그러나 나는 예언자들이 전한 대로 나에게 예정되어 있는 길을 갈 뿐이다. 하지만 나는 단지 사람들 눈에 죽는 것으로 보이고 많은 고통을 겪을 뿐이니, 그대들은 나에 대해서 겁내거나 걱정하지 말라. 진실로 내가 그대들에게 말하노라.

고난이 끝나고 나서 그대들과 함께 다시 먹고 마실 때까지, 지금부터 나는 포도 열매로 만든 것을 더 이상 마시지 않고 빵도 먹지 않을 것이다. 나는 무덤 속에서 사흘 낮과 사흘 밤을 누워 있다가 임사상태에서 깨어나게 될 것이다.”

임마누엘은 제자들에게 빵을 나누어 주면서 말씀하셨다.

“이것을 받아먹으라. 어렵거나 슬플 때에도 육신은 영양분이 필요한 것이다.”

그리고 잔을 들어 그들에게 주면서 말씀하셨다.

“그대들은 모두 이 잔으로 마시라. 비가 오든지 날이 춥든지 그대들은 갈증을 느끼는 법이다. 진실로 내가 그대들에게 말하노라. 지혜로운 사람은 반드시 일어나야만 할 일을 탓하여 굶주리지 않는다. 단지 어리석은 사람만이 어쩔 수 없이 일어나야만 하는 일들에 대해서도 이해가 부족하고 성이 나서 먹지도 마시지도 않는다.”

“내가 진실로 말하노라. 그대들이 내 말을 이해하지 못해 지금 내게 화를 내고 있듯이, 오늘 밤에 또 내게 화를 낼 것이니, 그대들이 아직도 깨닫지 못하였기 때문이다. 그러나 내가 죽음에서 되살아나면, 임사상태에서 깨어나 무덤에서 나오면 나는 그대들보다 먼저 갈릴레아로 가 있을 것이니, 그때에는 그대들이 내 말이 진실이었음을 깨달을 것이다. 나는 지식과 진리를 가르쳤으나, 그대들은 나를 의심해 믿지 않고 있다. 오, 이 나약하고 믿음이 부족한 사람들이여. 내가 죽은 것처럼 보인 뒤에 다시 만났을 때에는 그대들이 얼마나 놀라고 당황하겠는가?”

그 때 베드로가 그에게 말씀드렸다.

“비록 그들 모두가 스승께 화를 내더라도 저는 결코 화를 내지 않겠습니다."

"진실로 내가 그대에게 말하노라. 그대는 내게 성냄이 제일 심한 자 가운데 하나인지라, 오늘 밤 닭이 울기 전에 나를 세 번 부인할 것이다."

그러나 베드로는 그를 반박하여 말했다.

"결코 그런 일은 일어나지 않을 것입니다. 스승님과 함께 죽을지언정 스승을 부인하지는 않을 것입니다."

모든 제자들이 이에 동의를 하며, 임마누엘의 말씀을 믿지 않았다.　　　　　　　　(탈무드 임마누엘 제27장 1절~51절)

28-1. 겟세마네에서

예루살렘의 아론의 집을 떠난 임마누엘과 그의 제자들은 그를 좋게 생각하는 여호수아라는 사람의 소유인 겟세마네라는 농장으로 갔다. 농장의 넓은 정원에서 그는 제자들에게 말씀하셨다.

"내가 저 쪽에 가서 깊이 생각할 시간을 갖는 동안 여기에 앉아 있으라."

그는 베드로와 제베데오의 두 아들을 데리고 가서 탄식하면서 생각에 잠기기 시작하셨으니, 이는 장차 그에게 닥칠 일을 겁내고 불안해 하셨기 때문이다.

그가 그들에게 말씀하셨다.

"들으라, 나는 분명 지혜로우며 위대한 지식도 가지고 있다. 그러나 나는 내가 알든 모르든 간에 내게 닥쳐올 모든 일들을 두려워하고 있다. 이것은 인간의 천성이니, 그 사람이 아무리 지식이 있고 지혜롭다 하여도 마찬가지이니라. 지금 내 마음이 지극히 슬프니, 그대들은 나와 함께 있으면서 자지 말

178 하늘이 무너지는 소리

고 깨어 있어서 내가 이와 같은 고독을 느끼지 않도록 해달라. 어려움은 혼자 견디는 것보다 다른 한 두 사람들과 함께 나누는 것이 더 수월하기 때문이니라. 만일 운명이 그렇게 원한다면 이 잔은 나를 지나쳐 갈 것이다. 그러나 내 뜻에 의해서가 아니라 운명의 뜻대로 이루어질 것이니, 이것이 바로 나를 위해 안배된 것이기 때문이니라."

그가 이렇게 말씀하고 있을 때 유다 이스카리옷(가룟 유다)이 와서 말했다.

"제 말씀을 들어 주십시오. 성벽 그늘 속에서 어떤 일들이 벌어지고 있습니다. 저는 그곳에서 가려진 불빛들을 방금 보았습니다."

임마누엘이 말씀하셨다.

"이들은 아마도 유다 이하리옷[가룟 유다 가 아닌 다른 사람임]이 이끌고 온 하수인들일 것이다. 왜냐하면 그가 나를 배반하기 위해 여기로 우리를 은밀히 따라 왔기 때문이다."

그는 멀리 걸어가서 얼굴을 땅에 대고 엎드려 말씀하셨다.

"만일 가능하다면 이 잔이 나를 지나쳐 가기를 바랍니다. 그러나 나의 뜻이 아니라 운명의 법칙이 충족되기를 원합니다. 그리하여 내가 간파해야만 하는 이 비밀을 통하여 내가 깨달을 수 있기를 빕니다."

제자들에게로 돌아왔을 때 임마누엘은 그들이 잠들어 있음을 발견하시고 베드로에게 말씀하셨다.

"그대들은 내가 이 힘든 때에 혼자 있지 않도록 한 시간만이라도 나와 함께 깨어 있을 수가 없단 말인가? 영혼과 의식 안에서 눈을 뜨고 위대하게 되라. 그리하여 유혹 당하는 일이 없도록 하라. 영혼은 기꺼이 하고자 하나 육신이 허약하도다!"

그는 두 번째로 떠나가 엎드려서 말씀하셨다.

"이 잔이 나를 지나쳐 가는 것이 가능하지 않다면, 나는 이것을 마시리이다. 그리하여 내가 이 비밀 속에서 깨달음을 얻고 먼 나라에서 행해야 할 나의 궁극적인 사명을 완수할 수 있도록 하겠습니다."

그는 돌아와서 제자들이 다시 잠들어 있음을 발견하셨다. 오직 유다 이스카리옷(가룟 유다)만이 깨어 있었다. 그는 다시 걸어가서 세 번째로 땅에 엎드려 비통에 잠겨 말씀하셨다.

"비록 예정되어 있는 이 길을 내가 걷지 않으면 안 된다는 것을 알고 있지만, 나는 심히 두렵다. 영혼은 이처럼 달가워하고 있건만 고통을 이토록 두려워하고 있는 육신은 얼마나 허약한가!"

그의 몸이 떨리기 시작하면서 땀이 섞인 작은 핏방울들이 온몸에서 흘러 내렸다. 이는 그가 그토록 두려워하고 근심하였기 때문이었다. 그는 얼굴을 붉힌 채 제자들에게 돌아오셔서 말씀하셨다.

"그대들은 지금 자거나 쉬기를 원하는가? 아니면 나와 함께 지켜보기를 원하는가? 보라, 바야흐로 내가 저 하수인들의 손에 넘겨질 때가 되었다. 그러니 일어나서 가자. 그들이 오고 있다."

28-2. 사로잡히심

그가 말씀하고 계실 때에, 바리사이파 사람의 아들 유다 이하리옷[가룟 유다가 아님]이 칼과 몽둥이를 든 많은 수의 대사제들과 백성의 장로들을 데리고 왔다. 유다 이하리옷은 그들에게 신호를 보내며 말했다.

"보시오, 내가 그에게 아첨을 하며 그에게 마치 내가 내 삶의 죄를 고백하는 것처럼 하여 그를 혼란시키겠습니다. 그리고 거짓 아첨의 증거로 내가 그에게 입을 맞출 것입니다. 그러니 그대들은 무조건 내가 입을 맞추는 사람을 체포해야 합니다."

그리고 그는 임마누엘에게 다가가 말했다.

"안녕하셨습니까? 스승님. 이제부터 저는 당신의 가르침들을 따르고자 합니다. 당신께서 제 지나간 삶을 뉘우칠 수 있도록 하셨기 때문입니다."

그리고 그는 임마누엘을 붙잡고 배반의 입맞춤을 하였다.

그러니 임마누엘은 그에게 말씀하셨다.

"내 친구여, 그대는 왜 내게 와서 거짓말을 하는가? 그대의 마음과 행동에서 배반의 불이 타오르고 있지 않는가?"

하수인들이 임마누엘에게로 와서 손들을 내밀어 그를 붙잡았다. 이때 하수인들 가운데 하나가 생각에 잠겼다가 갑작스레 심경의 변화를 일으켜 임마누엘에게 합세하였다. 이는 그가 양심의 가책을 느꼈기 때문이다. 그는 칼을 뽑아 대사제의 하인 한 사람을 쳐서 귀를 베어 버렸다. 이때 임마누엘이 그에게 말씀하셨다.

"칼을 칼집에 집어넣으라. 필요 없이 칼을 쓰는 자는 칼로 인해 멸망할 것이다. 아니면 그대는 내가 그대들 무리가 도착하기 전에 달아날 수가 없었던 것으로 생각하는가? 그러나 만일 그랬다면 내가 어떻게 나의 운명을 완수할 수가 있겠는가?"

그 사람은 울며 사라졌고, 그 뒤로 두 번 다시 그 사람을 볼 수가 없었다. 그러자 임마누엘이 그 하수인들에게 말씀하셨다.

"그대들은 내가 마치 살인자이기라도 한 것처럼, 나를 잡기 위해 칼과 몽둥이를 들고 왔구나. 나를 성 안에서 붙잡았더라면 더 쉬웠을 것 아닌가? 내가 매일 성전에 앉아 가르쳤으나 그대들은 나를 붙들지 않았다. 그대 위선자들이여, 그대들은 백성들을 두려워하였음이 틀림없다. 그렇기 때문에 마치 어둠 속의 도둑들처럼 백성들의 눈을 피해 나에게 와서 나를 감옥에 집어넣고자 하는 것이다. 진실로 내가 그대들에게 말하노라. 어둠은 밝아 올 것이다. 그리고 모든 사람들이 이 행동에 대해 말하게 될 것이니, 그대들은 이로 인해 모든 시대에 걸쳐 비난을 받게 될 것이다."

그러자 바리사이파 사람 시몬이 일어나 말했다.

"네 말이 어리석고 거짓으로 가득 차 있도다. 우리가 무엇 때문에 백성들을 두려워해야 하느냐? 너는 사람들을 그릇되게 가르쳤으며 우리의 율법들을 무시하며 거짓이라 하였으니, 그로 인해 고통을 당해야만 할 것이다. 너는 우리가 너를 잡아서 재판에 회부하지 않을 것으로 생각했을 것이다마는, 이는 네가 잘못 생각한 것이다. 너를 따르는 자들 가운데 하나가 네 말에 설득당하지 않고 은 삼십냥에 배반했도다. 그 자의 이름은 유다 이스카리옷이다."

임마누엘이 대답하여 가로대,

"진실로 내가 그대에게 말하노라. 비록 그대가 사람들 앞에서 유다 이스카리옷에게 배반자의 누명을 씌우는데 오랫동안 성공할지라도 진실은 반드시 밝혀질 것이며, 또한 온 세상 모든 사람들에게 알려지게 될 것이다. 곧 나를 배반한 자는 유다 이스카리옷이 아니라 바로 그대의 아들인 유다 이하리옷이니, 그는 바리사이파 사람인 제 아비의 이름을 가지고 있도다."

바리사이파 사람 시몬은 격노하여 앞으로 나서서 임마누엘의 얼굴을 주먹으로 쳤다. 이는 그가 그의 진실한 말씀들을 겁내었기 때문이다. 일이 벌어지자, 임마누엘의 제자들은 겁에 잔뜩 질려 용기를 잃고 그를 내버려둔 채 도망쳤다. 임마누엘을 사로잡은 자들은 그를 대사제장인 가야파에게 끌고 갔는데, 그 곳에는 율법학자들과 바리사이파 사람들 및 백성의 장로들이 판결을 내리기 위해 모여 있었다.

28-3. 의회 앞에 서신 임마누엘

대사제들과 의회 의원들은 임마누엘에게 불리한 거짓 증언들을 찾고 있었다. 그것들을 근거로 하여 그를 죽이고자 했던 것이다. 그러나 날조되고 매수된 증인들이 많이 나타났음에도 불구하고, 그들은 아무런 불리한 증언을 찾아낼 수가 없었다. 마침내 두 명의 증인들이 일어나 말했다.

"그는 신이 창조가 아니며, 당신이나 나와 같은 사람일 뿐이라고 말했다. 그는 또 자기가 가브리엘이라는 신의 수호천사에 의해 태어났다고 말했다."

대사제장 가야파가 일어나 임마누엘에게 말했다.

"너는 이 두 사람이 너에 대해 증언한 것들에 대해 답변하지 않겠느냐?"

그러나 임마누엘은 아무 말씀 없이 부드럽게 미소를 짓고 계셨다. 그러자 대사제장이 말했다.

"내가 살아계신 신에 대고 맹세하노라. 너는 지금 우리에게, 성서에 예언되어 있는 것과 마찬가지로 신의 천사인 가브리엘에게서 자신이 태어났다고 말하였다."

임마누엘이 그에게 말씀하셨다.

"맞소, 바로 그렇소. 그러나 나는 이것 역시 말한다. 신은 창조가 아니다. 그러나 신은 그의 뜻에 따라 그가 창조하신 이 지구상의 세 인종의 주님이시다. 신은 우주의 저 먼 곳으로부터 오셨고, 그의 뜻대로 이 세상이 있도록 만드셨다. 그러므로 그는 이 세 인종들 위에 군림하는 최고의 황제이시다. 그 세 인종 가운데 하나가 여기 이 땅에 있는데, 그대들이 그들의 권리를 빼앗고 정복했다. 다른 하나는 저 멀리 동쪽의 인도 땅에 있으며, 세 번째는 북쪽에 있으니 뿔을 가진 왕의 땅으로부터 얼음산들이 떠다니는 바다에 걸쳐서 살고 있다. 지구상에는 일곱 종류의 인종이 살고 있으니, 지구의 이 끝에서 저 끝까지 바람 부는 모든 방향에 살고 있다. 신은 그들에게도 역시 주님이 되시니, 비록 그 다른 인종들이 또한 지구인이 아닌 다른 신들을 섬기고 있다고 해도 마찬가지이다. 그대들이 만일 신을 창조로 생각하고 있다면, 그대들은 잘못 알고 있으며 진리를 거역하는 것이다. 그대들과 내가 인간이듯이 신 또한 인간이다. 단지 그는 영적으로나 의식에서 이 인종들보다 월등하게 진보되어 있다. 신과 그의 하늘의 아들들은 쇠로 만든 기계를 타고 저 먼 우주로부터 온 다른 인종들이다. 오로지 창조만이 신과 그의 수호천사들인 하늘의 아들들보다 헤아릴 수 없이 높으시다. 창조만이 생명을 창조하는, 헤아릴 수 없는 비밀 그 자체이다. 그러므로 신과 모든 생명 위에 헤아릴 수 없을 만큼 높은 곳에 자리하고 계신다. 이 가르침이 가지고 있는 진리를 깨달으라. 그리하면 그대들은 그 진리 안에 있는 지식과 지혜를 얻을 수 있을 것이다."

그러자 대사제장 가야파는 제 옷을 찢으면서 사납게 성내며 말했다.

"이 자가 창조이신 신을 모독하는도다. 어째서 우리가 이 자에 대해 증언을 더 들을 필요가 있는가? 보라, 지금 그대들 스스로가 이 자의 참람된 말을 들었도다. 그대들은 이 자가 어떤 벌을 받아야 마땅하다고 생각하는가?"

그들이 대답했다.

"그는 사형을 받아 마땅하오."

그들은 임마누엘을 주먹으로 때리고 얼굴에 침을 뱉었다. 그들 가운데 어떤 자들은 그를 뒤에서 때리면서 말했다.

"알아맞혀 보리. 너 위대한 지혜의 왕이여, 하늘의 아들이 낳은 자여. 지금 너를 때리고 있는 사람이 누구냐?"

베드로는 임마누엘과 대사제의 무리들을 따라가 문과 창문으로 들여다보고 있는 사람들 가운데에 숨어 있었다. 그러므로 그는 임마누엘에게 일어나는 일들을 직접 목격하였다.

이때에 한 하녀가 와서 그에게 물었다.

"그대는 이 갈릴레아의 임마누엘의 제자들 가운데 한 사람이 아니오?"

28-4. 베드로의 부인

베드로는 하녀로부터 질문을 받자 부인하여 말했다.

"무슨 말도 안 되는 소리로 모함하는가? 나는 당신이 무슨 말을 하는지 모르겠노라."

그러나 그는 그 질문 때문에 겁을 먹고 그 곳을 빠져 나오려고 하였으니, 이는 그가 생명을 잃게 될까 두려워하였기 때문이었다. 그가 문 밖으로 나섰을 때, 다른 여자가 그를 보고 사람들에게 말했다.

"이 사람도 나자렛에서 온 그 참람된 자와 함께 있었어요."

베드로가 두 번째로 거짓말을 하면서 손을 들어 맹세를 하였다.

"진실로 나는 그 미친 자를 알지 못하노라!"

그러면서 그가 그 집을 떠날 때에 곁에 서 있던 자들이 그에게 다가오면서 물었다.

"너는 이 임마누엘이란 자를 따르는 자들 가운데 하나가 아니냐? 너는 네 입으로 스스로를 저버리고 있도다."

베드로는 임마누엘을 욕하고 자기 자신을 저주하기 시작했다. 그러면서 그들에게 맹세하였다.

"나는 그 미친 자를 알지 못할 뿐더러 신을 모독하는 그의 가르침도 알지 못한다."

그 때로부터 얼마 안 있어 수탉이 울었다. 그러자 베드로는 임마누엘의 말씀을 기억하면서 허둥지둥 달아나서 비통하게 울었다.

(탈무드 임마누엘 제28장 1절∼76절)

29-1. 유다 이하리옷의 자살

임마누엘을 배신한 유다 이하리옷은 그 때 임마누엘을 죽이기로 결의한 의회 의원들 가운데 있었다. 그는 임마누엘에게 심한 불의와 고문이 가해지는 것과 그의 얼굴이 피투성이가 되는 것을 보자 후회를 느꼈고, 그의 마음 속 내부에는 커다란 비탄과 비참함이 자리를 잡았다. 그는 자기도 모르게 돈주머니를 집어 대사제들과 의회의 장로들 앞에 내어던지면서 말했다.

"내가 이 사람에게 사악한 일을 저질렀습니다. 이는 내가 오직 금, 은과 재물 따위의 부에만 집착했기 때문입니다. 나는 무고한 사람을 배신한 것을 뉘우칩니다. 왜냐하면 그의 가르침이 내게는 악한 것으로 보이지 않기 때문입니다."

그러나 대사제들과 장로들은 말했다.

"그것이 우리들과 무슨 상관이 있느냐? 보라, 네가 마음 편히 살기 위하여 무엇을 하든, 그것은 네 손에 달려있느니라."

그러자 유다 이하리옷은 울면서 달아나 곧 토기장이의 밭 뒤에 있는 성벽의 나뭇가지에 목을 매어 자살하였다.

대사제들은 그 은화들을 집어 들고 말했다.

"이 피 묻은 돈을 성금함에 넣을 수는 없으니 이것을 어떻게 처리하는 것이 옳겠소?"

그러자 장로의 아들 가운데 하나가 나서서 말했다.

"제가 유다 이하리옷을 따라갔었는데, 그가 토기장이의 밭에 있는 나뭇가지에 목을 매었습니다."

대사제장 가야파가 말했다.

"자, 그렇다면, 그 돈을 토기장이에게 주고 그 밭을 사서 나그네들을 위한 묘지로 씁시다."

다음 날 새벽에 그 거래는 끝이 났다. 그리고 임마누엘을 배신한 유다 이하리옷은 거기에 묻힌 첫 번째 사람이 되었다.

그러나 대사제들과 의회의 장로들은 임마누엘의 제자인 유다 이스카리옷[가룟 유다]이 그를 배신한 뒤에 스스로 목을 매달아 죽었으므로 토기장이의 밭에 묻혔다고 소문을 퍼뜨렸다. 사람들은 이 말을 믿었다. 그리고 말했다.

"그가 은전 몇 냥 때문에 친구를 배반했으니 제가 스스로 목을 매어 죽은 것은 당연한 일이로다. 그는 죽을 죄를 범했도다. 이제부터는 우리가 그 토기장이의 밭을 피밭이라고 부를 것이로다."

29-2. 빌라도 앞에서

임마누엘은 총독인 빌라도 앞으로 끌려갔다. 총독이 그에게 물었다.

"그대가 사람들이 말하는 '지혜의 왕'인가?"

"바로 그러하오. 그것이 사람들에 의해 내가 일컬어지는 이름입니다."

그러자 빌라도가 말했다.

"또한 그대가 신의 천사인 가브리엘에 의해 태어났다는데 사실인가?"

"사실입니다."

"그대의 가르침이 내게는 새로우니, 어디 그대의 지혜를 들어보자."

"잘 들으시오. 영겁 전에 나는 한 가지 어려운 과업을 완수하기 위해 더 높은 영역으로부터 환생하였습니다. 그리고 이번에는 이생에서 예언자가 되기 위해 하늘의 아들로부터 태어났소이다. 그것은 운명과, 또한 이 지구상에 인류를 창조하고 다스리시는 존재인 신의 요청에 의해 행해진 것입니다. 이생을 통해 얻은 지식에 더하여, 나는 신의 배려 덕분으로 커다란 통찰과 올바른 지식을 배웠으니, 나는 그것을 신과 같이 거주하는 선생들로부터 사십일 동안 밤낮으로 배웠습니다. 더구나 나는 아주 멀리 떨어진 곳들을 많이 여행하였고, 인도에서는 여러 해 동안 살았습니다. 그 곳에서 나는 위대한 구루들과 현자들인 스승들로부터 많은 지식과 수많은 비밀들을 배웠습니다. 내가 이곳에서의 임무를 완수하고 나면, 나는 신실한 제자이기도 한 동생 토마와 함께 그 곳으로 돌아갈 것입니다."

임마누엘의 말을 듣자 장로들과 대사제들은 크게 동요되어 빌라도 앞에서 외쳤다.

"이 자의 참람된 말을 들으셨습니까?"

빌라도가 물었다.

"그대는 저들이 그대를 얼마나 심하게 비난하는지 듣지 못하는가? 그대 자신을 정당화하고 싶지 않는가?"

임마누엘이 대답하셨다.

"나는 운명지어진 대로 나의 짐을 지고 갈 뿐입니다. 그러나 많은 사람들이 나를 적대시하고 있으며 그들이 거짓으로 증언하는 것 또한 사실입니다. 그러니 나는 이 과정에서 정의를 구하지 않겠소이다. 진실로 내가 그대에게 말합니다. 산토끼 한 마리가 제 아무리 이리저리 도망을 쳐도 뒤쫓는 많은 개들은 결국 그것을 죽이고 맙니다. 또한 가장 의로운 사람은 정의를 구하지 않는 것이 사람들 사이의 통례입니다. 이는 그가 높이 존경받는 한, 얼마나 많은 사람들이 그에게 불리한 증언을 하든지 또는 얼마나 적은 사람들이 그렇게 하든지는 문제가 되지 않기 때문입니다. 정의는 오직 자연의 법칙들 안에서만 그 힘을 발휘합니다. 왜냐하면 그것이 창조의 법칙이기 때문입니다. 그러나 사람들 가운데에는 정의가 거의 없습니다. 그리고 사람들은 정의를 사람이 가지고 있는 사회적 지위나 부를 가지고 결정합니다. 그러므로 나는 그대에게 묻습니다. 이러한 기준 밑에서 내가 어찌 정의를 기대할 수가 있겠습니까?"

빌라도가 말했다.

"그대의 말로 판단하건대, 그대는 매우 현명하도다. 또한 그대에게서 아무 죄도 발견할 수가 없노라. 나는 그대가 방금 말한 가르침에는 의문을 가지고 있으나, 그 안에서도 역시 아무런 사악함도 찾을 수 없도다. 왜냐하면 사람들은 누구나 자신이 믿는 바에 따라 축복을 받아야만 하기 때문이니라. 그러나 그대가 대사제들과 장로들의 고발에 대해 그대의 무죄를 입증하기 위해서는 아무런 할 말이 없다고 하니, 나로서는 그대를 위한 아무 희망도 없노라. 왜냐하면 그들이 원하면 나는 명령을 해야 하나니, 그것을 내가 따르지 않으면 안 되기 때문이니라."

임마누엘이 그에게 아무 대답도 하지 않으시니, 이에 총독은 매우 놀랐다.

29-3. 임마누엘에 대한 유죄 판결

총독 빌라도는 유월절 축제 때에 죄수들 가운데, 살인이나 죽음을 초래한 죄를 지은 자를 제외하고, 백성들이 원하는 사람이면 누구든 한 사람을 풀어 주는 것을 관례로 삼았다.

이때에 바라바라고 하는 특별한 죄수가 한 사람 있었다. 백성들이 모였을 때 빌라도는 그들에게 물었다.

"그대들은 내가 누구를 석방해 주기를 원하는가? 범죄자 바라바인가, 아니면 지혜의 왕이요 천사의 아들이라고 불리는 임마누엘인가?"

그러나 그는 대사제들과 장로들이 백성들을 금과 은과 동전들로 매수하여 그들에게 바라바의 석방과 임마누엘의 죽음을 요구하도록 한 것을 이미 알고 있었다. 그의 가르침이 백성들의 호감을 샀기 때문에 대사제들과 장로들이 이에 대한 질투와 증오로 인하여 그를 자기에게 넘겨주었음을 빌라도는 매우 잘 알고 있었다. 그의 아내 역시 빌라도에게 영향을 끼쳤는데, 그녀는 말했다.

"이 올바른 사람을 놓고 어떤 흥정도 하지 마소서. 오늘 꿈속에서 이 사람으로 인해서 나는 크게 괴로워하였습니다. 그리고 나는 그의 가르침이 옳다는 것을 알고 있습니다."

그런 까닭에 빌라도는 임마누엘에게 유리한 쪽으로 기울어 있었다. 그러나 많은 외침들이 백성들 사이에서 나왔으므로 그는 다시 물었다.

"내가 누구를 풀어 주랴?"

서서히 외침들이 멈추어가자 총독은 세 번째로 물었다.

"이 둘 중에서 내가 누구를 놓아 주랴?"

백성들이 외쳤다.

"바라바를 놓아 주소서!"

빌라도가 그들에게 말했다.

"그렇다면 그리 하리라. 그러나 지혜의 왕 임마누엘이란 자는 내가 어떻게 하여야 하겠느냐?"

백성들은 외쳤다.

"그를 십자가형에 처하소서. 그를 십자가에 매다소서!"

그러나 총독은 그렇게 하기를 원치 않았으므로 매우 성이 나서 물었다.

"그가 무슨 악한 짓을 하였기에 너희들이 그를 십자가에 매달기를 바라느냐? 그는 단지 새로운 교리를 가르쳤을 뿐인데, 그 때문에 그가 죽음을 당해야만 하느냐? 그렇다면 도대체 말과 생각과 견해의 자유가 어디에 있느냐?"

그러나 백성들은 더욱 크게 외쳤다.

"그를 십자가에 매다소서! 십자가에 매다소서!"

그러자 빌라도는 이것이 큰 소요와 소동을 초래할 우려가 있으며, 이 매수된 백성들을 자기가 어떻게 할 도리가 없다는 것을 깨달았다. 그래서 그는 물그릇을 가지고 오게 하여 백성들 앞에서 손을 씻으면서 말했다.

"너희들은 그에게 어떤 일이 벌어지기를 너희가 원하는지 알고 있도다. 그는 장로들과 대사제들의 포로이니, 그들로 하여금 그를 재판을 하게 하라. 나는 이 의로운 사람과 아무 관계가 없노라. 나는 그에게 발생할 일에 아무 책임이 없으니, 내 무고함을 증거하기 위해 너희들 앞에서 내 손을 씻노라."

그러나 백성들은 주먹을 내지르며 외쳤다.

"그는 십자가에 매달려야 하오! 그는 십자가에 매달려야만 하오!"

그러자 빌라도는 임마누엘을 대사제들과 장로들에게 내어주고, 바라바는 백성들에게 풀어 주었다.

대사제들과 장로들은 임마누엘에게 채찍질을 하게 하고, 십자가에 못 박도록 그를 넘겨주었다. 백성들은 임마누엘을 향해 비명과 고함을 지르며 저주를 하였다. 그러나 대사제들과 장로들은 자화자찬하기에 몰두하였으며, 그들이 꾸민 음모의 성공에 매우 흡족해 하였다.

(탈무드 임마누엘 제29장 1절~60절)

30-1. 임마누엘에 대한 비방, 예언의 선포, 십자가에 못박히심

총독의 군사들은 대사제들과 장로들에게 동조하여 임마누

엘을 재판소로 끌고 들어갔다. 그들은 모든 군중들을 다 이끌고 갔다. 그들은 그의 옷을 다 벗기고, 그에게 자주색 겉옷을 입혔다. 가시나무로 관을 만들어 그의 머리에 씌우고, 오른손에는 지팡이를 들린 뒤 그의 앞에 무릎을 꿇고 말했다.

"유태의 지혜의 왕이시여, 인사를 받으소서."

그리고는 그에게 침을 뱉고 손에서 지팡이를 빼앗아 머리를 때리기 시작하여 피가 온통 얼굴에 흘러내릴 때에야 멈추었다. 그가 아주 처참한 모습으로 피를 흘리고 있을 때, 대사제장 가야파가 물었다.

"이제 너는 무엇을 하겠느냐, 지혜의 왕이여?"

그러나 임마누엘은 아무 말씀도 하지 않으신 채 가만히 계셨다. 그들이 머리를 다시 때리니, 그는 고통 속에서 탄식하면서 말씀을 시작하셨다.

"옛날의 예언자들이 기록에 남긴 바대로 나는 유태의 지혜의 왕이며, 그것은 바로 정곡을 찌른 말이 된다. 따라서 나는 지구상의 모든 인종을 위한 진정한 예언자이니라. 그러나 이 모든 진리에도 불구하고, 나는 자기들 스스로를 시온의 아들 딸이라고 부르는 혼란된 저 이스라엘 사람들을 위한 예언자는 아니다. 진실로 내가 그대들에게 말하노라. 그대들이 나를 때리고 조롱하면 그대들 역시, 옛날부터 그대들이 노예로 삼았고 그대들과 그대의 조상들이 그들로부터 땅을 약탈해 온 바로 그 사람들에게 맞고 조롱을 당하게 될 것이다. 그리고 앞으로 오백년내로 그대들이 이를 보상해야 할 때가 올 것이니, 그때에는 그대들에게 예속되었던 이 땅의 정당한 소유자들이 그대들에게 항거하여 일어나기 시작할 것이며, 먼 뒷날까지 싸우게 될 것이다. 새로운 사람이 이 땅에 예언자로 나타나 정의에 입각하여 그대들을 저주하고 핍박할 것이니, 그대들은 그대들의 피로써 그 대가를 치러야만 할 것이다. 이 사람은 진정한 가르침을 보존하기 위하여 특별히 강력하고 새로운 종파를 창시할 것이며, 자기 스스로를 예언자로서 인식시킬 것이다. 또한 그렇게 하는 가운데 모든 시대를 통해 그대들을 핍박할 것이다. 그대들은 그를 거짓 예언자라고 할 것이며 그를 모욕할 것이다.

그럼에도 불구하고 그는 참된 예언자이며 위대한 능력을 가지고 있을 것이고, 또한 그는 장래의 모든 시대에 걸쳐 이 종족을 박해하도록 할 것이다. 그의 이름은 무하메드일 것이니, 그의 이름은 그대들의 종족들이 당하여 마땅한 공포와 비참과 죽음을 가져올 것이다. 진실로, 진실로 내가 그대들에게 말하노라. 그의 이름은 그대들을 위해 피로 씌어질 것이며, 그대들을 향한 그의 노여움은 끝이 없을 것이다. 그대들은 거짓이라고 주장할 것이지만 그는 진정한 예언자인 까닭에, 그대들의 눈에는 혼란되고 비지성적인 것으로 비칠 새로운 교리를 가져올 것이다. 그러나 그가 일으킨 종파도 결국에는 그들과 그대들의 추종자들이 피비린내 나는 종말을 위한 기초를 함께 다지게 될 때에 끝나게 될 것이다. 이는 그의 가르침이 왜곡되고 날조되어, 그릇된 종파로서 끝을 맺게 될 것이기 때문이다."

그가 그렇게 말할 때, 대사제들과 의회의 장로들은 분노에 불타서 그를 심하게 때렸다. 그는 땅에 쓰러져 신음하였다. 그를 때리고 조롱한 뒤에, 그들은 그의 겉옷을 벗기고 속옷만을 다시 입힌 채 십자가에 못 박기 위해 끌고 갔다. 그들은 그의 오른쪽 어깨에 무거운 나무 십자가를 지워서 본인이 사형을 당할 장소까지 그 큰 짐을 운반하도록 하였다.

그러나 그 십자가는 무거웠으므로 임마누엘은 그 짐 밑에서 신음하셨고, 그의 피는 땀과 섞여 피범벅이 되었다. 임마누엘은 힘이 다 빠져 그 무거운 십자가 아래에서 쓰러지셨다. 그러자 그들은 키레네 사람인 시몬이라 하는 낯선 사람이 따라오는 것을 보고, 그에게 강제로 십자가를 같이 짊어지고 가도록 하였다. 그들은 얼마 안 있어 골고타라고 하는 장소에 도착하였다. 임마누엘이 그곳까지 가는 길은 대단히 힘이 들었다. 그는 욕설을 들어가면서 맞고 조롱을 당해야 했기 때문이다. 그들은 그에게 짐승의 쓸개즙을 섞은 포도주를 마시라고 주었다. 그가 그것을 맛보고 더 마시기를 원하지 않으시자, 그들은 그를 때리면서 억지로 마시게 하였다. 그리고 그를 때리면서 강제로 십자가 위에 눕혀 놓고, 그의 손과 발을 십자가에 못 박았다. 그들은 관례가 그렇지 않음에도 불구하고 처음으로 이런 짓을 하였다. 왜냐하면 그 때까지는 십자가형을 받게 된 자들을 십자가에 묶었을 따름이었기 때문이다. 그들은 그를 십자가에 못 박고 나서 십자가를 세운 뒤, 제비뽑기를 하여 그의 옷을 자기들끼리 나누어 가졌다. 그들은 그 곳에 앉아서 십자가를 지켰으니, 이는 아무도 그를 십자가로부터 내리지 못하게 하기 위해서였다. 임마누엘과 함께 두 명의 살인자가 십자가에 매달렸는데, 그를 사이에 두고 하나는 오른 쪽에, 다른 하나는 왼 쪽에 매달렸다. 임마누엘을 에워싸고 있던 사람들은 그를 조롱하고 비웃었다. 그들은 소리쳤다.

"너는 지혜의 왕이니, 네 스스로를 살려내어 보라. 너는 하늘의 아들의 아들이며 위대한 능력을 가졌다고 하면서, 왜 그 십자가에서 내려오지 못하느냐?"

율법학자들과 바리사이파 사람들, 그리고 대사제들과 장로들 또한 마찬가지로 그를 조롱하였다.

"네가 남들은 도왔으나, 네 자신을 돕지는 못하는구나. 네가 지혜의 왕이라 하니, 십자가에서 내려와 네 스스로를 도우라. 만일 그렇게 하면, 우리가 너와 네 가르침을 믿으리라. 이자는 자기의 지혜와 자기가 천사 가브리엘의 아들임을 믿었도다. 그러므로 만일 이 자가 바란다면, 그의 지혜나 천사 가브리엘이 지금 그를 구원해 줄 것을 축원하노라."

그러자 그의 좌우에 매달려 있던 살인자들도 그를 조롱하고 욕하였다. 그때 하늘이 구름으로 뒤덮이면서 태양이 어두워지고, 큰 폭풍우가 대지를 가로질러 쏟아졌다. 그것은 연중의 그 시기에 흔히 일어나는 것이 아니며 다만 이따금씩 일어나는 일이었다. 태양이 구름을 뚫고 다시 나타나기까지 세 시간 동안, 폭풍우는 엄청나게 몰아쳤다. 그때 임마누엘이 소리치셨다.

"목이 마르오! 마실 것을 좀 주시오."

그러자 대사제들 가운데에서 한 사람이 해면을 가지고 와서 식초에 담갔다가 장대의 끝에 얹어 그가 마실 수 있도록 했다.

나머지 사람들이 이것을 보고는 그를 나무라며 말했다.

"멈추시오! 그에게 마실 것을 더 이상 주지 마시오. 그가 이를 얼마나 견디는지 지켜봅시다."

오호라, 이때 최후의 엄청난 천둥소리가 울리면서 폭풍우가 가라앉았으니, 온 대지가 떨었고 지구가 흔들렸다. 그 거대한 천둥소리가 온 천지를 뒤흔드는 것과 동시에, 임마누엘이 다시 무어라고 소리를 지르셨으나, 아무도 이를 알아들을 수 없었다. 이는 그의 말소리가 혼란되었기 때문이었다. 그러자 그의 머리가 앞으로 숙여졌고, 그는 임사상태로 빠져들었다. 그러자 그들은 그가 죽었다고 생각했다. 병사 하나가 창을 들어 임마누엘의 옆구리를 찔러 보았다. 이는 그가 죽었는지를 확인해 보기 위해서였다. 물과 섞인 피가 그 상처로부터 흘러 나왔다. 이는 사람이 죽었거나 임사상태에 있을 때 그러한 것이다. 그 병사는 임마누엘이 죽었다고 생각하였고, 따라서 다른 사람들에게도 그렇게 알렸다. 사람들은 모두 놀랐다. 왜냐하면 십자가형에 처해진 사람이 이토록 빨리 죽는 것은 흔한 일이 아니었기 때문이었다. 그러나 병사가 그렇게 말했으므로, 그들은 그를 믿고 떠나 가버렸다. 사람들 중에는 또한 많은 여인들과 멀리서부터 지켜보고 있던 사람들이 있었다. 그들은 임마누엘을 따르던 사람들이었고, 그를 섬기며 갈릴레아에서부터 따라왔기 때문이다. 그들 중에는 임마누엘의 어머니인 마리아와, 막달라 여자 마리아, 그리고 다른 사람들도 있었다.

병사들이 떠난 뒤에 그들은 그에게 다가갔다. 그들은 십자가 앞에 무릎을 꿇고 슬피 울었다. 왜냐하면 그들 또한 임마누엘이 죽었다고 생각했기 때문이다. 그들 가운데에 임마누엘을 따르던 사람인 아리마테아의 요셉이 있었다. 그는 얼마 안 있어 임마누엘이 단지 임사상태에 빠졌을 뿐임을 알아채었으나, 아무에게도 말하지 않았다.

30-2. 장 사

그는 재빨리 고을로 돌아가 빌라도에게 가서 임마누엘을 장사지낼 수 있게 시신을 달라고 요청하였다.

빌라도는 임마누엘을 요셉에게 넘겨주도록 명령하였다. 많은 사람들이 그와 함께 가서 임마누엘을 십자가에서 내렸다. 요셉은 임마누엘의 형상을 뜨기 위해 미리 칠을 해놓은 깨끗한 아마포로 그의 몸을 쌌다. 아리마테아의 요셉은 임마누엘을 즉시 예루살렘으로 옮겨다가 성 밖에 있는 자기의 무덤, 곧 장차 자기가 죽었을 때를 위해 바위를 깎아서 만든 무덤에 그를 안치하였다. 그는 큰 돌을 굴려다가 무덤 입구를 막아놓고, 임마누엘을 돌보기 위해 약품 몇 가지를 구하러 갔다. 병사들과 임마누엘의 어머니 마리아는 아무도 시신을 훔쳐가지 못하도록 무덤 입구를 지키고 있었다. 아리마테아의 요셉은 인도에서 와 있던 임마누엘의 친구들을 찾아서 함께 무덤으로 돌아왔다. 그들은 바리사이파 사람들의 심복들과 병사들에게는 알려져 있지 않은 두 번째 입구인 비밀통로를 통해 무덤 안으로 들어갔고, 그 속에서 사흘 밤낮 동안 임마누엘을 간호하였다. 이리하여 그는 곧 건강이 많이 좋아졌으며, 그의 기력도 회복되었다. 반대편에 있는 그 무덤의 입구는 병사들에 의해 지켜지고 있었다. 이는 대사제들과 바리사이파 사람들이 빌라도에게 가서 다음과 같이 말했기 때문이다.

"총독이시여, 우리는 이 미친 자가 살아 있을 때 사람들에게 한 말, 곧 '나는 사흘 뒤에 다시 깨어나 일어날 것이오. 이는 내가 완전히 죽지 않을 것이기 때문이다.'라고 한 것을 검토해 보았습니다. 그가 정말로 죽었다는 것은 병사를 통해 확인이 되었으니, 그의 무덤을 지키도록 해주셔서 어느 누구도 그의 시체를 도적질한 뒤에 '보라, 그가 죽은 자 가운데에서 결국 살아났노라' 하고 말하지 못 하게 하여 주십시오. 그러므로 사흘 동안 그의 무덤을 지키도록 명령하셔서, 마지막의 속임수가 처음 것보다 더 심하지 않게 하소서."

빌라도가 말했다.

"내 병사들을 무덤을 지키도록 데리고 가라. 가서 가능한 한 무덤을 지키라."

병사들은 가서 무덤을 지켰고, 무덤 입구의 돌을 봉인하였다. 그러나 그들은 그 무덤의 비밀을 알지 못하였으니, 말하자면 그 무덤에는 두 개의 출입구가 있다는 사실이다. 그리하여 임마누엘을 돕는 사람들은 그들의 눈에 띄지 않고 그에게 가서 고약과 약초로 그를 치료할 수 있었고, 사흘이 되던 날에 이르러서는 충분히 걸을 수 있을 정도로 그가 회복되었다.　　　　(탈무드 임마누엘 제30장 1절~72절)

31-1. 무덤에서 탈출하신 임마누엘

유월절 다음에 돌아오는 주일의 첫날이 되었다. 이 날은 바로 임마누엘 자신이 미리 말한 대로라면 임사상태로부터 다시 살아나게 될 그 사흘 낮과 사흘 밤이 지난 날이었다. 오호라, 공중으로부터 커다란 천둥이 치더니, 번쩍이는 빛 하나가 하늘로부터 내려와 무덤에서 얼마 떨어지지 않은 곳에 착륙하였다. 그러자 그 빛으로부터 한 수호천사가 나왔는데, 그는 마치 번개처럼 신속하게 나타났고 그의 옷은 눈처럼 희었다. 그가 무덤으로 다가가자, 병사들은 그를 두려워하여 길을 비켜주었다. 그가 손을 드니 손에서 밝은 빛이 나와 병사들을 하나씩 쳤다. 그들은 땅에 쓰러져서 오랫동안 움직이지 않았다. 수호천사는 무덤으로 가서 입구에서 돌을 굴려 치워 버리면서, 거기에 있던 임마누엘의 어머니인 마리아와 막달라 여자 마리아에게 말했다.

"두려워하지 마시오. 나는 그대들이 십자가에 매달렸던 임마누엘을 찾고 있는 것을 알고 있다. 그러나 그는 여기에 있지 않고 그가 말한 대로 살아 있다. 이리 와서 그가 누웠던 곳을 보라. 그대들은 빨리 가서 제자들에게 그가 임사상태에서 살아나셨음을 말해 주라. 또한 그들에게 그가 갈릴레아로 앞서 가실 것이며, 그 곳에서 그들을 만나게 될 것이라는 것도 말해 주라. 자, 나는 그대들에게 전했도다."

그러자 마리아가 물었다.

"그러나 그는 죽었으며 여기에 누워 있습니다. 어떻게 그가 살아날 수 있습니까?"

수호천사가 대답했다.

"그대는 왜 살아 있는 사람을 죽은 사람들 사이에서 찾으시오? 지금 가서 이 소식을 제자들에게 전하시오. 그러나 조심하여 그 밖의 사람들에게는 말하지 마시오."

수호천사는 밝은 빛으로 가더니 그 속으로 사라졌다. 이내 커다란 천둥 소리가 그로부터 다시 나면서, 그 빛은 공중으로 떠올라 하늘로 쏜살같이 곧바로 날아가 버렸다. 임마누엘의 어머니와 막달라 여자 마리아는 무덤을 떠나 길을 갔다. 한편 병사들은 마비상태에서 회복되자 매우 놀랐다. 그래서 그들은 성 안으로 들어가 무덤에서 일어난 일을 퍼뜨렸다. 그들은 또한 대사제들 및 장로들과 함께 비밀회의를 열어, 백성들에게 무엇이라고 말해야 할지를 결정하고자 하였다. 대사제들과 장로들은 그들에게 많은 돈을 주면서 말했다.

"백성들에게는 그대들이 자고 있을 때 임마누엘의 제자들이 와서 그의 시신을 훔쳐 갔다고 말하시오."

병사들은 돈을 받고 그들이 시킨 대로 하였다. 한편 임마누

엘의 어머니 마리아와 막달라 여자 마리아는 길을 떠나 수호
천사로부터 지시를 받은 대로 하였다. 그런데 수호천사 하나
가 도중에 그들을 다시 만나 말했다.

"그대들이 지시받은 것을 기억하시오. 사람들에게 말할 때
실수하지 않도록 조심하시오."

막달라 여자 마리아가 수호천사에게 가까이 갔는데, 그는
빛이 나는 하얀 옷을 입고 있었다. 그녀는 그의 손을 잡으려
고 하였다. 그러나 그는 그녀로부터 물러나며 말했다.

"나를 건드리지 마시오. 나는 당신들과 다른 인류입니다.
그리고 내 옷은 이 세상으로부터 나를 보호하고 있습니다. 만
일 당신이 나를 만지면, 당신은 죽을 것이고 불에 타서 소멸
될 것입니다. 내게서 물러나 가서 그대들이 지시받은 대로 하
시오."

그리하여 그들은 떠나가서, 베드로와 다른 제자를 만나서
벌어진 일들에 대해 말해 주었다. 베드로와 다른 제자 하나가
무덤으로 갔는데, 그 다른 제자가 먼저 그 곳에 도착했다. 무
덤 안을 들여다보다가 그는 바닥에 단정하게 놓여있는 임마
누엘의 수의를 발견하였다. 그러나 그는 들어가지 않았다. 베
드로도 무덤에 도착하였는데, 그는 무덤 안으로 들어가 다른
제자와 마찬가지로 모든 것을 발견하였다. 수의는 조심스럽게
개어져 땅 위에 놓여 있었고, 임마누엘의 이마에 놓여 있었던
땀수건은 한 특정한 지점에 놓여 있었는데, 그와 함께 베드로
가 전혀 본 적이 없어서 그에게는 낯선 고약과 약초들과 특
이한 형태의 진흙이 함께 있었다.

31-2. 임마누엘과 제자들의 상봉

같은 날 저녁에 제자들은 예루살렘 성안의 아론의 집에 있는 방에서 모였는데, 그 곳은 유월절 전날 임마누엘과 함께 마지막으로 음식을 먹었던 곳이었다. 그들이 그날 낮에 일어난 일들에 대해 서로 이야기하고 있는데, 오호라, 문이 열리면서 그들이 전에 본 적이 없는 낯선 사람 하나가 들어왔다. 그들은 그 자가 자기들을 염탐하려는 이스라엘 사람들 가운데 하나인 줄 알고 겁을 먹었다. 그러나 그 때 낯선 사람이 말했다.

"평화가 그대들과 함께 하기를…"

그리고 그가 얼굴에서 천을 걷어 내자, 그들은 그가 임마누엘임을 알았다. 그는 그러면서 그들에게 자신의 두 손과 옆구리, 그리고 두 발을 보여 주셨다. 그들은 그의 상처들을 보았으며, 그가 그들 가운데에 계신 것을 행복해 하셨다.

그러나 토마는 유령이 자기 앞에 서 있는 것이라고 믿었다. 그는 말했다.

"내가 만일 당신의 상처들을 만져볼 수 있다면, 그대가 유령이 아님을 믿겠습니다."

임마누엘이 그에게 말씀하셨다.

"손으로 만져 보아라. 그러면 그대, 마음이 소심한 자가 진실을 깨닫게 될 것이다."

토마는 그가 말씀하신 대로 그의 상처를 만져보고 나서 말했다.

"정말로, 당신이시군요."

그러자 임마누엘은 떠나면서 말씀하셨다.

"내가 돌아온 것을 비밀로 하라. 내가 살아 있음이 세간에 알려지지 않게 하라."

그 다음날 제자들은 갈릴레아로 가서 이 반가운 소식을 임마누엘을 따르던 사람들에게 전하기 위해 출발하였다. 한편 임마누엘을 따르던 다른 사람들이 길을 가고 있을 때, 한 나그네가 그들과 합류하여 같이 갔다. 그들은 슬퍼하면서 임마누엘이 십자가 위에서 어떻게 죽음을 강요당해야 했는지에 대해 자기네들끼리 말했다. 이때 그 낯선 나그네가 물었다.

"그대들은 왜 슬퍼하시오?"

그들은 자기들이 슬퍼하는 이유를 말해 주었다. 그러나 그가 말했다.

"그대들 그토록 믿음이 작은 사람들이여, 임마누엘은 자신이 사흘 뒤에 임사상태에서 일어날 것이라고 말했소. 그리고 그가 말한 대로 되었소이다."

그가 말을 마친 뒤 얼굴을 가렸던 천을 걷으니 그들은 그가 임마누엘임을 알아보았다. 그러나 그는 더 이상 말을 하지 않으신 채 얼굴을 다시 가리고는 그들로부터 떠나가셨다. 그리고 오랫동안 보이지 않으셨다. 임마누엘이 사라진 지 오랜 뒤에, 제자들이 티베리아 호수에서 고기를 잡고 있을 때의 일이다. 그들은 밤새도록 고기를 한 마리도 잡지 못하였고 새벽녘이 되자 몹시 지쳤다. 그들이 호숫가에 닿았을 때 어떤 낯선 사람이 서 있다가 물었다.

"그대들에게 먹을 것이 있습니까? 내가 몹시 시장합니다."

그들은 대답했다.

"아니오, 우리는 고기를 한 마리도 잡지 못했습니다."

그러자 그 낯선 이가 말했다.

"그물을 배 오른 쪽으로 던져 보시오. 많은 고기를 건질 것입니다."

제자들은 그가 하는 말에 놀라면서 그물을 던졌다. 그랬더니, 오호라, 걸린 고기들이 너무 많아 그들이 그물을 끌어올리기가 힘들 정도였다. 그들은 호숫가로 올라와 식사를 준비했다. 낯선 이와 마찬가지로 그들도 배가 고팠기 때문이다. 낯선 이가 얼굴을 드러내시니, 보라, 그는 임마누엘이었다. 그들이 먹으면서 기뻐하는 동안에 그는 말씀하셨다.

"갈릴레아에 있는 이러 이러한 산으로 가라. 그 곳에서 내가 합류하리니, 이는 우리가 함께 하는 시간이 다 되었으므로 이제는 각자의 길을 갈 수 있게 하기 위해서이다."

(탈무드 임마누엘 제31장 1절~57절)

32. 임마누엘의 작별

제자들은 임마누엘이 말씀하신 산으로 갔다. 그들이 거기에 모였을 때, 그가 말씀하셨다.

"들으시오, 내가 마지막으로 그대들에게 말하노라. 그러면 나는 떠날 것이니 다시는 돌아오지 않을 것이다. 나의 길이 나를 인도로 이끌고 있다. 그곳에도 또한 이 인종이 많이 살고 있다. 그들은 그 곳에서 살기 위해 이 땅을 떠났기 때문이다. 나의 사명이 나를 그들과 그곳에서 태어난 사람들에게 이끌고 있도다. 그리로 가는 길은 매우 멀다. 이는 내가 나의 예전의 가르침과 새롭게 베풀어야 하는 가르침들을, 아직도 여기서부터 북쪽에 있는 대흑해 연안의 나라들과 같은 많은 나라들에게 전해야 하기 때문이다. 떠나기 전에 나는 그대들에게 내 가르침의 마지막 지침을 주고자 한다."

"만일 창조의 법칙에 따라서 산다면, 사람들은 진리 안에서 바르게 사는 것이다. 그러나 최종적인 목표는 이것이다. 사람이 가진 모든 인간적인 요소는 죽지 않으면 안 된다. 그러나 그들이 가지고 있는 모든 창조적인 것은 죽지 않고 계속 일어나서 창조를 포옹하지 않으면 안 된다. 저 우주는 창조가 영원히 살고 계시는 곳으로 생각하라. 사람들이 소유한 모든 요소는 창조 안에 근원이 있다. 그러므로 그것들은 모두 창조에게 귀속된다. 사람들은 그들의 모든 영적인 삶들을 바꾸고 완전하게 하여야만 하나니, 그럼으로써 그 영혼이 창조와 하나가 될 수 있도록 하여야 한다. 사람들은 무엇을 하든지 창조의 존재를 염두에 두고 행하여야만 한다. 그러나 진리를 다른 사람들에게 억지로 강요해서는 안 된다. 왜냐하면 그것은 오직 진리의 가치를 반감시키기 때문이다. 사람들은 그들 자신의 의식과 영혼의 진보를 우선적으로 지켜보아야 한다. 이는 그들 내부에서 창조적인 조화를 이룩하기 위한 것이다. 사람들을 지배하는 어두움 가운데 무지와 지혜의 결여보다 더 큰 어두움은 없다. 인간성의 위대한 승리는 창조적인 영혼을 거역하는 힘을 하나씩 파괴하고 제거하는 데서 이루어진다. 그럼으로써 창조적인 영혼이 승리를 할 수 있는 것이다. 사람들은 선과 악을 판단하고, 사물을 올바르게 이해할 수 있는 능력을 계발해야만 한다. 그럼으로써 그들은 지혜로워지고 올바르게 되며 법칙들을 따를 수 있게 된다. 무엇이 실상이며 허상인지, 무엇이 가치 있는 것이며 무가치한 것인지, 또한 무엇이 창조로부터 온 것이며 그렇지 않은 것인지를 이해하는 것이 반드시 필요하다.

사람들은 우주적으로 일체가 되어야 한다. 그렇게 함으로써 그들은 창조와 일체가 될 수 있다. 그대들의 삶을 자연의 법칙과 일치가 되도록 만들라. 그리하면 그대들은 창조의 법칙에 따라서 살게 되는 것이다. 사람들이 겪는 고통이 아무리 클지라도, 사람들의 내부에 존재하면서 모든 사악한 것들을 정복하고자 하는 창조의 힘은 헤아릴 수 없을 만큼 더 크다. 만일 사람들이 오직 인간으로서 그들의 의식 안에서만 산다고 하면, 그들은 자신들의 영혼들과 창조로부터, 따라서 창조의 법칙들로부터 도달하기 어려울 정도로 멀어지게 된다. 창조의 법칙들에 대한 사람들의 헌신이 크면 클수록 그들 내면의 평화는 더욱 심오해질 것이다. 사람의 행복은 진리를 구하고 발견하는 데에 있다. 그렇게 함으로써 그는 지식과 지혜를 쌓게 되며, 창조와 화합하여 생각하고 행동할 수 있게 되는 것이다.

오직 인간의 삶의 조건들을 통해서만, 사람은 의식과 영혼 속에 있는 창조적인 힘을 계발하고 사용할 수 있다. 사람은 매일 자신이 가지고 있는 힘과 능력들을 펼치기 위한 노력을 함으로써 그것들을 활용할 때만 경험을 얻을 수 있다. 사람이 창조와 일체가 되지 않는 한, 그는 결코 죽음이나 임사상태에서 벗어날 수 없을 것이니, 이는 알지 못하는 것에 대한 두려움이 사람 안에 있기 때문이다. 그리고 사람은 창조의 완전성과 통일성을 완전히 인식할 수 있을 때에만 서서히 탁월함을 얻을 수 있다. 사람은 본능과 충동에 따라 움직이기를 멈추고, 지혜와 지식에 따라서 살아야만 한다. 그럼으로써 법칙과 계명에 따라 올바르게 살 수 있다. 사람은 한계라고 하는 숲 속에서 길을 잃어서는 안 된다. 오히려 의식을 확대시키고 지식과 논리를 구하고 발견하여 그로부터 지혜를 배워야만 한다. 그럼으로써 그는 삶의 목표에 더 가깝게 다가설 수 있으며,

모든 사물 속에서 창조적인 원리를 인식할 수 있는 것이다. 그가 깨어 있으면 무수한 제약의 숲 속에서도 지식과 논리라고 하는 수천개의 불빛이 길을 제대로 걸을 수 있도록 인도할 것이다.

만일 사람이 완전을 위하여 진지하게 노력한다면, 필요한 모든 지식과 지혜를 얻을 수 있을 것이다. 법칙은 제한되지 않은 기준 안에서 진리를 찾고 그로부터 지혜를 배우기를 기꺼워하는 모든 사람들을 위해 봉사한다. 사람들이 자신의 내부에 있는 가능한 모든 차원에 완전히 숙달하고 영적인 능력을 더욱 더 높이 계발하며, 그 과정에서 스스로를 완벽하게 하는 한 그렇다. 사람은 육체적인 고난에 집착하지 않도록 노력해야 하며, 영혼의 실재와 창조의 존재를 깊이 인식하면서 살아야만 한다. 사람들 속에는 끊임없는 불안정이 있다. 이는 그들이 창조가 그들의 운명이며 궁극적인 목적이라고 하는 예감을 가지고 있기 때문이다.

아무리 사람이 위대하고 지혜롭고 또 선하다고 하여도 그것만으로는 충분치 않다. 왜냐하면 그는 항상 더 위대하고 더 지혜로우며 더 선할 수 있기 때문이다. 사랑, 평화, 그리고 기쁨에는 아무런 한계도 있을 수 없다. 현재라고 하는 것은 끊임없이 극복되지 않으면 안 되기 때문이다. 진실로 내가 그대들에게 말하노라. 무한하고 영속적이며 오류가 없는 사랑이란, 조건이 없으며 순수한 것이다. 그리하여 불결하고 사악한 모든 것을 그 자체의 불로써 태워 버릴 것이다. 왜냐하면 바로 그러한 사랑이 태초 이래로 인간들에게 예정된 창조와 그 법칙들의 사랑이기 때문이다. 이것이 인간성의 마지막 목표이므로, 사람들은 반드시 이루어져야만 하고 필연코 이루어지게 될 이 사랑을 돌보지 않으면 안 된다. 왜냐하면 그렇게 하는 것이 사람들의 운명이기 때문이다."

"그러나 사람들이 아직 이 가르침 안에 있는 지혜를 깨닫지 못하고 있으므로, 지상의 모든 곳에서 이 가르침이 왜곡되고 있다. 사람들은 무지한 가운데 이 가르침을 온갖 방법과 형태로 왜곡하기 때문에, 가르침이 흩어져서 이해하기 어려운 것이 되고 마는 것이다."

"그러나 이천년내로 그것은 다시 새롭게, 또 왜곡되지 않은 상태로 가르쳐질 것이다. 그때에는 사람들이 이성적으로 되고 지식을 갖게 될 것이다. 또한 그때는 바로 대변동을 예언하는 새 시대가 될 것이다. 그 새로운 시대의 사람들은 위대한 혁명가들일 것이라는 것을 별들을 통해서도 알 수 있다. 그러므로 특별히 선택된 몇 사람들이 나의 가르침을 새롭게 선포할 것이며, 또한 큰 용기를 가지고 변조함이 없이 전파할 것이다."

"그러나 지금 그대들은 가서 내 가르침을 위한 길을 예비하고 모든 사람들을 제자로 삼으시오. 그렇지만 그릇된 가르침을 경계하십시오. 그대들 가운데 몇 사람은 그 쪽으로 기울어져 있으므로 그대들의 무지로 인해 그릇된 가르침을 야기하는 것이 가능할 것이기 때문이다. 사람들에게 내가 그대들에게 지시한 이 모든 것을 따르도록 가르치십시오. 그럼으로써 그대들이 내 가르침을 왜곡시키는 일이 없도록 하십시오."

그가 그들에게 그렇게 말씀하시고 나자, 하늘로부터 천둥치는 소리가 나더니 굉장히 밝은 빛 하나가 내려 왔다. 그 빛은 그들에게서 별로 멀지 않은 곳에 착륙했으며, 햇빛 속에서 금속성의 빛을 발하고 있었다. 임마누엘은 더 이상 말씀하지

않으신 채 금속성의 빛으로 가서서 그 속으로 들어가셨다. 그
러자 그 주위에 아지랑이가 한 무리 끼었다. 다시 한 번 천둥
소리가 나더니 그 빛은 하늘 속으로 다시 올라가버렸다. 제자
들은 은밀히 예루살렘으로 되돌아 와서 그들의 동료들에게
일어난 일을 알렸다.

(탈무드 임마누엘 제32장 1절~53절)

33. 다마스커스의 임마누엘

임마누엘은 그 커다란 빛에 의해 시리아에 내려지셨고, 사
람들의 눈에 띄지 않은 채로 이년 동안 다마스커스에서 사셨
다. 그러고 나서 그는 갈릴레아로 사람을 보내어 동생 토마와
제자인 유다 이스카리옷을 찾으셨다. 그들이 임마누엘을 찾아
오기까지는 두 달이 걸렸는데, 또한 좋지 않은 소식을 가지고
왔다. 토마가 말했다.

"제자들이 당신을 신의 아들이라 하는 동시에 창조와 동등
하다고 당신을 욕되게 하며, 가르침을 엄청나게 변조하였습니
다. 대사제들과 장로들은 당신을 따르는 사람들을 박해하고
있으며, 그들을 잡으면 돌로 쳐 죽입니다. 제자들 가운데 하
나인 토마는 달아났는데, 대상들과 함께 인도로 떠났다고 알
려져 있습니다. 또한 대단한 적이 당신에게 하나 나타났는데,
그의 이름은 사울입니다. 그는 분노의 불길을 내뿜으면서 제
자들과 가르침을 따르는 사람들을 모두 죽이겠다고 협박을
하고 다닙니다. 그는 전국에 있는 회당들에게 편지를 보내어
당신의 가르침을 따르는 자들을 발견하는 대로 묶어서 예루
살렘으로 압송하도록 하고 있습니다. 붙잡히는 사람들은 남녀
노소를 막론하고 유죄선고를 받고 사형에 처해질 것입니다."

그러나 임마누엘이 말씀하셨다.

"두려워하지 말라. 사울이 그의 사악한 생각을 고쳐먹을 때가 곧 올 것이니라. 그는 너와 유다 이스카리옷을 잡기 위하여 여기 다마스커스로 이미 오고 있는 중이니, 그대들을 잡아서 족쇄를 채워 예루살렘으로 끌고 가기 위해서이니라. 그러나 나는 그가 다마스커스에 도달하기 전에 그를 대면하리라. 그는 내가 죽었다고 믿고 있기 때문에 유령을 보고 있는 줄로 착각할 것이니라."

그리고 나서 임마누엘은 한 친구를 찾아 나서시었는데, 그 사람은 폭약과 고약, 그리고 고약한 냄새가 나는 액체들을 그에게 구해 주리라는 것이었다. 이런 것들을 다 갖춘 뒤, 그는 고을을 출발하여 갈릴레아로 가는 길을 혼자서 떠나셨다. 다마스커스에서 하룻길을 가신 뒤에, 그는 바위들 사이에서 기다리면서 폭죽을 제조하셨다. 밤이 되자 그는 한 무리의 사람들이 오는 것을 보았는데, 그 중에 그의 제자들을 박해하는 사울이 있는 것을 발견하셨다. 그들이 가까이 오자, 임마누엘은 불을 켜서 준비해 놓았던 폭죽에 던져 넣었다. 폭죽은 엄청난 빛을 발하여 그들의 눈을 멀게 하였다. 임마누엘이 그 빛을 발하는 폭죽을 계속하여 찔러대었다. 엄청난 번개들, 별들, 그리고 불덩이들이 하늘로 치솟고 하늘에서 떨어지면서, 천둥 같은 폭발음과 쉬잇 쉬잇 소리를 쉴 새 없이 내니, 이는 마치 거대한 용과 뱀들이 내는 소리 같았다. 그 뇌성벽력이 가라앉으면서 쉬잇 쉬잇 하는 소리도 줄어들었다. 그리고 눈을 멀게 하는 번개와 오색찬란한 불꽃들도 잠잠해졌다. 그러나 코를 찌르는 연기는 아직도 공중에 자욱하였기 때문에 그 무리들은 기침을 하면서 눈물을 흘리고 있었다. 그러자 임마누엘이 외치셨다.

"사울아, 사울아, 너는 왜 내 제자들을 박해하느냐?"

그러자 사울은 겁에 질려 땅에 엎드려서 울부짖었다.

"내게 이같이 말하는 당신은 누구십니까?"

임마누엘이 답하셨다.

"나는 네가 증오하여 내 제자들에 대해서와 마찬가지로 박해하고자 하는 임마누엘이니라. 일어나거라. 성 안으로 가서 네가 어떻게 살아야 하는지를 배우라."

사울이 몹시 겁을 내며 말했다.

"그러나 당신은 십자가에 매달렸던 사람입니다. 그러니, 당신은 죽었고 유령이 되어 내게 말을 하고 있습니다."

임마누엘은 대답을 하지 않으셨다. 그는 그곳을 떠나 다마스커스로 향해 가셨다. 그러나 사울과 동료들은 두려움으로 얼어붙어 그 자리에서 꼼짝도 하지 못했다. 그들 역시 자기들이 유령을 만났다고 생각했기 때문이다. 사울은 땅에서 몸을 일으키면서 눈을 떴다. 그러나 임마누엘이 일으킨 밝은 빛으로 눈이 일시적으로 멀어 버렸기 때문에 그는 아무것도 볼 수가 없었다. 동료들은 그의 손을 잡아서 다마스커스로 인도했다. 그리고 사흘 동안 그는 아무것도 보거나 먹거나 마시지 못하였다. 임마누엘의 제자 가운데 한 사람이 사울에게 와서 임마누엘의 가르침을 전해주었다. 그는 서서히 그것을 이해하였다. 그러나 그 바위들 근처의 사건으로 인해 그의 의식이 다소 착란되어 있었기 때문에, 그는 많은 것을 잘못 알아들었고 말하는 것도 두서가 없었다.

그는 의식이 다소 황폐해진 상태인 채로 그곳을 떠나가서, 사람들에게 논리에 맞지 않게 전파를 하였다. 임마누엘은 다마스커스에서 다시 삼십일 동안 머무시면서 그가 곧 그 나라를 떠나 인도로 여행을 떠날 것이라는 소문을 내었다. 그의 어머니 마리아가 나자렛으로부터 그를 찾아 와서, 임마누엘과 동생 토마와 제자인 유다 이스카리옷과 함께 인도로 가는 여정에 올랐다. 그리고 임마누엘은 다시 설교를 시작하셨으니, 길에서든지 가다가 도착하게 되는 어느 정착지에서든지를 막론하고 사람들을 보시면 가르치셨다. 그의 능력은 새로웠으며 가르침에는 이전보다 한층 더 힘이 들어 있었다.

(탈무드 임마누엘 제33장 1절~37절)

34. 창조에 대한 가르침

임마누엘이 권위 있게 말씀하셨다.

"들으시오, 창조는 인류 위에, 신 위에, 그리고 만물 위에 존재하십니다. 창조가 인간에게는 완전한 것으로 보이나, 실제는 그렇지가 않소이다. 창조는 영이며 따라서 살아 있기 때문에, 창조 또한 자기 자신을 영속적으로 완전하게 해야만 한다. 그러나 창조는 그 자체 내에서 하나이기 때문에, 그것은 오직 사람들 속에서 사는 새로운 영혼을 창조하고 생성시키면서 그들을 고무하여 배우도록 하는 것이다. 그럼으로써 창조도 이들 영혼의 배움을 통하여 진보해 나가며 또한 스스로를 완전하게 하는 것이다. 새롭게 생성된 영혼은 창조 그 자체의 한 부분이기는 하지만, 아직 모든 자세한 점에서는 무지하다. 새로운 영혼 하나가 창조되었을 때, 그것은 모든 면에서 아직 무지하기 때문에 사람의 육체 속에 살면서 배우기를 시작한다. 사람들은 이 무지한 영혼을 어리석다고 생각하며, 그런 사람들을 보고 정신이 박약하다고 말한다. 그러나 그렇지 않다. 그들은 단지 무지하여서 지식과 지혜가 결여되어 있는 것뿐이다. 그러므로 사람들은, 이런 영혼들이 그 사람 안에서 한 삶을 살면서 지식을 쌓을 수 있도록 도와주어야 한다.

이 영혼이 저승으로 가게 되면, 그것은 더 이상 처음 생성되었을 때처럼 무지하지 않다. 그 영혼은 다시 이 세상으로 돌아와서 한 인간으로서 살게 된다. 그러나 그것은 더 이상 처음 태어났을 때처럼 무지하지 않다. 다시 그 영혼은 더 많은 지식과 새로운 지혜를 배우고 쌓게 된다. 그리하여 그것은 점점 더 무지로부터 탈출을 하는 것이다. 많은 새롭게 된 삶들을 거치고 나면 이 영혼도 정상적이며 정신이 온전한 것으로 보이게 될 때가 오는 것이다.

그러나 이것이 그 영혼의 마지막이나 완성은 아니다. 깨달을 줄 알게 된 영혼은 이제부터 가장 커다란 지혜를 찾기 때문이다. 인간은 자신의 창조성을 펼치는 정도까지 스스로를 완전케 함으로써, 마침내 창조와 하나가 된다. 이것이 애초부터 인간이 가야 하는 운명이다.

이런 방식으로 창조는 새로운 영혼을 낳아서, 그것이 인간의 육체를 통해 독자적으로 완전하게 되는 것을 허용하며, 그 완전해진 영혼이 창조에게 돌아와서 창조와 하나가 되는 것이다. 이렇게 함으로써 창조는 스스로를 완전케 한다. 왜냐하면 창조는 자체내에 그로 하여금 그렇게 하는 것을 가능하게 하는 지식과 지혜를 가지고 있기 때문이다.

진실로 내가 말하노라. 창조가 새로운 영혼들을 창조하는 것을 중지하여 스스로 성장하기를 멈추는 때는 결코 오지 않을 것이다. 창조도 역시 휴식을 필요로 한다. 따라서 그가 창조 행위를 하지 않을 때는, 살아 있는 다른 모든 생명체들과 마찬가지로 수면을 취한다. 사람의 생활이 밤과 낮으로, 그리고 일과 휴식으로 나뉘어 있는 것처럼, 창조 또한 일하는 기간과 휴식을 취하는 기간을 가지고 있다. 그렇지만 그 기간은 인간들의 기간과는 다르다. 왜냐하면 그것의 법칙은 영혼의 법칙이기 때문이다. 인간의 법칙들은 물질적인 생명의 법칙들이다. 물질적인 생명은 제한되어 있지만, 영혼의 생명은 영원히 지속되며 그 끝이 없는 것이다.

창조는 '원(元)의 존속'과 '원(元)의 창조' 법칙들의 적용을 받는다. 이 '원(元)의 존속'과 '원(元)의 창조'야말로 절대 가운데 절대이며 만물의 시작과 무한이며, 그 자체로부터 창조된 것이다. 그것의 비밀은 헤아릴 수가 없으며 '일곱'이라는 숫자에 근거를 두고 있어서 일곱의 배수로 계산이 된다. 이것은 인간이 오직 완전해졌을 때에만 풀 수 있는 비밀들과 법칙들 가운데 하나이다. 그러나 생명의 법칙이 지혜로운 사람들에게는 감추어진 것이 아니라는 것을 알게 된다. 그러므로 그들은 그것들을 깨달을 수 있고 또한 따를 수 있는 것이다.

지혜로운 사람이 '원(元)의 창조'의 법칙이 '일곱'수에 근거한 계산 안의 모든 곳에 들어 있음을 이해하게 되면, 그들은 창조 역시 '일곱'의 배수로 계산될 수 있는 창조의 시간과 휴식의 시간을 갖는다는 지식을 얻고 소유할 수 있을 것이다. 창조는 '커다란 일곱 기간' 동안 선잠을 잔다. 그러므로 그 동안에는 아무것도, 심지어는 우주조차도 존재하지 않는다. 창조는 오직 잠을 잘 뿐 생명체 또는 어떤 것도 생성하지 않는다. 그러나 일곱 기간의 일곱 배 동안, 곧 '커다란 일곱 기간' 동안 잠을 잔 뒤에 창조는 잠에서 깨어나 모든 것을 창조하기 시작하셨다. 그 '커다란 일곱 기간' 동안의 선잠에서 깨어난 뒤, 창조는 이제 모든 것을 일곱 기간의 일곱 배인 '커다란 일곱 기간' 동안 또 창조한다. 이것은 다시 그것이 휴식을 필요로 하여 다시 또 '커다란 일곱 기간' 동안 잠을 자게 될 때까지 계속된다. 그것이 다시 쉬며 잠을 자기 때문에 그 휴식기간 동안에는 창조 자체를 제외하고는 아무것도 존재하지 않게 될 것이다. 거기에는 어떤 생명체도, 다른 어떤 것도 존재하지 않는다. 그 '커다란 일곱 기간' 동안에는 오직 창조만이 존재할 것이니, 이는 그것이 다시 깨어나서 새로운 생명체들과 다른 모든 것들을 창조해 내기까지 휴식을 취할 것이기 때문이다. 창조는 그 자체 내에서 하나인 까닭에, 살아 있거나 존재하는 모든 생명은 창조 안에서 하나가 될 것이다. 이것이 모든 인간과 동식물들, 그리고 모든 생명이 그들 안에서 하나임을 입증하는 창조의 법칙이다. 만일 어떤 사람이 만물은 둘 또는 셋이라고 믿는다면 그는 틀린 것이다. 모든 것은 하나이기 때문이다. 어떤 사람이 둘 또는 셋이라고 믿는 것은 어느 것이든지 실제로는 하나이다. 그러므로 그 사람은 둘 또는 셋으로 보이는 모든 것을 하나로 만들어야 한다. 사람 안에 있는 영혼은 창조의 한 부분이므로, 그것은 창조와 더불어 하나이다. 따라서 그것들은 둘이 아니다. 육신 또한 다른 형태와 물질로 나타난 영혼의 한 부분이다. 그러니, 그것은 영혼과 하나이다. 따라서 영혼과 육신은 둘이 아니다. 이 가르침은, 어쨌거나 일원성만이 존재할 뿐, 어떤 다른 형태로든지 이원성이나 삼원성은 있을 수 없다는 것이다.

만일 사람들에게 어떤 것이 이원성 또는 삼원성을 가지고 있는 것으로 보인다면, 그들은 속임수의 희생이 된 것이다.

이는 그들이 논리적으로 생각하지 않고 단지 인간의 지식에 따라 생각하기 때문이다. 그러나 그들이 영혼의 지식에 따라 행동한다면, 그들은 법칙에 의거한 논리를 발견할 수 있을 것이다. 오직 인간의 사고만이 틀릴 수 있을 뿐, 창조의 법칙들은 틀릴 수가 없다. 그것이 바로 모든 것은 일원성으로부터 출발한다고 하는 이유이며, 이원성은 단지 사람들이 그들의 제한된 사고 속에서 진리를 제대로 파악하지 못하기 때문에 가능해 보이는 것이라고 하는 이유이다.

모든 것은 일원성을 가지고 있으며 모든 것이 그로부터 나왔으므로, 어떤 이원성이나 삼원성도 존재할 수 없다. 왜냐하면 그것은 창조의 법칙에 위배되는 것이기 때문이다. 그러므로 사람들은 그 둘을 하나로 만들어야 하며, 창조의 법칙에 따라서 생각하고 행동하여야 한다. 사람은 오직 무지한 가운데에서 이원성을 조작해내고, 이로써 창조의 법칙을 위반한다. 사람이 모든 것을 일원성으로 배치하여 모든 것을 하나로 만들었을 때에는, 그가 산을 보고 '옆으로 비키라' 하면 산이 움직일 것이다. 모든 것이 창조 안에서, 또 그 법칙과 생명체들, 그리고 물질들 안에서 하나이므로 창조에게는 오류가 없다. 어떤 지혜로운 사람이 모든 것은 언제나 둘이 있다고 말할 때, 그는 그것이 그 둘이 자체 내에서 하나이며 합해서도 하나라는 것을 뜻하는 것이다. 사물은 단지 겉으로 보기에만 둘이다. 이는 그 자체 내에서 또한 합하였을 때에는 그것이 항상 하나이기 때문이다. 따라서 악은 그 자체로 하나이니, 그것이 또한 그 자체로 선이기 때문이다. 이와 마찬가지로 선은 그 자체로 하나이니, 그것은 또한 그 자체로 악이기 때문이다. 선과 악은 따로 떨어져서도 하나이며 일원성이기 때문에, 그들은 합해서도 하나이며 일원성인 것이다. 왜냐하면 그것이 창조의 법칙이기 때문이다. 따라서 결론은 외관상으로는 두 개로 구분이 되더라도 그것은 모두 그 자체로 하나이며, 합쳐서도 하나라는 것이다.

사람들이 만일 삼원성 역시 존재한다고 말할 때에는, 그들의 의식이 어떤 종류의 종파나 잘못된 가르침, 또는 변조된 사고로 인해 혼란에 빠진 것이다. 한 개체는 항상 그들 속에서는 하나인 두 부분으로 이루어진다. 인간은 두 부분으로 이루어진 한 개체인 까닭에, 영혼은 그 두 부분 가운데의 한 개체이다. 그러나 영혼과 육신은 둘 다 자체 내에서 하나이며 합해서도 하나이다. 육신은 영혼 없이 살 수 없고 또한 반대로도 마찬가지이다. 이는 영혼과 육신이 외관상으로는 둘로 보임에도 불구하고 하나이기 때문이다. 영혼도 같은 법칙에 따라 산다. 그 자체로 그것은 두 부분으로 구성되어 있으나, 각 부분 내에서는 하나이기 때문이다. 그러므로 그것은 그 자체로 하나이다.

영혼의 두 부분이란 지혜와 힘이다. 지혜가 없으면 영혼의 능력은 활용될 수가 없으며, 또한 어떤 지혜도 영혼의 능력이 없이는 나타날 수 없다. 따라서 모든 것에는 항상 자체 속에서 하나인 두 개의 사물이 요구된다. 그러므로 이원성이 아닌 일원성 속에서 하나됨이 있는 것이다. 법칙은 '인간들이란 그 자체로 하나이며 합해서도 하나인 두 개의 동등한 부분으로 스스로를 이루고 있는 개체들이다'라고 말한다. 그렇지만 육신과 영혼은 각각 그 자체로 독립된 개체이면서, 인간을 구성하는 동등한 두 부분인 것이다. 율법학자들이 인간은 어떤 삼원성 속에서 살고 있다고 가르칠 때, 이 가르침은 틀리고 변조된 것이니, 왜냐하면 그들이 창조의 법칙에 따라서 가르치고 있지 않기 때문이다."

(탈무드 임마누엘 제34장 1절~66절)

35. 임마누엘을 둘러싼 종파들

임마누엘과 그의 어머니 마리아와 동생 토마, 그리고 제자인 유다 이스카리옷은 북쪽의 바다 근처에 있는 도시들을 여행하게 되었다. 그 곳에는 아주 오랜 옛날에 호전적인 여인들이 살았으나, 이제는 평화를 사랑하는 그들의 후손들이 살고 있었다. 임마누엘은 그의 지식에 따라 그들에게 새로운 가르침을 전파하였으나, 그들이 그를 죽이려 했기 때문에, 일행은 달아나지 않으면 안 되었다. 그들이 추종하고 있는 진리에서 먼 가르침은 어떤 엄격한 종파로부터 온 것이었기 때문에, 그들은 다른 가르침을 따르는 사람들은 죽음으로 징계를 하였다. 이 사람들은 임마누엘을 불법으로 간주하였고, 그들 종파의 반역자로 몰아서 박해를 하였으므로 그는 피신을 하였다.

그와 일행들은 도주하는 동안에 큰 무리의 대상을 만나게 되어, 그들과 합류하여 내륙으로 그리고는 산 속으로 들어갔다. 그들은 여러 주일만에 그 나라의 중심부를 통과하여 다른 바닷가로 나와서 에페소 고을로 들어갔다. 그러나 임마누엘은 매우 겁에 질려서 아무도 그를 알아보지 못하도록 더 이상 새로운 가르침을 전파하지 않았다. 왜냐하면 에페소 안에는 장사를 위해 예루살렘에서 온 많은 사람들과 도매상과 상인들이 있었기 때문이다. 그들 중에는 임마누엘을 알고 또한 그에게 적개심을 품은 자들이 많았으므로, 그는 그들을 피하여 천으로 얼굴을 가렸다. 상인들과 장사꾼들은 임마누엘과 이년

반 전에 있었던 그의 예정된 죽음에 대한 말들을 에페소에 퍼뜨렸다. 그러나 그가 그 곳에서 며칠 동안 머무는 동안, 장사꾼들 가운데 하나가 그를 알아보고 엣세네파라 불리는 비밀스런 집단에 소속된 같은 무리들에게 알렸다. 그들은 임마누엘을 비밀리에 행하는 모임으로 끌고 갔다. 이는 그들의 단체가 허가를 받지 않은 탓으로 사람들의 눈을 피해야 하였기 때문이다. 그들 가운데 유단이라 하는 사람이 있었는데, 그는 예루살렘에 있는 그 비밀 단체의 회원 가운데 가장 나이가 많은 사람이었다. 그가 말했다.

"보시오, 우리는 그대가 그대의 생애에 어떤 일들을 겪었는지에 대하여 매우 잘 알고 있소이다. 그러나 우리는 그대가 어떻게 아직도 살아 있는지 알지 못하겠소이다. 그러니, 우리에게 그대의 비밀을 밝히시오."

임마누엘은 만일 그가 엣세네파에게 모든 것을 다 털어 놓으면, 그가 결박을 당한 채 예루살렘으로 돌려보내질 것이 아닌가 두려워하였다. 하지만 그는 자신에게 일어났던 일과 예루살렘에서 어떻게 탈출하여 그 곳에까지 오게 되었는지를 그들에게 털어놓았다. 가장 나이 많은 사람인 유단이 말했다.

"보시오, 우리는 엣세네 단체라 불리는 비밀 집단에 소속되어 있소이다. 우리가 구하는 바와 지식은 바리사이파 사람들의 가르침들과는 맞지 않습니다. 그러나 자연의 비밀들과 사람들에게 설명할 수 없는 모든 것들과는 잘 조화가 됩니다. 그대는 지식이 매우 뛰어나고, 모든 기준에서 우리들이나 바리사이파 사람들과 점성가들, 심지어는 장로들이나 현자들보다 훨씬 탁월하게 진보되어 있소이다. 그러니, 우리 집단에 가입하여 우리와 하나가 되어 우리에게 그대의 지식을 가르쳐 주시오.”

그러나 임마누엘은 대답하셨다.

“비록 내가 그대들에게 지식을 가르친다 하더라도, 내 가르침이 그대들의 가르침과 일치하지는 않을 것이오. 이는 내가 영적인 지혜를 고수함에 반하여 그대들은 인간적인 지혜를 따르기 때문이오. 그러므로 나는 우리들의 다른 가르침이 서로 맞지 않는다고 생각하오. 나의 지식과 가르침을 그대들처럼 은밀하게 전파하는 것은 내가 의도하는 바가 아니오. 그대들의 비밀 단체는 허가되지 않았기 때문이오. 그러나 나에게 사흘 동안 이모저모를 생각할 시간을 주시오. 이는 내가 최종적인 답변을 하기 전에 모든 것에 대하여 생각해 보아야 하겠기 때문이오. 그 뒤에 그대들에게 가부를 말하겠소이다.”

유단이 말했다.

“그대의 말대로 합시다. 평화가 그대와 함께 하기를 바랍니다. 가시오, 그리고 우리에게 사흘 내에 대답해 주시기를 부탁하오.”

그러나 임마누엘은 그 곳을 떠나 그의 일행과 함께 그 고을로부터 탈출하여 동쪽으로, 내륙 깊이 여행해 갔다. 임마누엘은 일행에게 말씀하셨다.

“들으시오, 비록 엣세네파의 사람들이 나의 가르침 가운데 많은 것을 채택하고는 있으나, 그들은 그릇된 종파 속에서 살고 있노라. 그들의 낡은 교리는 진리와 지식, 사랑과 지혜, 그리고 창조의 법칙들에 관한 가르침이 아니다. 그러므로 그것은 그릇되고 가치가 없는 것들이다. 그들이 이것을 깨닫고 새로운 종파를 만들기 위하여, 이제 나의 진리에 관한 교리를 진리에 반하는 그들의 가르침 속에 짜 맞추어 넣고 있으며,

나를 그들의 일원이라고 부름으로써 나의 명예를 떨어뜨리고자 하는 것이다. 그들은 내가 그들의 단체와 연결되어 있다고 주장할 것이며, 또한 그들이 내 삶을 시작할 때부터 나를 도왔다고 주장할 것이다. 그들은 또한 내 가르침이 그들 종파의 지식에서 유래하였다고 할 것이며, 또 내가 그들의 일원이었기 때문에 나를 십자가에서 구해 내었다고 주장할 것이다. 그들은 나를 따르는 모든 사람들이 그들 종파의 일원들이라고 주장할 것이며, 나를 신의 아들이라고 주장할 것이다. 그러나 나는 그대들에게 말하노라. 나는 결코 이 엣세네파에 속해 있지 않고 그들과 아무 관련도 없으며, 그들로부터 어떠한 도움도 받지 않았도다. 엣세네파가 나의 이름을 도용할 유일한 집단은 아니니, 많은 종파들이 내 이름을 내걸고 나타날 것이다. 그리하여 그들 스스로를 위대하다고 생각하고 모든 사람들 앞에 그렇게 보이기를 원할 것이다. 따라서 이상한 종파들이 생겨나서 스스로를 좀 더 믿음성 있게 만들기 위해 나를 찬양하려고 할 것이니, 이는 그럼으로써 더 많은 사람들을 노예화하기 위한 것이다. 많은 종파들이 나의 이름을 내세워 설립될 것이다. 그러나 오로지 인간의 의식과 자유를 예속시킬 목적에서이며, 따라서 인간들과 그들의 땅과 돈에 대해 큰 통제력을 갖기 위해서이다. 그러나 나는 그대들에게 말하노라. 오직 창조만을 가장 높은 권능으로 인식하고 그 법칙과 계명에 따라서 살지 않는 한, 어떠한 종파도 의롭지 않은 것이다. 또한 어느 종파도 진리와 지식과 지혜를 전파하지 않을 것이다. 나의 가르침이 변조됨이 없이 새롭게 전파될 때가 오려면 앞으로 이천년이 걸릴 것이다. 그때는 그릇된 가르침과 종파들, 거짓, 사기, 죽은 자들과 영혼에 관한 마술사들의 기만과 사기, 점쟁이들과 투시자들의 협잡들이 최성기에 이르러 있을 때일 것이다. 그때까지는 매우 많은 종파들과 거짓말쟁이들, 사기꾼, 협잡꾼, 죽은 자들과 영혼에 관한 마술사들, 거짓 점쟁이들, 우주의 먼 심연에서, 그리고 다른 차원에서 온 외계인들과 통한다고 주장하는 투시자들과 거짓 영매들이 너무 많아서 더 이상 셀 수가 없을 정도일 것이다. 그들은 사람들의 피와 미움과 탐욕과 권세, 거짓말과 사기, 속임수와 오해, 자기 기만과 의식의 혼란과 열광을 바탕으로 올라설 것이다. 그러나 그들이 자리를 잡았다가는 다시 멸망할 것이니, 이는 진리가 승리할 것이기 때문이다. 왜냐하면 거짓으로 비난받지 않을 수 있는 헛된 진리는 없기 때문이다."

"감추어진 것 가운데에서 드러나지 않는 것은 없을 것이다. 사람들이 진리와 지혜로부터 해답을 탐구하면, 무엇이 자기들의 앞에 있는지 깨닫게 될 것이고 그들로부터 감추어진 것들도 또한 저절로 드러나게 될 것이다. 그러나 진리는 창조의 법칙들 속에 깊숙이 놓여져 있고, 사람들은 그것을 그 안에서만 찾고 발견해야 하는 것이다. 찾고자 하는 사람들은 찾는 것을 발견할 때까지 구하는 것을 멈추지 말아야 할 것이다. 그리고 발견했을 때에는 깊이 충격을 받고 놀랄 것이다. 그러나 그들은 그 때에 우주를 다스리게 될 것이다. 사람들은 이로써 그 왕국이 그들 안에, 그리고 그들 밖에 있다는 것을 깨닫게 될 것이다." (탈무드 임마누엘 제35장 1절~51절)

36. 인간과 창조

임마누엘은 대상들과 동쪽으로 가시면서 인간과 창조에 대하여 말씀하셨다.

"인간은 별들을 우러러 보아야만 한다. 장엄한 평화와 위엄이 그곳을 다스리고 있기 때문이다. 그곳에는 날과 달과 해들을 통해 수백, 수천년, 수백만년에 이르는 무한하고 영원한 변화가 변함없는 질서 속에서 일어나고 있다. 또한 인간들은 땅을 내려다보아야 할지니, 이는 거기에도 역시 창조적인 활동이 있고 항상 새로운 발전을 향한 시간을 초월한 성장과 생성과 소멸, 삶과 존재가 있기 때문이다. 자연이 스스로의 뜻대로 존재하는 곳에는 위대성, 존엄성, 아름다움이 조화를 이루며 지배하고 있다.

그러나 인간질서의 발자취가 활발한 곳에는 조잡함과 무법과 추함이 놀라운 부조화를 소리 높여 증언하고 있다. 헛되이 부푼 마음으로 인간은 스스로를 '창조의 왕관'이라고 칭하면서도 창조에게 감사할 줄 모르고, 자신을 창조와 동등한 위치에 둔다. 그러나 불을 길들였고 땅을 지배하고 있는 이 인간이 그리 멀리 가지는 못할 것이다. 그가 물을 통제하고 땅을 지배하는 것을 의심 없이 배울 것이나, 그 과정에서 인간은 자신들 위에 있는 창조와 그 법칙을 인식하는 것을 잊어버리게 될 것이다. 그리하여 그는 또한 진리와 지식, 사랑, 존경, 생명, 논리와 진정한 자유 및 지혜를 추구하는 것을 잊어버릴 것이다. 그리고 또한 사람들 속에서 살아가는 사람으로서 평화롭게 사는 방법도 잊어버리게 될 것이다.

인간의 전투의 고함소리는 전쟁이 될 것이니, 이는 인간이 폭력을 통해 힘을 획득하기를 원하는 까닭이다. 그러나 누군가가 힘을 손에 넣었다고 생각할 때에는, 그가 사람들을 노예화하고 피를 흘리고 착취하며 잔혹행위와 범죄를 저지르는 데에 그것을 사용하나니, 그리하여 도덕성의 몰락이 초래된다.

그는 명예와 자유와 지식에 대해 말할 것이나, 실상은 위선과 폭력, 그리고 그릇된 가르침에 대해 말하는 데에 불과하다. 따라서 미래에는 인간이 자신들의 진면목을 잃고, 사악하고 뻔뻔스러운 가면을 쓰게 될 것이다. 많은 사람들이 짐승의 상태로 퇴보하게 될 것이며, 그들이 지구상에서 보내는 세월을 의식이 없는 무지한 상태에서 헛되이 보내게 될 것이다.

인간들의 노력과 사고는 오직 물질의 취득과 권세와 욕망, 열광, 탐욕으로 향하게 될 것이다. 그리고 인간의 발달된 지능을 가지고 세상의 사물들로 하여금 인간을 섬기도록 만들 것이니, 그는 그렇게 함으로써 다방면으로 자연의 법칙들과 자연 자체를 파괴하게 된다는 사실에 전혀 개의치 않을 것이다. 그는 더 이상 자연의 법칙에 근거한 영원한 진리들을 믿지 않을 것이다. 그는 자기 기만 속에서 창조와 자연의 법칙이 가진 모든 가치보다도 인간 과학들 안에서 더 큰 의미를 찾게 될 것이다. 혼란 속에서 사람들은 그들이 만들어낸 이 비참한 삶의 철학을 믿을 것이니, 이들의 삶의 철학은 종파들의 그릇된 가르침들과 인위적인 법칙들의 결정과 다양한 국가들 내의 권력구조의 변화로 말미암아 형성될 것이다. 사람들은 외적 수단에 의해 그들의 삶을 다스리고자할 것이니, 이는 그들이 창조적인 관점에서 그들의 정체성을 깨달을 수 있는 방법을 잊어 버렸기 때문이다.

이런 식으로 사람들은 그릇된 수단으로써 그들을 따르는 사람들과 온 세상을 미혹하고 속이고 착취하게 될 것이다. 그리고 다소의 믿음과 진리가 남아 있는 곳에서는, 사람들이 그것을 불신과 비리로 바꾸어 버릴 것이며, 그럼으로써 그들은 진실한 삶으로부터 점점 더 멀어지게 될 것이다. 따라서 그들은 또한 가장 오래된 지혜의 원리가 갖는 견해를 잃어버리게 될 것이니, 그것은 이렇게 말했다. '인간은 살아 있는 만물의 척도이니, 이는 그가 궁극적으로 창조의 일부인 때문이다.'

그러나 사람들이 반드시 방향을 되돌려서 생명의 영원한 가치들을 향하여 되돌아가야 할 때가 올 것이다. 처음에는 불과 몇몇 사람들만이 사람이 지구상에만 살고 있는 것이 아니라 우주의 끝없는 심연들 속에도 살고 있다는 것과, 사람들이 물질적인 세계에서 살고 있을 뿐만 아니라, 통상적인 감각으로는 감지할 수 없는 다른 세계에까지 그들의 영혼들이 도달하게 된다는 것을 알게 될 것이다. 훌륭하게 짜여 있는 다른 세계야 말로 영혼의 진정한 고향이다. 그러므로 사람들은 쉬지 말고 지식과 사랑, 진실과 논리, 진정한 자유 및 참된 평화와 조화와 지혜를 더 넓히고 깊게 하는 노력을 계속하여야만 한다. 그렇게 함으로써 그 영혼이 완전하게 되고, 진정한 고향으로 들어 올려져서 창조와 하나가 될 수 있는 것이다.

진실로 내가 그대들에게 말하노라. 이 말의 진리를 이해하고 지혜로써 깨달음을 얻은 사람은 창조를 향한 영원한 변화라고 하는 그들의 운명과 그들의 삶을 일치시켜야 할 의무가 있다. 사람이 진실하게 계속 탐구한다면 아무 선입관이나 편견이 없을 것이다. 지혜 있는 사람은 '영원히 변화하는 영속적인 강의 법칙'을 알고 유념한다. 그러므로 그들은 사물 변화의 위대한 과정에 순응하도록 노력을 기울인다. 왜냐하면 그들은 법칙들의 결정을 통하여 삶의 윤회가 끝을 맺어야 한다는 창조의 법칙들을 인식하고 있기 때문이다. 생명이 스스로를 드러내는 곳에서는 어디에서든지 생명은 영원한 변화를 낳는 눈에 보이지 않는 비밀의 법칙에 근거를 두고 있다.

영원불멸하는 법칙들과 진리들을 무시하거나 인식하는 데에 실패하는 자는 누구나 사악한 결과들로 인해 고통을 당하지 않으면 안 되는 것이다. 거짓말과 증오가 그런 사람들과 심지어는 모든 사람들을 눈멀게 할 것이니, 그들은 스스로 멸망의 깊은 계곡으로 뛰어들 것이다. 눈이 멀어버린 광적인 파괴자가 그들을 지배할 것이며, 그들 사이의 영웅들은 가장 뛰어난 파괴자들일 것이다. 불화가 사람들의 모든 삶 속에 스며들 것이니, 분열이 있는 곳에는 일체감이나 완전함이 더 이상 존재할 수 없는 것이다. 삶에 있어서 불완전함이 있는 한, 사람들은 이러한 결과를 감당해야만 할 것이다. 질병, 불행, 비참, 불의, 궁핍, 싸움, 경쟁, 노예상태, 그리고 유혈사태와 죽음으로 인도하는 그릇된 종파들과 착취 등이 그것이다. 그러므로 인류로 하여금 조심하고 깨어 있게 하라. 왜냐하면, 창조의 법칙들이 말하기를, 오직 영속과 진리와 지혜만이 영원불변하는 것이라 하였고, 또 실제가 그러하기 때문이다."

(탈무드 임마누엘 제36장 1절~38절)

이상의 모든 글은 불교의 아함경의 인과응보설과 윤회사상, 방등경의 인연설에 근거하고 있으며 반야경의 지혜와 법화경의 제법실상의 내용이 함축되어 있기 때문에 교회에서 경외서(經外書)로 취급하고 있으나 지금 서양에서는 이 글에 대한 공부가 대단하다. 또 구설문체가 구약의 시편과도 많이 닮았지만 불교의 법구경과 내용이 너무도 흡사하기 때문에 역사적 모델을 달리한 불경의 재판이 아닌가 생각는 사람들도 있다. 그러나 그것은 어떻게 되었든지 인류사회에 평화를 실현하는 종교이고 철학이라면 재론할 필요가 없다고 생각한다.

제 2 편 하늘의 눈물

예수는 티베트에서 신통력을 얻고 장차 그 몸을 어떻게 쓰면 이 세상을 복되게 만들 수 있을까 생각하고 있었다.

그리하여 십자가에서 못 박혀 죽은 뒤 3일만에 부활히여 여러 곳에 그 모습을 나타냄으로써 믿지 못하는 자들에게 믿음을 주고 깨닫지 못한 사람들에게 깨달음을 얻게 하였다.

그러나 4차에 걸친 종교회의가 예수의 가르침과는 먼 방향으로 결정했다는 사실은 매우 슬픈 일로 평가되고 있다. 신은 원래 신임을 자처하지 않고 성인 또한 성인임을 자처하는 일이 없는데 인위적으로 삼위일체(三位一體)를 통해서 예수를 신으로 만들고 성인으로 만드는 데에는 신이나 성인을 존경하기보다는 신과 성인을 이용하여 자신들의 세속적인 목적을 달성하려 하는 사람들의 계교가 들어있기 때문이다.

1. 네 차례에 걸친 종교회의

초기 교회사에서는 예수를 신으로 모실 것이냐 아니면 성인으로 모실 것이냐 하는 논쟁으로 상당한 세월을 보내야 하였다.

알렉산드리아 학파에서는 신플라톤주의의 사고를 가지고, "만물은 우주의 근원인 유일자로부터 유출되지만 그 유일자는 질적이나 양적으로 증감에 변함이 없고 항상 충만하다는 플로타누스의 유출설에 근거하여 그리스도의 인성이 신성에 흡수될 수도 있다."는 단일성(Unity)을 강조하였다. 그런데 안디옥 학파에서는 하나의 실체를 형상과 질료의 결합에 대한 개념으로 설명하여 일원론적 체계를 나타낸 아리스토텔레스의 일원론에 근거하여 그리스도의 신성과 인성의 완전성(Integrity)을 강조함으로써 신성과 인성이 분리될 수 있다는 것을 주장하였다.

(1) 제1차 니케아 회의〔325년〕

콘스탄틴 황제가 직접 소집하였고,

장소는 알렉산드리아에서, 장로인 아리우스와 감독인 알렉산더 사이에서 논쟁이 이루어졌다. 안디옥학파의 영향을 받은 아리우스는 「연희(Thalia)」에서

"예수는 신성은 있지만 하나님은 아니며, 오직 성부 하나님만이 불멸의 존재이며 성자는 창조된 존재이다. 또한 성자는 아버지와 비슷하지만 진정한 의미에서 하나님은 아니다."라고 했다.

이로 인해 교회분열이 일어났고 로마의 안녕과 질서가 위협받으므로, 단순한 종교문제로 간주할 수 없어서 황제의 주도하에 제1차 니케아총회가 열렸다.[325년 5월]

결과 니케아 신조는

"신과 비슷한 본질(Homoiousios＝Like Substance)의 예수가 아니라 신과 동일본질(Homoiousios＝One Substance)"인 예수를 신조로 고백함으로써, 아리우스를 탄핵하고 그 견해를 단죄하였다. 그러나 이 회의에서 동질이란 개념 안에서의 삼위의 표현이 있었다는 것은 논쟁의 여지가 남아 있음을 알 수 있다.

(2) 제2차 콘스탄티노플 회의〔381년〕

데오도시우스 황제가 직접 소집하였고,

380년 기독교를 로마 국교로 선언하였다. 니케아 신조 후에도 알렉산드리아 학파의 아타나사우스(Athanasius)와 아리우스 추종자들의 싸움은 계속되었다. 이미 결정되어진 니케아 신조에 대한 반대자들 중에서 중도파들이 나타났는데, 그들은 Homoiousios[同質(동질): One Substance]대신에 Homoiousios[비슷한 본질): like Substance]보다는 '동등속성(同等屬性)(equality of attributes)'을 주장하고, 오우시아[Ousia: 본질, Substance, essence]와 휘포스타시스[Hypostasis: 실체, Subsistence]를 구별하여 삼위일체에 대해서도 언급하였다.

그 결과 카파도기아의 세 교부들이 가이사랴의 바실, 나지안스의 그레고리, 닛시의 그레고리에 의해서 삼위일체의 논쟁이 해소되어진 것으로 본다고 보고하였다. 삼위일체에 대한 희랍신학자들은 미아우시아(Mia Usia)와 드래이스 휘포스타시스(treis hypostasis) 안에는 동등개념 안에서 나타나는 삼위의 구별에 대한 내용이 포함되어져 있음을 확인할 수 있는데, 동등은 동질에 대한 내용을 포함하면서도 삼위에서는 개별성으로 나타나며 그것은 곧 삼위의 구별을 의미하는 것이다. 삼위를 동등의 개념으로 표현하면 동질에서는 구체화하기 어려운 개별성들이 인식되어진다는 것을 알 수 있다. 381년 콘스탄티노플 총회에서 결정된 내용을 니케아-콘스탄티노플 신조라고 한다면 거기에는 제1차 회의 때의 니케아 신조 즉 아들의 신성에 대해 재확인하고 삼위일체교리를 결정하는 사실들이 담겨있으며, 성령은 성부로부터 발현한다는 성령론 항목을 부연시켰다.

(3) 제3차 에베소 총회〔431년〕

데오도시우스 황제에 의하여 소집되었다.

알렉산드리아 학파와 안디옥 학파의 새로운 대립은 완전한 하나님, 완전한 인간으로서의 예수 안에 신성과 인성을 논한 것인데, 한 인격 안에서의 두 본성에 대한 논쟁으로 나타났다. 아폴리나리우스(Apollinarius)는 "예수는 인간의 몸·혼을 가졌으나 이성적 정신은 로고스"라고 함으로써 그리스도의 인성을 부인하는 결과가 되어 2차 총회〔381년〕에서 정죄되었다. 아폴리나리우스에 대한 안디옥 학파의 입장은 콘스탄티노플의 대감독 네스토리우스(Nestorius)에게서 찾을 수 있는데, 네스토리우스는 그리스도 안에서의 두 본성을 강조하고 신성·인성의 본질적인 특성은 영원부터 구별되었다는 것, 그러나 신·인 양성은 인격적 통일체 안에서 결합되어져 있다는 사고 안에서 그리스도의 신성은 마리아에게서 주어지는 것이 아니므로 마리아는 하나님의 어머니가 아니고 그리스도의 어머니라고 하였다. 그 결과 알렉산드리아의 감독 씨릴(Cyril)은 두 가지 본성의 연합, 완전한 두 가지 본성이 하나가 되었는데, 하나는 인성과 연합한 로고스라고 하여 회의를 유도하였고, 네스토리우스는 3차 에베소 총회에서 정죄를 당하게 되었다. 씨릴파의 유티케스는 그리스도께서 성육신(成肉身) 하신 후 두 본성이 융합하여 하나의 본성, 즉 신성이 되었다고 주장하였다. 이 단성론(monophysitism)의 견해는 참된 인성을 부인하는 결과를 나았다.

(4) 제4차 칼케돈 총회〔451년〕

폴케리아와 마르키아누스 황세에 의해서 교황 레오1세의 명령으로 소집되었다.

니케아 회의에서 예수의 신성은 확정했지만 인성에 대한 교회의 이해는 아직 분명하지 않았다. 즉 신성과 인성이 어떻게 성자 예수 안에서 서로 관계를 맺고 있는가? 하는 문제가 남아 있었다. 콘스탄티노플 대감독 플라비안(Flavian)은 유티케스의 교리를 가현설(Docetism)에 가깝다고 단죄했다. 하지만 알렉산드리아의 대감독 디오스코루스는 유티케스를 지지했다. 디오스코루스의 요청에 따라 데오도시우스 황제는 449년 에베소 공의회를 개최하였는데, 여기서 유티케스를 이단이 아니라고 선언한다. 그러나 많은 교회가 이 공의회 결정을 무효라고 주장했으며, 교황 레오1세도 그 공의회를 "날치기 공의회"라고 단정하였다. 오늘날에도 당시 공의회는 무효로 간주한다. 교황 레오1세는 황제에게 모든 교회를 대표할 수 있는 공의회를 다시 소집할 것을 요청하여 451년 칼케돈에서 공의회가 열렸고, 디오스코루스는 '날치기 공의회'를 주도한 혐의로 파문되었다.

그 결과 그리스도의 본성에 관한 교리적 진술인 교황 레오 1세의 토메(Tome)가 이 회의에서 낭독되었으며, 주교들은 그의 가르침을 '칼케돈 신조'라고 부르는 신앙고백서에 포함시켰다. 칼케돈 신조는 "니케아 – 콘스탄틴노플 신조를 확인, 예수의 신·인성에 대해서 혼합되지 않고, 바뀌지지 않고, 나누어지지 않고, 분리되지 않는다는 것이다." 이는 아폴리나리우스나 유티케스, 네스토리우스의 견해를 동시에 단죄한 것으로서 하나님에 대한 표현에서 인간이 사용할 수 있는 언어의 한계성을 지적한 것이라고 말할 수 있다.

칼케돈 회의는 교황이 주도적 역할을 했던 최초의 공의회였으며, 그릇된 교리를 바로 잡기 위하여 모인 공식적인 마지막 공의회였다. 또한, 서방교회와 동방교회가 모두 인정하는 공의회로서 모든 지역의 교회가 참여하여 중요한 문제에 관해 의견일치를 보았고, 예수의 본성에 관해 잘못된 해석을 가려낼 수 있는 장치를 마련했다는 점에서 높이 평가된다. 칼케돈 회의는 그리스도의 두 본성 가운데, 어느 하나만 강조하는 것은 옳지 못하다는 기준을 세웠다. 결론적으로, 삼위일체와 기독론에 관한 내용은 1차 니케아 회의부터 4차 칼케돈 회의까지의 상황을 중요하게 인식해야 한다. 그 때의 결정은 현대에 오기까지 삼위일체와 기독론에 대한 교회의 입장에서 기본적인 방향을 제시해 주고 있기 때문이다. 핵심은 '니케아 콘스탄티노플 신조'에 있고, 그것은 동일 본질과 비슷한 본질 또는 동등이란 단어들이 갖고 있는 의미, 그리고 '구별되면서 하나'에 대한 올바른 신학적 사고 안에서 기독교의 중요한 교리, 삼위일체와 기독론의 이해에 대한 접근이 이루어진다는 것에 있다.

2. 군웅할거의 유럽세계

예수님의 생각은 적중하였다.

"나를 신격화한 이후 유럽의 세계는 군사적으로 정치적으로 민족적, 사회적인 면에서 큰 변화가 있을 것이다."라고 하였는데 과연 서기 401년부터 1100년 사이 게르만민족의 대이동과 프랑크왕국의 등장, 비잔틴제국의 건설에 이어 이민족의 침입이 있었고, 신성로마제국이 성립된 뒤 프랑스, 독일이 독립하였다. 그리고 노르만족은 잉글랜드를 정복하고 교회는 동서로 분열되었다.

(1) 게르만민족의 대이동

4세기 말에 시작된 게르만족의 대이동은 유럽세계의 큰 변화를 가져왔다. 특히 유럽의 대부분을 차지하고 있던 로마 제국에게 이들은 큰 위협이 되었다. 게르만족은 원래 발트해 연안 지역에 흩어져 살고 있었으나 중앙아시아의 유목 민족인 훈족에 의해 유럽 쪽으로 밀려나 로마제국의 영토로 몰려오기 시작한 것이다. 게르만족들은 점차 로마영토 내에 정착하여 자신들의 왕국을 세웠다.

로마는 동서로 나뉘어 있었는데 특히 서로마 쪽에 게르만족의 유입이 심각했다. 한편 이때의 훈족의 왕은 아틸라였는데 여기저기 흩어져 살던 부족들을 통합하여 큰 세력을 형성한 최초의 왕이었다. 아틸라는 루마니아, 헝가리, 폴란드 등 동유럽을 차례로 점령하여 전 유럽을 공포에 떨게 만들었다.

441년 동로마제국 테오도시우스 2세는 훈족 아틸라와 수차례 전쟁을 일으켰으나 크게 패했다.

451년 훈족은 서로마에 쳐들어왔으나 격퇴당하고 말았다. 그 얼마 후 훈족의 영웅이었던 아틸라가 갑자기 죽었다. 그러자 아틸라에 의해 결집되었던 훈족은 급속하게 분열되었다. 세력이 약해진 훈족은 결국 아시아 쪽으로 철수해 버렸다. 훈족과의 싸움이 끝나자 게르만족의 용병대장이었던 오도아케르는 서로마황제를 폐하고 자신이 왕위에 올랐다. 동로마황제는 동고트의 테오도릭에게 로마의 보호자라는 칭호를 내리고 오도아케르를 치게 하였다. 테오도릭은 라벤나(이탈리아)에 수도를 정하고 동고트왕국을 세웠다. 로마는 이민족들의 이동으로 많은 땅을 잃었지만, 문화적으로는 그들을 지배하였다. 476년 서로마가 멸망하고 유럽은 역사의 새 주인인 게르만민족과 비잔틴제국[동로마]으로 재편된다.

(2) 프랑크왕국의 등장

게르만 민족의 이동이 한창이던 5세기 중엽에 지금의 프랑스(갈리아) 지방에 부르군드족을 쫓아내고 프랑크족이 자리를 잡기 시작했다. 5세기말에는 클로비스라는 강력한 왕이 나타나 세력이 점점 강해졌다. 클로비스는 조그만 지방 영주 집안인 메로빙거 가문에서 태어났다. 클로비스는 군사를 이끌고 주변의 10여개 부족을 차례차례 제압하여 세력을 키워나갔다. 갈리아지방을 평정한 클로비스는 메로빙거 왕조를 세우고 나라의 기틀을 다지기 시작했다. 클로비스는 로마 카톨릭으로 개종한 게르만족들 중 최초의 왕이었다. 클로비스의 카톨릭 개종은 결과적으로 로마와 교회에게 믿음을 주었고 프랑크족과 로마인 간의 자연스런 결속을 가져왔으며 프랑크왕족의 안정과 발전에 큰 계기가 된다.

(3) 비잔틴 제국과 유스티니아누스대제의 '로마법대전 편찬'

6세기 초 유럽에서는 게르만민족과 서고트족, 동고트족, 반달족, 프랑크족, 앵글로색슨족의 왕국이 속속 세워지면서 저마다 세력을 넓히느라 여념이 없었다. 반면에 대제국을 이루었던 로마는 대륙의 동쪽에 불안하게나마 비잔틴제국으로 명맥을 유지하고 있었다. 동로마제국은 흑해에서 마르모라해에 이르기까지 성을 쌓을 정도로 외부의 위협에 시달렸고 내부적으로 순탄치 않았다. 527년에 유스티니아누스황제가 등극하면서 로마의 재건을 외쳤다. 유스티니아누스 황제 곁에는 테오도라라는 현명한 부인이 있었다.

유스티니아누스황제가 재위에 오른 지 얼마 되지 않아 '니케의 반란'이라는 대폭동이 일어났다. 유스티니아누스황제는 부인 테오도라의 말에 따라 맞서 싸워 폭도들을 진압했다. 테오도라는 548년 죽을 때까지 황제에게 많은 도움을 준 여성이었다. 국내정치를 어느 정도 안정시킨 유스티니아누스황제는 535년 반달왕국을 무너뜨리고 다시 제국 서쪽에 자리 잡고 있는 동고트왕국을 정복하려 하였다. 서로마제국의 땅이었던 이탈리아 반도에 동로마에 우호적이었던 테오도릭이 동고트왕국을 세웠으나 그가 죽자 동고트도 내분에 휩싸여 세력이 많이 약해져있기 때문이었다. 동로마군이 동고트를 거의 정복하게 되었을 때 페르시아와의 국경 충돌로 동로마군이 일시 철수하고 동로마는 페르시아와 협정을 맺고 다시 동고트 정복에 나섰다. 동고트는 필사적으로 대항했지만 전세는 기울었다. 결국 동로마는 555년 이탈리아반도를 동로마제국의 영토로 편입시켰다. 동로마는 여세를 몰아 사르데냐, 시칠리아섬 등 북아프리카 연안에서부터 이베리아반도의 지중해 연안까지 차례로 정복했다. 그러나 정복사업보다 '로마법대전'이라는 법전편찬으로 더 유명해진 동로마는 쇠퇴하기 시작했다. 그러나 동로마의 최대 위협은 바로 황량한 아라비아 사막에서 다가왔다.

(4) 마호메트와 이슬람 제국

7세기 접어들면서 유럽에서는 동로마제국과 북방민족인 아르바족, 사산조 페르시아와의 치열한 공방전이 계속되었다. 한편 아라비아반도 사막지대에서도 새로운 기운이 꿈틀대고 있었다. 서기 570년경 아라비아의 메카 시(市)에서 마호메트가 태어났다. 성인이 되어 마호메트는 헤라산의 동굴에 가서 금식을 하며 인생의 진리를 찾으려 애썼다. 헤라산 동굴에서 진리를 깨달은 마호메트는 주변 사람들에게 참된 신 알라에 대한 설교를 시작했다. 얼마 지나지 않아 메카의 많은 사람들은 마호메트를 따르게 되었다. 그러나 메카를 지배하고 있던 유력자들은 군사를 이끌고 쳐들어오자 마호메트가 메카를 탈출하였다. 마호메트가 메카에서 도피한 622년을 이슬람에서는

'헤지라'라고 부르며 그들의 기원원년으로 삼았다. 마호메트가 도피한 야트리브시는 '메디나'라고 불렸고 메카와 함께 이슬람교의 성지가 되었다. 이곳에서 마호메트는 많은 설교를 하였는데 이때 제자들이 설교의 내용을 적어 모은 것이 이슬람교의 경전인 '코란'이다. 한편 마호메트의 고향 메카의 지배자들은 군사를 이끌고 메디나로 쳐들어왔다. 두 군사는 베들에서 싸워 신의 군사를 자처하는 마호메트가 승리하였다. 마호메트는 여기서 그치지 않고 아라비아 반도를 통일시켰다. 또 '이슬람의 검'이라는 별명을 가진 명장 왈리드를 앞세워 동로마로 쳐들어갔다. 이때 동로마에서도 군대를 시리아에 파견하였으나, 이슬람군에 의해 괴멸되고 말았다. 또한 동로마제국과 대등하게 맞서고 있던 페르시아마저 멸망시키고, 641년 메소포타미아 전지역을 이슬람제국으로 병합시켰다. 642년에는 알렉산드리아를 점령하여 동로마로부터 이집트를 빼앗고 계속 서진했다. 697년경에는 카르타고까지 점령하여 지금까지 이곳을 지배하던 동로마세력을 완전히 몰아내고 지중해의 실질적인 지배자가 되었다.

(5) 카를대제와 교황

8세기에 들어서면서도 이슬람세력은 맹렬한 기세로 유럽지역을 정복해나가고 있었다. 북아프리카를 지나 지브롤터해협을 건너 서고트왕국까지 정복한 이슬람은 732년 피레네 산맥을 넘어 프랑크왕국까지 수중에 넣으려고 하였다. 이에 맞선 카를 마르텔 궁제는 이슬람군을 맞아 대승리를 거두었는데, 이로 인해 이슬람세력의 유럽진출은 여기서 막히게 된다.

이로서 지중해 일대의 유럽은 이슬람(사라센), 동로마(비잔틴), 프랑크 왕국이 자리 잡게 된다. 카를 마르텔 궁제가 이슬람군을 격퇴시키고 영웅이 되자 왕으로 추대하려 하였으나 이를 사양한다. 카를 마르텔 궁제가 죽자 그의 아들이 대를 이어 프랑크왕국의 궁제가 되었다. 국왕의 무능한 처사가 계속되자, 국왕을 수도원에 보내 승려로 만들고 카를 마르텔의 아들 피핀이 프랑크왕국의 왕이 되어 카롤링거왕조를 열었다.[751년]

그의 뒤를 이은 카를대제는 영토 확장에 온 힘을 기울여 색슨족을 굴복시키고 카톨릭으로 개종시켰다. 동쪽으로 헝가리, 유고 일부까지 정복하여 경계선을 엘베강까지 확장시켰다. 카를대제는 778년에 사라센인이 지배하고 있던 에스파냐 정벌을 단행하였다. 카를대제가 에스파냐의 모든 도시를 점령하고 '사라고사'라는 한 도시만 남겨두고 있을 때 사신이 찾아와 회의를 요청하여 가느롱이 사라센왕과 화해하였다. 화해 후 카를대제는 철군하기 시작했다. 카를대제는 10만 군사를 이끌고 본국으로 떠나갔고 롤랑과 11용사는 2만의 군사와 함께 롱스보 고개를 지키고 있었다. 사라센왕은 가느롱의 계책대로 30만의 군사를 이끌고 롱스보 고개로 진격해 왔다. 2만의 프랑크군은 30만의 사라센군을 맞아 한 치의 물러섬이 없이 용감하게 맞서 싸웠다. 롤랑은 혼신의 힘을 다해 뿔나팔을 불고 적진으로 돌진해서 용감하게 싸우다가 장렬히 전사하였다. 이 소식을 들은 카를대제가 롱스보 고개에 도착했을 때 롤랑을 비롯한 11용사는 모두 시체가 되어 있었다. 배신자 가느롱을 처단한 프랑크군은 군사를 몰아 사라센군을 격파하여 사라센의 근거를 없애버렸다. 이때의 일을 노래한 것이 유명한 대서사시 '롤랑의 노래'이다. 이 롤랑의 노래는 중세기사의 표본이 되었다.

'기사는 충성을 다하고 신의를 지키며 비겁한 짓을 하지 않는다.'

에스파냐까지 정복한 카를대제는 이제 서로마제국 이래 최대의 영토를 지배하게 되었다.

이즈음 동로마제국은 이탈리아반도 남단 및 북쪽 라벤나지역을 차지하고 있었는데 로마의 교황청도 동로마 보호령에 속해 있었다. 동로마는 롬바르드왕국과 교황청을 압박하기 시작했다. 이에 교황은 753년 프랑스국왕 피핀에게 도움을 청하였다. 피핀은 이탈리아반도 북부에 자리 잡고 있는 롬바르드왕국을 물리치고 라벤나 주변지역을 교황에게 선사했다. 이 결과 교황 측은 막대한 영토를 얻고 세력도 강해졌으나 국왕이 아닌 황제와 제휴할 필요성을 느꼈다. 이에 따라 800년 교황청은 프랑크왕국의 카를 대제를 황제로 세우고 그 보호를 받게 되었다.

(6) 이민족의 침입과 중세의 봉건사회

로마에 의하여 하나로 통합되었던 광대한 지역인 유럽은 로마제국의 몰락 후 크게 3개 문화권으로 나뉘어졌다. 게르만족의 이동으로 세워진 프랑크왕국을 중심으로 한 유럽 세계와 동로마제국[비잔틴 제국], 그리고 아라비아반도에서 급성장한 이슬람세계이다. 프랑크왕국과 비잔틴제국은 크리스트교를 바탕으로 한 문화의 동질성을 지니고 있었지만, 프랑크왕국의 위대한 황제 카를대제가 로마 교황과 동맹을 맺음으로써 유럽 역사의 무대가 지중해에서 유럽대륙으로 옮겨졌다. 카를대제가 죽은 뒤 프랑크왕국은 서프랑크와 동프랑크로 다시 분열되었다. 이즈음에 유럽은 또다시 이민족들의 침입이 극심하였다. 북쪽에서는 노르만족이, 동쪽에서는 마자르족이, 남쪽에서는 이슬람군대가 물밀듯이 밀려왔다. 특히 북부유럽에 살던 바이킹이라 불리는 노르만족들의 습격은 무차별 학살과 약탈 등으로 그 피해가 막심하였다. 이들은 수시로 도시나 수도원을 습격하여 약탈을 자행한 뒤 돌아갔는데, 이러한 양상의 습격은 나라 대 나라의 전쟁이 아닌 지역적인 전투였기 때문에 속수무책이었다. 따라서 주민들이 지역단위로 뭉쳐서 곳곳에 성을 쌓고 이민족들의 침입을 막았다. 작은 성의 성주는 대성주 밑에 모여들어 싸웠는데, 이들 대성주들은 백작, 공작 칭호를 가진 지방의 실력자이며 실질적인 군주들이었다. 이러한 정치상황은 유럽의 봉건제도를 자연스럽게 형성하게 되었다. 봉건제도는 토지를 매개로 하여 신분의 높고 낮음이 구분지어졌다. 국왕이 귀족에게, 귀족이 기사에게… 이와 같은 형태로 맨 밑의 평기사들까지 피라미드형의 신분 계층이 형성된다. 이것은 일종의 군신계약으로 누구든지 군주에게서 받은 토지를 가지고 있는 한 자신의 영지 안에서는 군주와 같은 특권을 행사할 수 있었다. 따라서 봉건 제도는 지방분권적인 성격이 강하였고 일종의 여러 개의 독립국가로 이루어진 연방체제와 비슷하였다. 이와 같이 크고 작은 영지를 장원이라고 하고, 이곳을 지배하는 기사나 귀족을 영주라고 하였다. 장원 내에서는 농민이 영주의 보호를 받는 대신 땅 주인인 영주를 위해 땅을 경작해주는 관계로 이루어졌다. 대체로 장원의 중심부에는 영주의 저택이나 성, 교회가 딸려있고 그 주변에 농민들이 모여 살았다. 또한 대장장이 등 수공업자들도 살고 있어서 자급자족적인 생활을 이루었다. 이러한 장원제도의 기반 아래 영주는 독자적인 힘을 키울 수 있었다. 이러한 장원제도는 프랑스를 시작으로 영국, 독일, 북유럽 등으로 확대되었다.

중세시대에는 제후, 기사, 성직자 등이 지배층이며 주민의 대부분이었던 농민만이 지배를 받는 층이었다. 농민들은 상층계급의 안락한 생활을 위해 일을 해야 했으며 무거운 각종 세금과 부역으로 노예나 다름없는 생활을 하였다. 성직자는 고해성사, 결혼, 장례와 같은 일을 맡았고, 기사들의 주된 임무는 전쟁이었다. 전투에서 승리할 경우 기사에겐 막대한 전리품이 생겼다.

(7) 신성로마제국의 탄생

9세기 중반 프랑크왕국은 이탈리아, 동프랑크[독일], 서프랑크[프랑스]로 분열되었는데 이때의 국경이 지금 유럽의 국경판도를 만들었다고 할 수 있다. 이들 세 나라는 이민족들의 침입으로 하루도 조용한 날이 없었다. 919년 동프랑크에서는 카롤링거왕조가 단절되고 새 왕조가 들어섰다. 작센왕가의 초대왕은 하인리히 1세였다. 서프랑크는 바이킹의 침략과 약탈을 견디다 못해 911년 센강 하구일대를 나누어 주었지만 동프랑크는 마자르족에 끝까지 대항하였다.

936년 하인리히 1세가 죽고 그의 아들 오토 1세가 즉위하였다. 마자르족들은 서프랑크와 이탈리아 북부를 공격하여 막대한 피해를 입혔다.

955년 8월 마자르족은 다시 5만명의 병력을 이끌고 북부 이탈리아를 침공했다. 이때 바바리아를 지키고 있던 주교는 1만명의 병력으로 대항하고 있었다. 오토 1세는 기마병력을 보내 마자르족에게 큰 타격을 입히고 대승리를 거두었다. 마자르족들은 뿔뿔이 흩어져 자신들의 국경 안으로 도망쳤고 이후 마자르족들의 횡포는 완전히 사라지게 되었다. 이 공적으로 오토 1세는 교황으로부터 신성로마황제의 칭호를 받았다. 이때 중세의 유럽은 두 개의 기둥으로 받쳐져 있었는데, 그것은 봉건제도와 카톨릭교였다. 오토1세는 교황으로부터 실질적인 유럽의 지배자로 인정을 받게 된 것이다.

(8) 프랑스

프랑스의 국토면적은 55만1500㎢이고 인구는 약5700만명이다. 수도인 파리 인구는 약 850만명이며 그 밖에 인구가 100만명을 넘는 도시는 마르세유나 리옹 정도다. 남쪽으로는 지중해와 스페인과의 국경을 이루는 피레네산맥이 있고, 북서쪽으로는 영국해협과 도버해협을 사이로 영국과 접하며, 동쪽으로는 쥐라, 보즈, 알프스 등의 산맥을 걸쳐 독일, 스위스, 이탈리아와 겹치고 있다. 하지만 이러한 지대는 국경의 일부분에 국한되고 국토의 대부분은 평야와 구릉지대로 되어 있다. BC 7-5세기 켈트인이 프랑스 전역에 정착하여 부족사회를 형성하기 시작함으로써 프랑스 역사는 시작된다. 그래서 이 지역을 갈리아라고 부른다.

406년 게르만민족의 대이동을 시작으로 갈리아영토는 붕괴

되었으며 987년 '프랑스왕국'이 탄생되었다. 그 이후 십자군원정, 백년전쟁 등의 고난의 시대를 거쳐 16세기에 통일 국가를 형성하였고 르네상스가 꽃피우게 되었다. 1·2차 세계대전에서 큰 피해를 보기도 하였으나 전후 크게 발전하였다. 1958년 드골내각을 성립하였으며 이를 바탕으로 대통령 권한이 강한 '제5공화국'이 시작되어 현재에 이르고 있다.

(9) 독일

공식 명칭이 독일연방공화국(Federal Republic of Germany)인 독일의 총면적은 35만6910㎢, 인구는 약 7950만 명, 수도는 베를린[인구 약 330만명]이다. 독일은 제2차 세계대전 이후 냉전의 산물로 서로 이념을 달리하는 동·서 양국으로 나뉘었으나, 1990년 국민들의 여망에 따라 마침내 통일되었다. 독일은 지리적으로 동쪽은 폴란드와 체코, 서쪽은 프랑스와 베네룩스 3국, 남쪽은 오스트리아와 스위스 등과 서로 접해 있는데 남에서 북으로 향한 알프스산지로 인해 라인강 등 주요 하천들이 북으로 흐른다. 전체적으로 남쪽은 알프스 고원지대와 아름다운 호수로 이루어져 있고, 중부는 해발 1000m내외의 산악지대, 북부는 원만한 평야지대로 되어 있다.

375년 게르만민족의 대이동으로부터 시작되는 독일의 역사는 옛날부터 분열과 통일의 연속이었다. 이러한 대이동은 서로마제국의 멸망으로 이어졌고 마침내 486년 프랑크왕국이 성립되었다. 800년에는 카를대제가 황제의 직위를 수여받았으나 카를대제가 죽은 후 프랑크왕국은 세 나라[동프랑크: 독일, 서프랑크: 프랑스, 이탈리아]로 나뉘었다. 그러다가 동프랑크의 오토 1세는 962년 로마교황으로부터 새롭게 황제의 관을 받았는데 이것이 바로 신성로마제국의 시작이다. 당시 프랑스는 독립해 있었고 신성로마제국의 영향하에는 독일과 이탈리아가 있었다. 1517년에는 루터에 의해 종교개혁이 시작되었고 이로 인한 30년 전쟁이 1618년부터 30년간 있었다. 1806년에는 프랑스 나폴레옹군에게 신성로마제국이 멸망했으나 신흥왕국 프로이센의 철혈재상 비스마르크에 의해 마침내 1871년 독일제국이 결성되고 빌헬름1세가 즉위했다. 제1차 대전의 패배로 황제는 퇴위하고 바이마르공화국이 들어섰지만 나치 히틀러의 등장으로 제2차 세계대전이 발발, 패전으로 인해 분단국가가 되었지만 현재의 통일독일을 이룩했다.

(10) 노르만족의 잉글랜드 정복

잉글랜드[영국]지방에 최초로 정착한 민족은 켈트족으로, 기원전에 이미 자리를 잡고 있었다. 그들은 유목민족으로 단결력이 약해 대제국 로마에 점령당하고 말았다. 5세기 서로마제국이 멸망하면서 북부유럽의 스웨덴계 게르만 민족인 앵글로색슨족이 들어와 왕국을 건설했다. 이들에 의해 세워진 잉글랜드의 여러 왕국들은 9세기 웨식스의 앨프레드 대왕에 의해 통일되었다. 앨프레드 대왕이 죽자 데인족들은, 영국 북방에 들어와 정착하기 시작했다. 그러나 웨식스왕 에설레드 2세는 1002년 11월 3일 사람들을 선동하여 수많은 데인족들을 죽였다. 이때 덴마크왕이었던 스벤 1세의 누이인 건힐드도 학살되었는데 스벤 1세는 그에 대한 보복으로 1014년 영국으로 쳐들어왔다. 영국 북부지역을 정복한 스벤 1세가 1014년에 죽자 그 아들 크누트가 이어받아 에설레드 2세의 뒤를 계승한 에드먼드 2세와 계속 싸움을 벌였다. 상황이 점차 웨식스에게 불리해지자, 에드먼드 2세는 1016년 크누토와 조약을 맺었다. 얼마 후 에드먼드 2세가 세상을 떠나자 웨식스마저 크누트가 다스리게 되었다. 영국 전체를 다스리게 된 크누트는 영국의 관습이나 문화를 그대로 유지시키는 등 공정한 정치를 하였다. 한편 데인족 학살을 선동한 웨식스의 에설레드 2세는 노르망디로 망명하였다. 에설레드 2세의 또 다른 아들 에드워드는 기독교에 대한 신앙심이 깊었다. 잉글랜드를 통치하던 크누트가 죽자 에드워드가 노르망디에서 돌아와 잉글랜드 왕이 되었는데, 앵글로색슨족으로는 마지막 왕이었다. 에드워드가 후사가 없이 죽자, 처남 해럴드가 일방적으로 왕위에 올랐다. 이에 에드워드의 동생 노르망디 공작 윌리엄 1세는 교황의 승인을 얻어 프랑스군, 브르타뉴군, 용병 등으로 약 7,000명의 연합군을 구성하여 영국으로 진군했다. 이즈음 그레고리우스 교황은 신성로마황제 하인리히와 황제 임명권을 놓고 다투고 있었다. 해럴드 또한 헤이스팅스에서 맞섰다. 해럴드는 이 전투에서 전사하고 윌리엄을 런던까지 정복하게 되었다. 1066년 윌리엄은 크리스마스에 영국왕관을 썼다. 노르만족이 잉글랜드를 지배하게 되면서 이후 영국의 역사는 물론 유럽의 역사는 노르만족의 무대가 된 것이다.

(11) 교회의 동서분열

중세유럽의 정신적인 지주는 단연 기독교였다. 11세기의 유럽 모든 나라들이 기독교를 국교로 삼고 있었기 때문에 교황의 권한은 점차 막강해졌다. 교회는 비잔틴을 중심으로 한 동교회[그리스 정교회], 로마를 중심으로 한 서교회[카톨릭교회]로 갈라졌다. 이즈음 교황청은 유럽 각 지방에 엄청난 양의 교황령 영지를 가지고 있었는데 이것은 각 지방의 주교와 수도원이 왕과 귀족들에게 기증을 받은 것이었다. 이들 교회의 영지가 서유럽 전체의 4분의 1을 차지할 정도로, 교황청은 다른 국왕 및 제후들을 능가하는 재산을 소유하여 막강한 권력을 행사하게 되었다. 교회의 최대 무기는 파문이었다. 교황은 신의 대리자로서 봉건제후들의 전쟁에도 관여하고, 교회의 재판은 최고의 권위를 가지게 되었다.

3. 유럽의 정신문화

이렇게 군웅할거의 정치판도 속에서 사람들의 생활풍습 또한 달라지지 아니할 수 없었다. 그러기 때문에 다니엘서에 보면 느부갓네살이 꾼 꿈 이야기가 나오는데 이것이 주전 5세기 전후를 중심으로 도시국가의 형성과 치열한 전쟁을 예고한 것이다. 그런데 그때 북방의 야만족으로 알려진 마케도니아가 헬라세계에 위협을 가져왔다.

필립 2세(382~336 BC)는 군제를 개혁하고 트라키아(Thrakia) 해안의 광산 지구를 공략하여 재력을 얻었다(357 BC). 그는 세계정복을 꿈꾸어 왔으나 고도 아이기아(Aigia)에서 암살당했다.

(1) 알렉산더대왕과 헬레니즘문화

① 알렉산더의 정복과 정책

그 뒤를 이어 왕위에 오른 자가 바로 아리스토텔레스를 스승으로 둔 알렉산더 대왕이었다. 주전 336년에 약관의 나이 20세에 필립 2세의 뒤를 이어 마케도니아 왕이 된 알렉산더는 헬라의 통일을 필요로 했다. 그래서 그는 주 전 334년경 막강한 장비와 무기를 갖춘 정예 3만5천의 병력을 이끌고 페르시아로 진군하여 소아시아, 두로, 가사 등 주요 지역을 단숨에 공략했다. 그가 정복한 곳곳에 알렉산드리아라는 도시를 세웠으며 나일강 델타지역에 세운 알렉산드리아는 헬레니즘 시대의 이집트의 가장 중요한 도시가 되었다. 그 외 그의 정복 사업은 이오니아 바다로부터 인도의 편잡까지 그리고 코카서스 산맥으로 부터 리비아 사막과 애급 국경에 이르는 방대한 영토를 지배하였다. 즉 알렉산더 대왕에 의하여 그리스 세계와 오리엔트 세계와의 통합이 이루어졌으며 그리고 그의 동서 융합정책으로 각기 다른 특성을 가진 두 문화권의 융합을 가져오게 되었다. 그래서 이 지역이 하나의 문명권으로 발전하게 되었다. 그러나 10여년이란 짧은 시일에 전무한 세계 최대 제국을 건설했던 알렉산더도 열병을 이기지 못하고 BC 323년 33세로 별세하고 말았다. 알렉산더 대왕이 죽은 뒤 로마가 그리스 세계를 지배하게 되는 시기까지의 약 3세기 동안의 역사를 헬레니즘 시대라고 구분한다. 알렉산더의 정복 결과 이루어진 융합정책으로 그리스와 동방의 여러 요소들이 혼합된 문명이 형성되었다. 이 문명을 고전적 그리스 문화와 구분하여 헬레니즘 문화라고 구분하고 있다. 이러한 헬레니즘

문화의 탄생은 전적으로 그의 융합정책으로 이루어졌는데 그 첫째로 결혼 정책으로 자신의 병사들로 하여금 원주민 여자들과 결혼시킴으로써 융합정책을 폈으며, 둘째로 동서의 인종이 함께 거주하는 새로운 도시를 건설하였다. 또한 많은 교통로를 개척하고 통상을 원활하게 하였으며 흠정화폐를 발행하여 그의 지배 영역에서 사용하게 하였다.

② 알렉산더의 동서 융합정책

동서문화가 융합되는 가운데서도 정치, 경제, 풍속, 제도 등의 면에서는 동방의 전통이 견지되었다. 알렉산더 자신도 동방의 제도를 답습하여 페르시아식 의관을 사용하였고 신하들에게 엎드려 절하게 하였다. 그러나 언어, 학문, 예술의 분야에서는 그리스의 영향이 압도적이었다. 특히 그리스어[코이네 헬라어]는 그의 전영역의 공통어로서 동방세계 전역에 널리 보급되었다. 이 언어는 지중해 세계의 [동부] 공용어가 되어 거의 6세기나 지속되었다.

③ 헬레니즘 세계의 주요국가들

알렉산더 대왕의 뜻하지 않은 죽음으로 그가 이룩했던 대제국의 붕괴를 초래하게 되었다. 그의 제국은 그의 장군들에 의해 크게 3분되었다. 안티고누스의 후계자들은 마케도니아를, 셀류커스의 후계자들은 소아시아와 메소포타미아에, 그리고 프톨레미의 후계자들은 이집트를 지배하였다. 이들 국가 중 가장 강력했고 직접적으로 유태에 영향을 미친 나라는 이집트의 프톨레미 왕국과 시리아의 셀류커스 왕국이었다.

a. 프톨레미 왕국(이집트)

마케도니아의 장군들 중의 하나인 프톨레미 소테르[Ptolemy I Soter (BC 367~282)]는 알렉산더가 별세한 후에 이집트의 총독으로 임명되었다. 그는 헬레니즘 시대의 다른 통치자들보다 심리적으로 유리한 강점을 지니고 있었는데 그것은 그가 알렉산더의 시신을 입수하여 알렉산드리아 시에 안치하였다는 것 때문이다. 그는 BC 305년 자신을 왕이라고 선언하였다. 그리고 계속하여 영토 확장에 힘썼으며 이후 프톨레미 2세, 3세, 4세에 걸쳐 확장정책을 계속 추구하였다. 당시 이집트는 다수의 이집트 원주민과 자유로운 폴리스의 전통을 가진 그리스인과 마케도니아인들이 섞여있어서 그 통치에 어려움이 있었다. 왕은 이러한 점을 감안하여 이집트인 통치에는 이집트 고대의 파라오 정책을 그리스인들에게는 신성시된 군주로 행세하였다. 당시의 수도 알렉산드리아는 문화적으로나 상업적으로나 헬레니즘 세계의 가장 중요한 중심지였다.

b. 셀류커스 왕국(시리아)

시리아의 셀류커스 왕조는 알렉산더 휘하의 장군 중의 하나인 셀류커스 1세(Seleucus I Nicator BC 258~280)에 의해 창건되었다. 그는 바벨론 총독으로서 세력을 확장하여 동쪽으로 인더스까지 지배세력을 확장했으나 마우리아(Mauryan) 왕조의 찬드라 굽타(Chandragupta)에 의해 저지되었다. 이후 왕위 계승자들은 선대의 영토를 많이 잃었다. 6대인 안티오쿠스 3세(223~187 BC)는 선왕대의 상실했던 영토를 회복하기 위해 많은 노력을 기울였고 또한 성공을 거두었다. 그러나 그의 확장정책과 때맞추어 로마의 동방으로의 확장정책과 충돌을 일으켜 그 확장정책은 위축되었고 국력은 쇠약해졌다. BC 63년 로마의 폼페이우스 장군에 의해 로마에 예속되기까지 시리아 지역을 통치하였다.

알렉산더의 원정과 동서 융합정책으로 고양된 세계동포주의는 헬레니즘 시대의 모든 그리스 사상과 사회의 공통적 특징이었다. 폴리스의 공동체적 생활보다는 개인주의적인 경향이 두드러졌다. 상대주의와 세계동포주의, 개인주의와 도피주의는 헬레니즘 시대의 모든 그리스 문화의 양상을 특징지었다.

(2) 스토아철학과 에피쿠로스사상

철학사상에는 에피쿠로스학파, 스토아학파, 회의학파 등이 있었는데 각각 그 주장의 차이는 있었으나 이러한 근본적인 특징을 벗어나지는 않았다. 에피쿠로스학파와 스토아학파는 기독교 초기 로마세계의 상류사회를 지배하는 주된 사상이었다.

① 스토아학파
에피쿠로스학파와 나란히 나타난 헬레니즘으로, 고대 그리스시대 말기에서 로마 지배의 시대에 걸치는 당시의 대표적인 철학 유파로서 세 시기로 나누어 설명할 수 있다.

*초기 스토아학파: BC 세기의 키프로스의 제논에 의해 시작되었고 뒤이어 크리시포스(Chrysippos)를 대표자로 한다. 철학을 논리학, 자연학, 윤리학의 세 부분으로 나누고 그

중에서 윤리학에 중점을 두었다. 또 논리학의 역사에서는 명제 논리를 성립시켜 일정한 위치를 차지한다. 자연학에서는 헤라클레이토스(Heracleitos)의 설을 계승하여 존재는 모두 영원히 생동하는 화기로 이루어졌고, 이것이 법칙(Logos)에 따라 생성 변화하면서 만물의 세계가 성립한다고 하는 유물론적이면서 변증법적인 견해를 보이고 있다.

이 Logos는 우주와 인간을 함께 지배하는 보편적인 세계이성으로 해설된다. 그리고 이러한 견지에서 윤리학이 말해졌다. 인간의 본성 자연도 세계이성의 일부를 나누어 가진 것이므로 인간의 이성에 기초하여 사는 것, 즉 그리스인도, 이국인도, 노예의 주인도, 노예도 전체의 인간의 어떠한 차별도 없이 비이성적인 욕망을 제거하고 인간 본성인 이성에 의해 평정, 부동의 경지에 이르는 것을 유덕한 생활방식이라 가르쳤다. 스토아학파는 금욕적이고 개인주의적인 동시에 세계주의적이기도 한 사상인데 그것은 당시의 사회상황을 반영하고 있다. 세계이성의 지배라는 것으로부터 인간의 숙명이라는 견해도 신의 섭리에 대한 종교적 헌신의 사상도 생길 소지가 있다.

*중기 스토아학파

BC 세기의 로드스의 파나이티오스(Panaitios)와 포세이도니오스(Poseidonios)를 대표자로 하고 운명 그리고 사회적 억압에의 수동적인 인종이라는 지배계급의 뜻에 부합되는 사상이 만들어졌다. 동시에 그 자연법적 사상은 로마 법학의 철학적 기초가 되었다고 한다. 이때부터 로마에서는 철학이 정도가 높은 교양에는 필요불가결한 것으로 되었다.

스토아학파와 더불어 철학이 비로소 로마에 정착을 하게
된 것이다.

*후기 스토아학파

AD 세기에 제정로마에 이르고 이 제국의 세계 국가론의
기초가 되고 또 쇠퇴하고 있는 노예제 속에서 생활하고
있는 귀족들에게 자연과의 명상적 합일, 내면적 자유에로
의 침잠이라는 도피적인 정신적 위안을 주는 관념론으로
변질하고 기독교를 로마제국내에 보급하는 길을 닦았다.
대표적 학자로는 세네카(Seneca), 에피크터트스(Epiktetos), 마
르쿠스 아우렐리우스(M. Aurelius), 안토니우스(Antonius) 등
이 있다.

② 에피쿠로스학파

에피쿠로스학파 사상가들은 스토아학파의 숙적들이었다. 이
두 진영간의 논쟁은 끝나지 않을 것이다. 이 학파의 창시자는
사모스의 에피쿠로스(Epikuros BC 341~270)이다. 그는 헬레니
즘 시대의 그리스 철학자이며 유물론자이다. 이 학파는 에피
쿠로스가 기원전 306년 아테네의 자기 정원에서 시작했으며
학교를 세우고 이것을 정원학교라 불렀다. 그의 스승은 나우
시파네스였으며 그는 데모크리스토프 학파의 인물이었다.

헬레니즘 시대란 외세의 침입을 받아 그 지배하에 있던 시
대로서 그리스 본래의 문화에 외국의 문화가 혼합되었으며
이 상태는 로마가 그리스를 정복할 때까지 계속되었다.

이 시기에 그리스의 고전적인 철학도 그 모습이 퇴색되어
주로 개인적인 인생문제가 주된 관심이었다. 그는 데모크리토

스의 원자론을 계승하여 공허 가운데서 운동하는 원자로부터 만물이 생긴다고 하였지만 원자는 '직선운동에서 빗나간 자의성을 갖는다'고 보고 데모크리토스의 기계적 결정론에 새로운 견해를 가했다. 이 학파에 속하는 사람들 중에서 특별히 말해 둬야 할 사람들은 다음과 같은 사람들이다.

거의 같은 시대의 사람인 람프사코스의 메트로도로스는 쾌락설을 한층 더 심화시켰다. 기원전 2세기 후반에 속하는 아폴로도로스는 책을 많이 쓴 저술가이고 '정원의 창주'라는 별명을 얻었다. 시돈의 제논과 파이드로스는 키케로가 그들의 강의를 듣고 존경한 사람들이다. 시손은 베르길리우스의 스승이었으며, 마지막으로 가다라의 필로데모스를 들 수 있는데, 그의 저서들의 대부분은 '헤르쿨라네움 문고'에서 찾아볼 수 있다. 에피쿠로스주의에 관한 풍부한 사료가 되는 것은, 루크레씨우스 카루스(BC 96~55)이다.

그의 교훈시 '자연에 관해서'는 에피쿠로스가 데모크리토스의 원자론을 혁신한 것을 글자 그대로 서술하고 한다.

에피쿠로스학파는 당시의 다른 학파와 마찬가지로 수신처세의 윤리학을 주로 논하였으며 특히 쾌락을 중시하였다. 에피쿠로스는 쾌락을 선으로 고통을 악으로 보았다. 그래서 현명한 사람은 아무런 쾌락이나 취하여 도리어 그 부작용으로 일어나는 고통에 빠지지 않고 쾌락과 고통을 비교하여 선택함으로 영속적인 쾌락을 취한다는 것이다. 그러한 쾌락은 일시적 환락에 취함으로써 얻어지는 것이 아니라, 일체의 욕망을 제어함으로써 생기는 불만이 없는 생활에서 얻어질 수 있는 것이다.

③ 회의학파

당시의 여러 학파들이 각각 자신의 주장이 진리라고 주장하는데다 정치적 도덕적 생활까지 혼란해지자 모든 기성 진리에 대한 회의가 다시 나타나게 되었다. 회의학파의 창시자는 퓨론(Purrhon, 360~270 BC)인데 침묵을 회의론자다운 태도라 여겼기 때문에 아무런 저술도 남기지 않았다. 그래서 그의 사상은 티몬(Timon)과 같은 제자들의 저술에 의하여 또는 반대자들의 언급을 통하여 알 수 있다. 퓨론에 있어서는 회의가 아카데미 학파에 있어서보다 약간 더 철저하다. 그의 주장이 낳은 결과는 역시 판단 중지라고 하는 것이다. 그러나 퓨론에게 있어서도 회의는 긍정적인 뜻을 갖게 되는데 이런 회의는 윤리적인 회의로 된다.

그리고 이 윤리적인 회의는 <나>를 환경의 요구로부터 해방시켜주며 따라서 <나>가 완전한 <나>로 되어, 한결같이 <나>일 수 있게 된다는 것이다. 이러한 판단 중지에서 영혼의 안정에 도달할 수 있다는 것이다. 일체의 판단을 중지해 버리면 모든 사물에 대하여 무관심할 수 있다는 것이다. 그래서 스토아학파에서 말하는 부동심, 에피쿠로스학파에서 말하는 마음의 안정(Ataraxie)을 얻을 수 있다. 아르케실라오스(Arkesilaos, 315~241 BC)는 '우리는 아무것도 알 수가 없다'는 회의론자의 표어까지도 의심할 만큼 극단적인 회의가였다. 카르네아데스(Karneades, 214~129 BC)는 '신이나 진리에 대하여 확정적인 이론을 내세워 논쟁을 일삼는 것은 불가능한 일이지만 실제로 생존하고 행동하기 위하여 아마 그럴 것이다 하는 정도의 개연적 판단은 필요하다'고 하였다.

(3) 종교적 변천과 대제사장제도

  헬레니즘 시대의 종교를 보면 헬레니즘 시대에도 올림푸스의 신들을 숭배하는 이들이 있었다. 대체로 헬레니즘 시대에 들어와서 그리스의 다신교는 시대에 뒤떨어진 종교로 미약해졌고 밀의종교가 활기를 띠게 되었는데 이들은 구속과 영생을 약속하였다. 말하자면 비밀의식에 참여함으로써 개인의 심령이 구제된다고 하는 소위 밀의종교(Mystery Religion)가 당시 대부분의 사람들에게 상당한 호소력을 가지고 있었다. 그 교리나 의식이 고대 신화에 기초한 밀의종교는 그들의 입회의식에서 개종자에게 정죄와 정결의 관념을 일깨워주었다. 밀의종교는 정교한 의식의 순서와 윤리의 규범을 만들었고 신실한 신도들에게는 영광스러운 불멸의 보상을 약속했다. 데메테르(Demeter)신, 디오니수스(Dionisus)신 등의 그리스적인 밀의종교가 아직도 일부에서 신봉되어 오고 있었으나 동방에서 들어온 밀의종교가 점점 그 세력을 확장하였다.

  이렇게 헬레니즘 세계하의 유태 민족은 알렉산더대왕이 별세한 후 그의 장군들에 의하여 광대한 영토는 분할 통치되었으나 주전 323~301년 사이에 프톨레미왕조와 셀류커스왕조 두 나라는 팔레스틴을 두고 치열한 경쟁을 계속하여 이 지역은 다섯 번이나 주인이 바뀌었다. 그러나 BC 301년의 입수스(Ipsus)전투 이후 BC 198년까지 팔레스틴 지역은 프톨레미왕조의 통치하에 있었다. 프톨레미 치세 중 유태인들은 대체로 그들의 종교와 문화적 전통을 지키며 평화롭게 사는 것이 허용되었다. 유태인들은 이집트의 프톨레미왕조에게 조공을 바쳤다. 그러나 팔레스틴 지역 유태인의 통치는 유태의 제사장에게 위임되었다. 프톨레미왕조는 예루살렘에 수비대를 주둔시켰으나 총독을 두지는 않았다. 내적인 행정은 유태인의 자치에 맡겨져서 대제사장의 지도하에 제사장과 평신도로 구성된 장로회의(Council of Elders)가 주관하였다. 프톨레미왕조 지배기간 중에 일어난 한 가지 중요한 사건은 예루살렘 제사 공동체와 사마리아 공동체가 완전히 분리된 것이었다.

사마리아 주민들은 혈통적인 혼합 때문에 유태인들에게 불결하다고 간주되어 성전의 재건이나 예배에 참여하지 못하였다. 그래서 그들은 북부 이스라엘의 종교 중심지인 베델, 길갈, 실로, 세겜 등지를 방문하였다. 토착 사마리아인들은 예루살렘으로부터 완전히 독립하여 세겜의 옛 성소 가까이에 있는 그리심산 위에 새로운 제사의 터를 세웠다. 또 유태지역, 즉 예루살렘이나 유태인이 거주하는 인접 지역은 그리스화한 헬레니즘 도시들로 둘러싸이게 되었다. 이들 도시들은 상당수의 그리스인 군인들과 민간인들이 거주했는데 점점 그리스화되었다. 이러한 연안 도시는 아폴로니아(Apollonia), 욥바(Joppa), 아조(Azotus), 가자(Gaza) 등이 있으며 사마리아 지역도 사마리아와 스키도폴리스(Scythopolis)에 상당수의 그리스인이 살고 있었다.

이집트에는 유태인들이 많이 거주하였다. 이집트의 유태인들은 그들의 종교생활을 더 자유롭게 하기 위해서 자의로 알렉산드리아, 아리스노우, 헤르모폴리스, 에드프 등지의 나머지 백성과 떨어진 특별한 구역에 살았다. 그러나 이집트 정부에서 그들을 강제로 따로 격리시키는 일은 없었다. 시민의 권리 면에서도 유태인들은 개인적으로 마케도니아인들과 그리스인들과 동등한 대우를 받고 있었다.

셀류커스(Seleucus)왕조시대에는 이집트의 플레토미가와 시리아의 셀류커스가의 수많은 전투가 있은 후 유태 지역은 드디어 플레토미가의 통치를 떠나 셀류커스왕조의 통치를 받게 되었다. 즉, BC 198년 셀류커스가의 안티오쿠스 3세가 이집트인들과 싸워 승리하고 팔레스틴의 지배권을 장악하게 되었다. 안티오쿠스 3세는 페르시아 제국 때에 유태인들에게 주어졌던 특권들을 다시 그들에게 부여하고 성전 제사에 필요한 경비를 부담하며 성전수리에 필요한 물자를 제공하였다. 그러나 이러한 평화의 정책은 오래가지 못하였다. BC 190년 소아시아의 미그네시아 전투에서 안티오쿠스 3세가 로마군에게 패함으로써 셀류커스 왕조의 쇠퇴가 시작되었고 BC 188년 그가 죽자 유태 역사상 문제가 많은 시기가 도래하였다. 안티오쿠스 3세의 사후 왕위 쟁탈전 끝에 안티오쿠스 4세가 왕좌를 차지하였다. 그는 헬레니즘 찬양자로서 자기가 지배하는 지역을 헬레니즘화하려고 결심하였다.

이 시기에 셀류커스왕조는 외부로부터의 심한 위협을 받게 되었고 이러한 이유에서 셀류커스왕조는 재정적 필요를 더욱 절실히 느낀 안티오쿠스 4세는 예루살렘의 대제사장직을 돈을 많이 내는 사람에게 팔았다. 그 결과 대제사장들이 자주 갈리게 되었다. 안티오쿠스 4세의 통치 초기의 대제사장은 오니아스 3세가 다스리고 있었는데 헬레니즘에 물든 유태인들은 오니아스를 배척하고 그의 동생 야손을 지지하였다. 야손은 왕에게 더 많은 조공을 약속함으로써 대제사장으로 지명받을 수 있었다. 당시 대제사장직은 행정직인 동시에 유태의 최고의 성직이었는데, 그와 같은 최고의 성직의 매매는 경건한 유태인들에게는 견딜 수 없는 일이었다. 한 걸음 더 나아가 야손은 헬라파 유태인들의 협조로 예루살렘에 체육관을 세우고 유태 소년을 헬라 관습에 따라 나체로 운동하게 하였다. 이와 같은 풍조에 대하여 하시딤[Hasidim, 경건한 자들]을 중심으로 반대운동이 거세게 일어났다. 야손의 가까운 조력자인 메네라우스는 제사장 가문의 사람이 아니었는데도 안티오쿠스에게 야손보다 더 많은 조공을 바침으로 야손 대신 대제사장에 임명되었다.

하시딤은 자격 없는 메네라우스가 금전에 의해 대제사장으로 임명된 것을 보고 격분하였다. 안티오쿠스는 이집트를 복속시킬 수 있었으나 로마의 간섭으로 실패하자 전략상 유태 지역을 장악하는 것이 매우 중요하다고 판단했다. 그는 아폴로니우스 장군을 보내어 예루살렘성을 점령하고 대적자들을 학살하였으며 요새 아크라를 건설하고 군부대를 주둔시켰다(BC 167). 할례나 안식일을 지키는 것, 유태인의 절기를 지키는 것, 성경 소유 등이 금지되었다. 메네라우스는 계속 대제사장으로 있었으나 이제 그는 야웨 하나님께 제사드렸던 곳에서 쥬피터를 섬기게 되었다.

(4) 마카비전쟁과 유태민족

안티오쿠스 4세의 유태교 박해는 많은 순교자를 냈었다. 그는 특히 안식일에 유태인들을 학살함으로써 유태인들은 안식일을 지키기 위하여 아무 저항도 없이 순교해야 했다. 이러한 가운데도 경건한 하시딤 외에 율법에 충실한 많은 사람들이 있었다. 예루살렘 북서쪽 마데인(Modein) 마을의 제사장 마타디아는 왕의 관리로부터 이방의 희생제사를 드리라는 명령을 받자 거부하였다. 그러자 다른 유태인들이 앞으로 나와 희생제사를 드렸는데 그는 이것을 보고 분노하여 왕의 관리를 죽이고 제사 드리는 자도 죽였다. 율법에 충실한 유태인들은 마타디아 그의 다섯 아들들과 함께 뭉쳤고 하시딤도 그들에게 동조하였다.

마타디아가 죽자(BC 166) 마카비라 불리는 그의 셋째 아들 유다가 저항운동을 지휘하게 되었다. 매우 유능하고 과감한 유다는 저항운동을 전면적인 독립전쟁으로 바꾸어 놓았고 또 성공적으로 싸웠다. 이 유태인의 투쟁은 그의 별명에 따라 "마카비전쟁"이라고 불린다. 셀류커스왕조에서는 그들의 반란 초기에 과소평가하여 하급 장군들에게 분견대를 보내었으나 마키비는 유격전으로 계속적인 승리를 하게 되었고 이에 심각성을 인식했을 때에도 안티오쿠스 당시 파르디아의 반란을 진압하지 않으면 안 되었기 때문에 충분한 군대를 유태에 보낼 수 없었다.

이후 상당수의 시리아 군대가 유태에 파견되었으나 엠마오에서 유태의 마카비에게 대패하게 되었고 마카비는 승전의 여세를 몰아 예루살렘으로 진격하였고 대제사장인 메네라우스와 그의 추종자들은 도주하였다. BC 164년 12월 유다 마카비는 그의 군대를 이끌고 예루살렘에 입성하여 쥬피터의 제단을 허물고 새로운 제단을 쌓았다. 마카비는 시리아의 요새인 아크라를 공격하자 안티오쿠스 4세의 사망 후 실질적인 권한을 쥐게 된 리시아스가 직접 많은 군대를 끌고 진격해왔다. 마카비는 그들에게 패하였고 그들은 권력투쟁의 문제로 귀국하지 않으면 안 되었기에 종교적 자유를 허용하는 조건으로 화해를 제의해 왔다. 유다 마카비는 종교적 자유와 더불어 정치적 자유의 획득도 목표로 하였으나 하시딤의 목적은 종교적 자유의 획득에 있었다. 결국 종교적 자유를 주장하던 하시딤의 의견이 관철되었다. 그러나 유다 마카비는 이에 만족하지 못하고 계속해서 그의 추종자들과 계속적인 정치적 자유를 위한 전쟁을 해 나갔다. 결국 유다 마카비는 예루살렘을 다시 포위하였다. 막강한 시리아 군대에 의해 BC 160년 사망하였다.

유다 마카비의 전사 후에 그의 동생 요나단이 저항군의 지도자가 되었다. 시리아군은 여러 차례 요나단의 유태 저항세력과 싸웠으나 그들을 완전히 진압할 수 없었다. BC 153년 알렉산더 발라스가 안티오쿠스 4세의 아들이라 주장하며 데메트리우스 1세를 대적하였다. 권력투쟁에서 양자는 다 같이 유태인의 도움을 청했는데 요나단은 발라스를 지지하였다. 여기에 대한 답례로 발라스는 요나단을 대제사장 및 유태지방의 총독으로 임명하였다. 이때부터 이스라엘의 왕권과 제사장 권한은 한 사람에게 통합되었고 마치 옛날의 신정정치가 부활되는 듯하였다. 요나단이 시리아 장군에 의해 살해된 후 그의 형제인 시몬이 그를 이어 대제사장이 되었다. 당시 시리아는 또 다시 내분 상태에 빠졌다. 이에 시몬은 데메트리우스를 지지함으로써 데메트리우스는 유태인들에게서 받던 세금을 면제해주었다. 이후 유태국민들과 사제는 진정한 예언자가 나타날 때까지 시몬을 영구적인 영도자와 대제사장으로 삼을 것을 결정하였다. 이러한 결의에 의해 하스몬왕조가 합법화되었다.

그러나 시몬은 BC 134년 프톨레메호에 의해 살해되었고 두 아들마저 죽을 뻔했으나 요한만이 살아남아 예루살렘에 도착하여 정식으로 요한힐카누스 1세라는 칭호로 시몬의 뒤를 이었다. 몇 개월후 프톨레미호의 요청에 의해 안티오쿠스 7세는 그의 지배권을 재확인하기 위하여 예루살렘을 포위하였고 요한힐카누스는 항복하였다. 안티오쿠스는 유태의 자치권을 보장했지만 예루살렘의 요새를 헐어버리고 시리아에 조공을 바치게 하였다. 마카비 일가는 마카비시대 초기에 하시딤과의 동맹을 맺었었다. 그러나 요나단의 통치 시대에 이르러서는 사두개당파와 바리새당 그리고 에세네파 등 세 당파가 있어 이들과 관계를 가졌다.

처음에 힐카누스는 바리새파와 좋은 관계를 가졌으나 그들 중에서 힐카누스에게 대제사장직을 내놓으라는 사람이 나타나자 그들과의 관계가 나빠지고 사두개파와 손을 잡게 되었다. BC 104년 힐카누스가 죽자 그의 아들 아리스토불루스가 권좌에 올라 일년간 다스렸다. 힐카누스는 자신의 아내가 여왕이 되는 것을 원하였으나 아리스토불루스가 권력을 빼앗았다. 그는 어머니를 감옥에 가두어 굶겨 죽였고 자신의 동생들을 투옥시키고 한 동생은 암살했다.

BC 103년 아리스토불루스가 죽자 그의 처가 세 동생을 석방시켰다. 그녀는 그 중 큰 형제인 알렉산더 얀네우스를 대제사장 자리에 앉히고 그와 결혼하였다. 얀네우스는 하스몬가에서 최초로 왕이라는 칭호를 사용했다. 그러나 얀네우스는 백성들로부터 미움을 받았으며 특히 바리새파와 분쟁하였다. 백성들은 바리새파의 편에 서있었으며 시리아의 원조를 받아 얀네우스와 싸웠기 때문에 얀네우스는 위협을 느끼게 되었고 그는 바리새인들에게 잔인한 복수를 하여 800명의 바리새인들을 십자가에 처형하고 그들의 처자를 살해하였다. 얀네우스의 사후 그의 처 알렉산드라는 권좌를 이어받고 대제사장직을 그의 맏아들 힐카누스 2세에게 맡겼다. 알렉산드라는 죽은 남편의 충고에 따라 바리새파와 화해하였다. 알렉산드라가 죽은 다음[BC 67 년] 그녀의 아들인 힐카누스와 아리스도불루스와 권력문제로 싸우게 되었고 이 싸움을 이용하여 로마는 유태를 쉽게 정복하게 되었다.[BC 63년]

지금까지 헬라의 성립에서 시작하여 하스몬왕조의 몰락까지의 유태역사와 헬레니즘 문화에 대하여 알아보았다. 헬레니즘의 생성은 실로 유럽세계와 전세계에 주요한 사건이 된 것을 확인할 수가 있었다. 특히 헬레니즘 세계는 당시 유럽 지역과 지중해 지역의 문화를 동방의 문화와 접목시킴으로써 위대한 헬레니즘 문화를 만들어냈으며 이 문화는 고대 유럽을 형성하는 데 있어 가장 중요한 요인이 되었다. 이러한 헬레니즘문화와 역사는 초기 기독교와 유태인들에게 많은 영향을 주었다. 헬레니즘의 동서 융합정책으로 유태인들은 헬라군이 되어 다른 지역에 이주하게 되었다. 이에 유태인들은 제사드리기 위하여 서로 특별한 곳에 모여 살게 되었으며 프톨레미왕조하의 알렉산드리아 같은 곳에서는 히브리 성경을 당시의 세계 공통어인 헬라어로 번역하기까지 하였다. 이것이 그 유명한 70인경이다. 또한 언어적 통일로 로마시대에도 헬라어를 사용함으로써 그리스도의 사상이 쉽게 전파될 수 있는 터전을 만들었다. 물론 로마시대의 잘 닦여진 도로의 덕분도 있었지만 언어의 통일이야 말로 기독교 전파의 견인차적 역할을 하였다 할 수 있을 것이다.

유태의 역사를 통해서 볼 때 유태인들은 프톨레미왕조의

통치 때 유태인과 사마리아의 분리가 있었고 셀류커스왕조의 시대에는 대제사장직이 매매되기도 하였으며 많은 박해가 있었다. 특히 안티오쿠스 4세의 박해는 가장 심한 박해였다. 이에 마카비전쟁이 시작되었고 유태는 하스몬왕조를 성립하게 되었다. 그들은 이러한 역사 가운데 예루살렘성전을 재건하려고 애를 썼으며 한 때는 쥬피터가 섬겨지던 그 예루살렘 성전을 지키려고 힘을 썼다. 이러한 가운데 메시야 대망사상은 싹이 텄으며 오실 그리스도를 준비하였다. 물론 유태인들이 예수를 십자가에 못 박았지만 그리스도 대망사상이 없었다면 예수의 부활 후 그리스도의 전파는 어려웠을 것이다.

이같이 유태는 바벨론으로부터 앗수르 헬라제국 프톨레미 왕조 셀류커스왕조 헤롯가의 억압속에서 메시야 대망사상을 키워왔으며 예수 그리스도 이후 로마의 박해를 받으며 기독교는 성장하였다. 이러한 타민족의 지배하에서도 유태민족은 하나님과의 율법을 지키려는 많은 사람들이 있었으며 마카비 등 경건주의자들에 의하여 유태가 하나님을 섬기기 위한 투쟁을 계속하였다. 현재 우리의 현실 속에 세상의 많은 문화와 세상풍조가 믿는 자들을 구속시킬 때 우리의 모습은 경건한 자들로서 마카비와 같은 용기를 내어야 할 때라고 생각한다.

(5) 헬레니즘철학과 플라톤주의

헬레니즘시대 하면 바로 떠오르는 것이 스토아철학이다. 이 철학의 기본정신은, 행복은 정신과 영혼의 안정에 있기 때문에 철저한 금욕을 통하여 정신을 안정시키는 것이 가장 중요하다는 것이다. 이 철학이 중요한 점은 거대한 제국 질서에 걸맞는 <보편성>을 가진 철학이라는 점이다. 스토아철학은 그리스의 분립주의적 성격을 넘어선 <초폴리스적인 세계국가>를 추구하는 것을 이상으로 삼았다. 그런데 이 철학은 알렉산더제국과 같은 세계국가란, 자연법과 보편적 정의에 의해 지배되는 세계국가라고 말한다. 여기에서 말하는 <자연법>이란, 인간이라면 누구나 갖는 자유와 평등을 원칙적으로 지켜줌으로써 정의가 살아있는 법을 말한다. 세계국가에 살고 있는 <세계시민>이란 이성을 가진 존재로서 모두가 평등한 시민을 말한다.

그리고 이렇게 평등한 모든 시민들은 민족, 국가를 초월하여 평등한 시민이다. 즉, 그 어떤 사회적 구속에서도 해방되고, 그 어떤 공동체에서도 해방된 사람들로 구성된 국가가 세계국가이며, 이 세계국가에서의 시민이란 철저한 개인주의 정신에 입각하여 살아가는 <원자적인 개인>을 말한다. 하지만, 알렉산더제국에서는 이러한 스토아학파의 이상은 철저히 받아들이면서도, 실제 정치체제에서는 정반대의 전제 군주제를 실시하였다. 그 이유는 알렉산더제국의 기반이 그리스적인 <노예제도>를 바탕으로 하기 때문에, 세계 국가와 같은 이상 국가의 이념은 지배층에 한정된 것으로 파악했기 때문이다. 실제 동방의 수많은 민족들을 다스리기 위해서는 페르시아적인 <전제군주제>가 가장 이상적이었다. 이러한 이중적인 스토아철학의 논리는 훗날 로마인들이 세계제국을 세울 때, 그대로 받아들였던 논리이다. 알렉산더제국을 멸망시킨 로마는 이러한 스토아학파의 이념을 수용하여, 시민권의 분배와 이민족에 대한 차별을 적절히 하였다. 단, 제정 후기의 로마는 이러한 스토아철학의 논리보다는 점차 향락에 빠짐으로서 제국의 멸망을 스스로 초래하였다는 점도 하나의 키포인트이다.

또 스토아학파의 철저한 금욕주의와 세계시민사상은 유태교가 배타적인 선민사상에서 벗어나, 세계종교로 나아가는 것에도 영향을 주었다. 실제 크리스트교 초기의 구약에서는 선택받은 민족으로 민족성을 과시하던 부분이 있어서 타민족의 취향에는 맞지 않는 경우가 많았다. 그러나 스토아학파의 사상이 크리스트교 사상의 철학적 배경으로 자리 잡으면서 이 종교는 예수 그리스도라는 선지자를 만나 세계적 종교로 탈바꿈하는 계기를 마련한 것이다.

플라톤주의 철학은 어거스틴이라고 하면 화이트헤드라는 신학자가 '서양철학은 어거스틴의 계속적인 주석'이라고 할 정도로 기독교의 기초를 세운 사상가이다. 어거스틴은 그의 젊은 시절, 플라톤철학에 깊이 빠졌었고 나중엔 플라토니즘의 많은 부분을 그의 신학에 차용함으로써 오늘날의 기독교가 플라토니즘의 요소를 많이 갖추게 하는 큰 역할을 한 것이다.

그러나 어거스틴은 플라토니즘과 기독교의 진리 사이에 있는 괴리를 지적했다. 먼저 플라톤철학의 이데아론에 대해서 생각해보겠다.

이데아론은 이층구조로 나뉘어져 있음을 알아야 한다. 그 이층 중에서 위층이라고 할 수 있는 이데아의 세계는 '영원, 형상, 불변, 하나님의 세계'라고 설명될 수 있는 반면, 아래층이라고 할 수 있는 현상의 세계는 '시간, 우연, 질료, 변함, 사람의 세계'라고 설명될 수 있다. 그런 식으로 플라톤은 현상의 세계에 살면서 이데아로 인한 그림자만 보고 있는 보통의 우리들은 이데아를 볼 수 없으며 오로지 철인들만의 작업이라고 했다. 이러한 설명은 이데아와 현상의 이층구조에서 서로에 영향을 미칠 수 없음을 이야기 하는 것이다. 시간이 지나고 신플라톤철학이 플로티누스라는 이집트 철학자에 의해서 발전할 때 신플라톤철학의 특징은 이원론이었던 플라톤철학과 달리 일원론이라는 점이다. 플로티누스는 엔네아드스(Eneads)라는 그의 저서에서 '유출설'을 주장한다. 이 세상의 모든 것은 이데아(Idea; 하나님)로 부터 '유출'되어 나온 것이라는 그의 주장은 기독교적인 창조 이해에 많은 도움을 주었다. 다시 한 번 방향을 돌려 전개해보면 다음과 같다.

플로티누스는 이데아로부터 유출된 우주에서의 두 가지 운동에 대해서 이야기한다. 하나는 '상승'운동이고 다른 하나는 '하강'운동이다. 하강운동은 신적 존재인 이데아로부터의 유출을 말하는 것이고 상승운동은 그 유출된 존재들이 그 존재의 근원인 이데아로의 합일을 꾀하려 올라가는 운동이다. 이러한 신비적 합일에 대한 내용 역시 기독교에 많은 영향을 주었다. 어거스틴은 이러한 플라톤철학에 대한 이해를 바탕으로 많은 기독교적인 사상을 연구했는데, 특히 기독교의 '성육신'에 대한 이해는 플라톤 철학과 연결지어서 상승운동과 하강운동의 신비적 합일이라는 의미에서 정말 중요한 사건이 되었다. 우리는 여기서 신플라톤주의와 사 뭇 다른 플라톤주의를 좀 구분해야 할 것 같다. 플라톤주의의 이데아론에 대한 기독교의 비판이라 하면 아마도 '중재자(mediator)' 개념의 부재에 대한 비판이라고 할 수 있겠다. 중간에 Lethe의 강을 두고 절대로 건널 수 없는 플라톤철학의 이층구조의 상층하층 상호의 세계의 중재자말이다. 기독교라는 종교는 아무래도 예수그리스도라는 이데아적인 존재가 인간의 세상에 성육신(Incarnation)한 것을 고백하고 선포하는 종교이다. 이러한 성육신을 설명할 수 없는 플라톤철학은 어거스틴에 의해서 비판받았던 것이다.

(6) 기독교철학(Christian Philosophy)과 신학

몇몇 초기의 교회 저술가들은 기독교철학을 기독교신학과 동의어로 생각하였다. 그렇지만 중세의 유력한 철학자들 인 스콜라신학자들은 성경에서 유래된 계시신학으로부터 철학과 [하나님의 존재와 본성에 관심을 갖고 있던 자연신학을 포함하여] 철학의 보편적인 진리들을 분리하게 되었다. 그 결과 후대에는 수많은 그리스도인들이 계속하여 철학자가 되었다. 그들 가운데는 데카르트, 존 로크, 고트프리드, 라이프니츠, 소지 버클리와 토마스 리드 등이 있다. 그들은 기독교게시의 명확한 성격보다는 오히려 보편적 진리를 추구하였다. 그러나 1931년에 프랑스의 이성론자요 철학사가인 에밀 브레이어 (Emile Brehier)는 기독교철학과 같은 그러한 것은 결코 있지도 않았으며 있을 수도 없다고 주장하였다. 20세기의 기독교철학에 대한 논쟁에서 브레이어는 4세기의 아우구스티누스나 13세기의 토마스 아퀴나스와 마찬가지로 초기교회의 저술가들은 순수한 이교 사상을 전용하였고 그 결과 기독교에다 플라톤주의와 아리스토텔레스주의라는 요소들을 결합시켜 어울리지 않는 결합물을 창조하였다고 주장하였다.

이와 비슷하게 근대에는 철학이 신학의 시녀로서의 비철학적 역할을 하도록 강요되었든가 아니면 완전히 자율적인 학문으로 취급되었다. 브레이어는 신학의 시녀로서의 철학의 결과는 기독교적인 것일지는 모르나 철학은 아니며, 자율적 학문으로서의 철학의 결과는 철학일지는 모르나 기독교적인 것은 아니라는 결론을 내렸다. 몇몇 기독교 사상가들은 즉시 이에 동의했는데 그들 중에 몇몇 사람들은 벨기에의 루뱅대학교에 있는 토마스 아퀴나스의 추종자들이었다. 이들이 기독교철학이 있다는 것을 거부하는 세 가지 기본적인 이유가 있다.

첫째, 만일 기독교의 특수성들이 성경의 계시를 통해 사람에게 알려진다면, 그리고 신학이 그 계시에 관한 조직적인 연구라면, 특수하게 기독교적인 것은 무엇이든지 신학에서 나타날 것이다.

둘째, 철학은 보편적으로 얻을 수 있는 진리를 찾는 인간 이성의 자율적인 행위를 요구하며, 종교적인 전제나 또는 특수 계시와는 관계없이 이 목표를 논리적 수단에 의하여 추구하는 데 반하여 기독교철학은 계시된 진리에 위탁할 것을 요구한다. 그러므로 철학에 있어서 이것은 자기모순이다.

셋째, 철학은 성경의 계시가 침묵을 지키고 있는 문제들을 다룬다. 예를 들면 감각에 관하여 또는 철학 이외의 다른 관점에서는 적절하게 진술될 수 없는 수학적 기초에 관하여 기독교는 어떻게 말해야 하는가를 물을 수 있다. 그러한 문제들에서 볼 때 특별히 기독교 철학적 입장은 없다고 한다. 그렇지만 이 같은 견해는 기독교인 철학자들이 전혀 없다는 것을 의미하지는 않는다.

즉, 많은 기독교인 철학자들이 있음이 분명한데 그들은 종종 특별히 그들의 신앙에 관계된 철학적 문제들과 철학사에 끼친 기독교의 영향에 관심을 갖는다. 프랑스의 신학자인 로저 멜(Roger Mehl)은 종교적으로 새로워진 마음의 실재를 철학의 분야에서 증거하려는 '그리스도인의 의도'가 있을 수 있다고 생각한다. 그리스도인은 기독교 교리로부터 새로운 철학적 개념들을 발전시킴으로써가 아니라 삶의 모든 것들처럼 그의 철학도 하나님의 심판과 약속 아래 놓음을 통하여 복음을 증거한다. 그는 시간과 영원 그리고 죄와 구원 사이의 생생한 변증법에 인격적으로 참여하고 있기 때문에 이교사상과 관계를 끊으려는 용기를 발견한다. 또, 다른 이들은 브레이어의 주장에 동의하지 않는다.

그리고 그들은 기독교철학은 신학 이든 또는 철학이든 간에 그것의 자율적인 본성을 잃지 않고서도 그리고 두 학문을 혼동하지 않고서도 가능하다고 주장한다. 중세 철학사가인 에티엔느 질송(Etienne Gilson)은 중세와 그 후의 시대 동안에 있어서 모두 기독교 정신은 희랍 전승에 침투하여 그 전승으로부터 독특한 기독교적 세계관을 이끌어냈다고 주장한다. 그리하여 전에는 꿈에도 생각지 못했던 전망들, 즉 계시가 제안하였으나 그러나 이성이 순수한 철학적 방법으로 탐구하고 확립시켰던 전망들이 인간 이성에게 이같이 개방되어졌다는 것이다. 따라서 철학과 신학은 별개의 두 직위를 대표하고 있는 것으로 각각 그 자신에게 고유한 문제들과 방법론을 가지고 있지만 그럼에도 불구하고 양자에게 모두 가치 있는 상호 영향력을 가지고 있다는 것이다.

질송의 논증이 주로 역사적 인데 반하여, 영국의 레오날드 호지슨(Leonard Hodgson), 프랑스의 클랑드 토레스몽탕(Clande Tresmontant), 그리고 네덜란드의 헤르만 도이베르트(Herman Dooyeweerd) 같은 20세기의 저술가들에 의해 특이하게 추구된 두 번째 시도는 성경의 계시에 내재되어 있는 세계관을 강조한다. 그들은 기독교철학은 하나님과 창조에 관한 신앙, 죄와 은총 속에 있는 인간의 상태, 그리고 그 밖의 다른 독특한 기독교적인 경향들에 대한 이론상의 귀결들을 의식적으로 설명한다고 주장한다. 이러한 출발점으로부터 시작하기 때문에 기독교철학은 인간정신이 자연주의철학, 허무주의철학, 기타 철학들을 대신하여 안심하고 받아들일 수 있는 철학이라는 것이다. 예를 들어 호지슨은 그리스도 안에 나타난 하나님의 자기 계시를 우주를 이해하기 위한 자신의 실마리로 취하는 기독교철학은 어떤 다른 알려진 철학체계 보다 경험적인 증거를 더욱 적절하게 포용할 수 있다고 주장한다. 과학적 증거와 일상적인 인간경험을 둘 다 고려하므로 계속 제기되는 문제들에 대해 언급하는 것은 신학이 아니라는 것이다.

셋째 논증은 기독교철학이 철학자의 삶 속에서 나타난 신앙의 영향에 의해 가능해진다고 주장한다. 프랑스의 철학자 모리스 네동셀르(Maurice Nedoncelle)는 철학은 비인격적이고 중성적인 사업이라고 하는 브레이어의 합리주의적 주장을 비인간적이고 시대에 뒤떨어진 것이라고 비난하고 있으며 철학자의 인격은 불가피하게 그의 저작에 영향을 끼쳤다고 주장한다. 인간이 추구하는 특별한 이해관계와 그 자신의 삶이 그의 세계에 주는 특징은 모두 그의 사상에 영향력을 행사한다. 더구나 기독교 철학자는 예수 그리스도의 빛을 피할 수 없다. 그는 예수 그리스도의 빛이 자연적인 정신을 풍요하게 하고 변화시킨다는 것을 느낀다. 그렇지만 기독교철학자는 그가 자연적이라고 생각하는 것과 그가 은총의 덕택이라고 생각하는 것을 분리하여 생각할 수 없다. 결국 기독교철학의 전통은 독특한 철학적 문제들을 자연과 은총 모두의 영향 아래서 제기하고 있는 서구사상의 체계 속으로 불가분리적으로 얽혀지게 되었다. 그러므로 기독교철학이면서 동시에 기독교적이다. 기독교철학이 무엇을 의미하는가에 관한 어떠한 이해도 아직 일반적으로 받아들여지지는 못하고 있다. 신학적인 노선과 방법론적인 노선에 따라 다양성들이 나타난다.

첫째, 신학적인 면에서 보면 여러 입장에 근거한 견해들이 있다. 자연과 은총은 분리할 수 있지만 상호 보충적인 두 영역이라는 토마스적 교리는 기독교철학이 다른 부류의 철학들과 공통적인 주제와 방법을 공유하고 있지만, 기독교철학은 신의 은총에 대한 특수한 관계에 의해 풍부해지며 또 순화된다는 것을 암시하고 있다. 카톨릭의 철학자 쟈크 마리땡(Jacques Maritian)은 철학적 측면에서 자연을 설명하고 있다. 마리땡이 주장하는 바에 따르면 철학의 본성은 그 목적, 즉 합리적 방법으로 얻어진 본질적이고 보편적인 사물의 본성에 대한 자연적인 지식에 의해 한정된다. 철학의 상태는 인간 본성의 연약함과 과제의 어려움에 의해 부과된 한계상황들을 포함하여, 인간들이 역사적으로 활동하고 있는 구체적인 상황들에 의해 한정된다. 어떤 사람이 희랍적 철학을 말하든 데카르트적 철학을 말하든 또는 기독교적 철학을 말하든 간에 그의 철학을 한정해 주고 있는 형용사인 희랍적, 데카르트적, 기독교적이라는 말들은 철학 자체의 본성보다는 오히려 철학의 역사적 상황을 가리키는 것이다. 마리땡에 따르면, 기독교철학은 다른 역사철학들과 공통적인 특징을 지니고 있으나 특수한 상황에 의하여 그것들과 분리된다. 하나님의 은총은 객관적으로 주관적으로 모두 철학자의 상황을 변화시킨다. 객관적으로 볼 때 하나님은 이성만의 힘으로 발견할 수 있는 것 이상의 진리를 계시하신다. 즉 창조, 존재 자체로서의 하나님, 창조자에 의해 인정된 인간 이성, 그리고 사람의 자기 이해를 위한 주요 단서인 예수 그리스도의 성육신에 대한[육체 안에 거하심] 광범위한 사상을 계시하신다. 주관적으로 볼 때 하나님의 은총은 철학적 정신에게 새로운 활력과 능력을 부여해 주시는데 그 활력과 능력은 철학적 정신으로 하여금 원칙적으로는 지성만으로도 도달할 수 있지만 유한한 인간들이 은총 이외의 수단으로는 도달할 수 없는 그 진리에 도달하는 것을 도와주고 있다.

기독교철학의 상태를 특징짓는 것은 하나님의 은총의 조력이다. 개혁주의 신학은 존 칼빈으로부터 나온 개신교 전통의 신학이다. 자연과 은총에 대한 토마스적 교리를 불만스럽게 생각하여 그 대신에 인간본성의 모든 활동을 지배하는 하나님의 주권을 강조하며 그와 마찬가지로 보편적인 죄의 영향력을 강조한다. 이와 같은 견해에서 볼 때 자연적 이성과 함께 야기되는 문제는 인간의 유한성만이 아니라 인간의 죄도 역시 유한성만큼이나 절실하게 문제된다. 철학적 이성의 자율성을 주장하며 따라서 인간이 하나님에게서 독립하여 효과적으로 사고할 수 있다고 여기는 것은 어리석은 짓이다. 그리고 이 어리석은 짓은 철학적 이해를 왜곡시킨다. 따라서 도이베르트는 주권적 하나님에 대한 복종으로 거듭난 사람에게서 나오는 기독교철학과 여타의 모든 다른 철학들을 예리하게 구분하고 있다. 그 차이점은 바로 철학의 본성에 있어서의 차이점이다. 즉 기독교철학은 도이베르트에 따르면 그것의 목적이 삶과 사고의 모든 영역에 있어서 주권적인 하나님과 그의 율법에 대한 복종이라는 점에 있어서 독특하다.

철학적 탐구의 중립성을 주장하는 탐구자는 이와 같은 하나님에 대한 복종이라는 동기를 거부하며 비기독교적 철학이 생겨나게 된 배교적 본질을 드러내고 있으며 따라서 도이베르트가 철학사 전반을 통해 발견한 어떤 필연적 앤티노미[이율배반]를 야기시킨다. 실존신학은 철학에 대한 견해와 신학에 대한 견해에 있어서 모두 구체적 인간 실존을 강조하는 철학인, 당시 실존주의의 영향을 나타내고 있다. 이 견해에서 볼 때, 철학은 더 이상 사물의 보편적이고 본질적인 본성에 대한 이론적인 탐구가 아니라 그들의 삶의 세계를 이해하며, 비인간화하는 세력 앞에서 존재를 위한 어떤 근거를 확인하려는 역사적 인간들의 필사적인 시도이다. 기독교의 계시는 신적인 존재의 기반을 인간 존재로서의 인간 상황과 관련시켜 드러내 보여주고 있다. 그리고 성경은 계시된 교리의 권위있는 기록이라기보다는 오히려 실존적 의미 발견에 대한 인간적인 증언이다.

존 와일드(John Wild)의 실존적 사고에 따르면 철학은 인간의 실존을 안내해 주고, 세계관을 부여해 주는 가치관과 '전체적인 의미'를 밝히기 위하여 인간 생존계의 보편적인 특질들을 탐구한다. 모든 철학자들은 완전하고 정확한 지식이 부족하기 때문에 길잡이가 되는 어떤 표상의 영향을 받아 그의 세계관을 만들어냈다. 그런데 기독교철학자들은 기독교 신앙이라는 표상을 가지고 그들의 세계관을 만들어낸다. 이와 같은 표상은 하나님과 인간에 대한 공통된 교리가 아니라 삶에 관한 태도와 가치의 다양성이다. 그러므로 와일드는 철학적 이론을 공식화하는 데 있어서 안내자로서의 기독교신학의 역할을 거부하고 그 대신 인간의 경험에 의미를 부여해 주는 데에 있어서, 따라서 철학적 세계관을 형성하는데 있어서의 기독교 신앙의 역할에 관하여 말하고 있다. 기독교철학은 다음과 같은 것들에 대하여 기독교가 취하는 차이점들에 따라 정의될 것이다.

① 철학자의 인격,

② 철학자의 사상내용,

③ 철학적 방법론,

④ 이와 같은 요소들 중에 몇몇의 결합,

첫째와 둘째에 대해서는 이미 언급했으며, 기독교철학의 독특한 내용은 뒤에 나올 것이다. 이제 방법에 대한 어떤 설명이 남아 있다.

다음에는 방법론적인 면에서 본다면 여러 입장에 근거한 견해들이 있을 수 있다. 기독교철학은 갖가지 상식적 방법을 사용한다. 즉 사색적인 방법, 분석적인 방법, 또는 현상학적인 방법 등이 그것이다. 그러나 기독교철학자들은 형이상학이나 [존재의 궁극적인 본성을 탐구하는] 규범적 가치판단을 배제하는 또는 엄밀하게 말해서 경험적이며 따라서 과학적으로 관찰할 수 있는 사실만을 인정하는 환원론적인 방법을 반대하는 경향이 있다. 하나님을 만물의 창조자로 믿는 기독교신앙은 인간과 자연에 대한 평가를 내포하는 형이상학적 신앙이다.

따라서 이 같은 기독교 신앙과 그 결과들을 의미심장하게 토론하지 않는 어떤 철학적 방법들도 기독교에 의해 당연히 비판받을 것이다. 그리고 마지막으로 기독교 철학자들은 그들 고유의 관심사들을 보조하기 위하여 특별히 개발된 방법들을 연마하고 있는데, 그 방법들은 초월적 하나님을 이해하는데 있어서의 유추의 사용 또는 역사적으로 독특한 하나님의 행위들로부터 의미를 끌어내는 데 있어서 상징과 역설의 사용과 같은 것들이다. 그의 행동철학 때문에 유명해진 프랑스의 모리스 블롱델(Maurice Brondel)은 브레이어의 유서 깊은 공격을 야기시켰던 것이 바로 그의 저작이기 때문에, 그리고 브레이어의 공격에 대하여 인쇄물로 대답한 최초의 사람이었기 때문에 특히 중요하다. 블롱델은 소위 내재론의 방법을 제안했었다. 그 방법은 기독교의 계시 안에서보다는 오히려 인간 사고 안에서 출발하여 철학으로 하여금 철학 자신의 한계성들을 깨닫게 하여 은총의 필요성을 발견하게 하는 방법이다.

이 방법은 신학과는 달리 초자연적인 것을 역사적 실재로 취급하지 않는다. 블롱델은 이 방법을 사용함에 있어서 초자연적인 것을 독단적인 가설이나 인간의 이해를 위한 임의적인 부가물로 취급하거나 인간 진화의 자연적 정점으로 취급하지도 않으며, 전혀 말로 표현할 수 없는 대상으로 취급하지도 않는다. 블롱델이 설명하는 바에 따르면 내재론적 방법은 인간사고의 내부에서부터 시작하여, 초자연적 존재는 불가피하지만, 자연적인 수단으로는 도달할 수 없다는 것을 보여준다. 이와 같이 인간 이성을 전적으로 신뢰함으로써 기독교철학은 완전히 철학적이다. 그러나 그와 같은 기독교철학은 여전히 인간의 초자연적인 운명을 충족시킬만한 철학적 발전에 의하여 완성되어져야 하기 때문에 아직도 완전히 기독교적인 것은 아니다. 반면에 도이베르트는 내재론적 방법의 객관성은 모든 인간의 행위와 사고가 '마음 가운데서' 나온다는 성경적 견해를 부인하기 때문에 블롱델을 비판한다.

그 대신에 그는 인간의 마음속에 있는 이론적 사고에 대한 종교적 필수조건을 간파하기 위하여 그가 '선험적 방법'이라 부르는 것을 제안한다. 그러므로 '그릇된' 역사철학에 대한 그의 비평은 그가 강조하고 있는 자기 모순들을 극복하고 있으며 오류의 근원이 되는 거짓된 종교적 태도를 폭로하고 있다. 그리고 그의 구조적 철학은 주권적 입법자로서의 하나님과 죄와 구원에 연루되어있는 것으로서의 인간에 대한 성경의 주제들에서 출발하고 있으며, 각 분야의 철학에서 이러한 출발동기들이 효과를 나타내게 하고 있다. 도이베르트는 블롱델이 한 것보다 더 철학을 신학에 밀착시킨다. 그러므로 그는 기독교철학의 독특한 방법은 물론이고 독특한 내용도 간파하고 있다.

일반적으로 기독교철학이란 말은 특수한 위치 또는 개념이라기보다는 자연주의적 철학이나 이슬람철학과 같은 다른 철학 전통과 유사하지만 기독교적 배경의 영향에 의하여 그것들과 분리되는 역사적 전통을 의미한다고 결론지을 수 있을 것 같다. 그렇지만 그 전통은 단일한 현상이라기보다는 오히려 신학적 차이와 마찬가지로 철학적 차이에 따라서도 달라지는 다원적 전통이다. 그 전통은 인간의 문제에 대해 미리 만들어 놓은 완전히 드러난 해답의 체계를 제공해준다기보다는 오히려 기독교 신앙에 비추어서 철학적 문제를 탐구하며 철학적 탐구로 그리스도인의 심성을 풍부하게 해준다.

기독교철학을 이해하는 가장 용이한 길은 철학적 영향을 입었음에 분명한 근원적 관념들을 하나씩 따로 떼어 놓고, 이 관념들에서 인간과 세계에 대한 성경적 전망을 다른 고대 서구사상의 근원들로부터 분류하는 것이다.

하나님과 창조에 대하여 알아본다.
우선 그리스도인이 생각하는 세계는 하나님의 창조물이다.

다른 모든 개념에 대하여 기본적인이 단순한 확신은 고대 사상에 있어서 독특한 것이었다. 히브리인들 이외의 다른 몇몇 근동의 민족들이 종교적 창조신화들을 보유하고 있었던 것은 사실이다. 예를 들면 바벨론 사람들은 신 말둑(Malduk)이 괴물 티아맛을 죽이고 그 몸을 갈라 우주를 만들었다고 말하였다. 그렇지만 종교적이고 교화적인 상징의 사용이 풍부함에도 불구하고 바벨론신화는 무에서의(exnihilo) 절대창조에 관하여 말하기보다는 오히려 존재하는 물질로부터의 우주 건설을 말하고 있다. 그리고 바벨론신화는 세계를 자유로운 행위로부터라기보다는 오히려 투쟁 가운데서 탄생된 것이라고 간파하고 있다. 주전 세기에 플라톤은 그의 <티마이우스(Timaeus)>에서 전형적으로 희랍적인 견해를 발전시켰는데 그 견해는 영원한 '형상' 들과 반항적인 '질료'를 결합하여 [어떤 신화적 피조물의 두 부분들처럼] 변화하고 불완전한 현세계를 형성하였던 하위 신인 데미우르고스에 관하여 말하고 있다.

그러나 이러한 견해의 형이상학적인 여러 상태에도 불구하고 플라톤은 바벨론 사람들처럼 절대적 창조를 말하기 보다는 오히려 존재하는 요소들로부터의 형성을 말하고 있다. 고대사상은 두 개의 기본원리를 가정하는 이원론적 경향이 있었거나 세계를 일자(日子)에서 유출된 것으로 보는 유출설적인 경향이 있었거나 또는 이 둘을 어느 정도 결합하려는 경향이 있었다. 예를 들어 주후 세기의 파르티아의 종교인 마니교에 따르면 물질과 영[또는 이성]이라는 이원론이 있는데 전자는 악한 존재이며 후자는 선한 존재이다. 그렇다면 우주는 이 두 영원한 세력들 사이의 투쟁을 위한 투기장이다. 인간이 비록 선을 악용한다고 할지라도 삶은 아직도 근본적으로 선하다고 제시하는 히브리적 - 기독교적 성경과는 대조적으로 마니교의 이원론은 선과 악사이의 필연적이고도 피할 수 없는 긴장을 주장한다.

다른 한편 신플라톤주의의 주요한 대표자인 플로티누스의 유출설에 따르면 -인도의 종교, 또는 스피노자에게서, 그리고 독일 관념론에서 이와 유사한 사상들을 발견할 수 있다.- 특별한 사물들은 빛이 태양에서 방사되듯이 일자(日子)로부터 흘러나오기 때문에 일자의 존재라고 생각되며 독자적인 지위도 없다. 특별한 사물들은 일자와 선과 존재 자체를 부정함으로써 존재한다. 그러므로 개별적 존재는 긍정적인 사물이라기보다는 부정적인 것이다. 그리고 특수한 사물들의 세계는 필연적으로 선악이 공존하는 부분적 존재들의 열등한 영역이다. 그와는 반대로 히브리인들은 세계의 창조를 필연적인 유출로서 보지도 않으며 우주적 투쟁의 결과로도 보지 않았다. 그 대신에 히브리인들의 견해는 다음과 같다. 즉, 창조는 창조자의 지혜와 능력을 표현하는 자유롭고 인격적인 행위이다.

선이 악에 의해 악용되는 타락사상은 창조사상과는 별개의 문제인 것이다. 창조는 계속된다. 즉 하나님은 자연과 역사에서 뿐만 아니라 은총의 행위에서도 역시 창조적으로 행동을 계속하신다는 것이다. 구약성경에서 bara[창조하다]는 하나님의 최초의 창조행위와 그의 계속적인 창조행위를 모두 포함한다. 그러므로 시간과 역사는 생명을 무의미하게 만드는 무익한 순환이 아니라 하나님 편에서는 창조행위의 무대이며 인간 편에서는 거룩한 책임을 행사하는 무대이다. 사도 요한의 로고스 개념에 의하면 삶의 모든 것들을 밝혀주시는 영원하신 창조자 하나님이 지금은 역사 속에 성육신하여 인간들 가운데서 새로운 창조를 하고 계신다. 희랍적 용어에서 볼 때 영원성은 정적인 무시간성으로서가 아니라 '영원무궁토록' 계속하는 의미 있는 행위로서 이해된다.

모든 것은 하나님에게 의존해 있지만 하나님은 독립해 있다. 즉 하나님과 만물과의 관계는 불균형적이다. 다른 어떤 존재도 영원하지 않다. 그러므로 여기서는 어떤 절대적인 이원론도 없다.

세기의 교부 이레네우스는 영지주의의 이원론에 반대하여 '무로부터의 창조'라는 구절을 도입했음이 분명한데 그 구절은 하나님이 무로부터 창조하셨다는 것과 따라서 그의 피조물을 초월하신다는 것을 의미하고 있다. 하나님의 초월성은 그가 절대적으로 자유로이 창조하신다는 것과 그가 원하시는 것을 절대적으로 자유로이 창조하신다는 것을 의미한다. 즉 그는 창조를 강요당하지 않으시며 존재하고 있는 질료들이나, 이용할 수 있는 형상들에 의해 한정되지도 않으신다. 그의 자유와 초월성은 신비의 영기를 산출하는데 그 신비는 과학적 분석에 의하여 사라지게 되는 자연계에 관한 신비가 아니라, 그의 존엄성과 특성이 결코 그의 활동에 의하여 완전히 계시될 수 없는, 따라서 종교적 경외와 신앙심을 자아내게 하는 한 인격과 관련되어 있는 신비인 것이다.

세계가 하나님에 의해 창조되었다는 성경의 주장은 희랍철학에서처럼 이론적 추상이라기보다는 오히려 극적으로 역사적이며 인격적인 형태로 제시된다. 세계와 역사를 이끄는 것은 하나님의 창조행위이지 비인격적 이성이나 임의적인 운명의 냉혹한 필연성이 아니다. 고대 사상에서 독특한 이와 같은 견해는 인간과 역사, 선과 악, 그리고 자유와 도덕에 대한 독특하게 기독교적인 태도의 원천이 되는 근본이념이다.

하나님과 인간과의 관계를 말한다면 기독교적 견해에서 인간은 하나님의 창조물이다. 그러므로 창조에 관하여 사실인 것은 인간에 관해서도 사실인 것이다. 인간 안에 있는 어떤 것도 하나님으로부터 유출되어 나오지 않았으며 신적인 것이 되지도 않는다. 또는 스토아철학이 추측하는 것처럼 인간이성은 신의 씨앗도 아니다.

인간 자아에 대한 교리를 말한다면 인간은 죽음에서의 분리를 기다리는 동안에 인생에서 서로 투쟁하는, 근본적으로 모순되는 두 부분의 합성물이 아니다. 성경적 견해는 육체는 악하고 영은 선하다고 하는 육체와 영의 영지주의적 이원론을 결코 용납하지 않고 오히려 인간자아의 조화를 강조한다. 육체라는 용어와 영이라는 용어는 형이상학적 명칭들이 아니라 도덕적 명칭들이다.

그 용어들은 분리할 수 있는 인간의 두 부분들을 나타내는 것이라기보다는 오히려 육적인 욕구에 의해 지배되는 또는 신성한 관심에 의해 인도되든 간에 한 인간이 지닌 인격의 종류를 가리키고 있다. 마찬가지로 성경에는 정신과 육체에 관한 17세기의 데카르트적 이원론은 물론이고, 몸과 영혼에 관한 플라톤적 이원론도 없다. 성경에서의 영혼[히브리어 nephesh; 희랍어 psuche]은 대개 '자아' 또는 '생명'과 동의어인데, 때로는 전인(whole person)을 가리키기도 한다. 영혼은 영원한 것이 아니라, 선재하고 후에 다시 태어나는 것이 아니라, 하나님에 의해 창조된다. 인간의 영혼은 육체의 죽음에도 불구하고 살아 있어서, 비물질적으로 될 수 있지만, 인간의 운명은 육체로부터 분리된 불멸성을 수반하는 것이 아니라, 몸의 부활을 수반하는 것이다. 히브리인은 전체로부터 나온 이론적 추상으로 그의 존재의 일부분을 고찰하기보다는 오히려 그 자신의 구체적인 자기 인식을 조사한다.

그는 자신을 하나님의 형상으로 만들어진 하나님의 피조물, 즉 그 자신의 인격적 행위에서 창조자를 유한하게 반영해 주는 자유로운 대리자라고 고백한다. 그는 그의 신체적인 노동에서와 하나님이 만들어주신 육체적인 기쁨에서 창조주의 형상을 반영하기 때문에 히브리인은 이원론이나 또는 유출설이 육체를 평가한 것보다 더 고차적으로 육체를 평가하고 있다. 인간에 대한 이 견해는 예수 그리스도의 성육신과 부활에서 반복된다. 즉 그는 '육신이 되셨다.' 그리고 수난 후에 그의 육체의 생은 새로워졌다. 초기의 교회는 육체는 악하기 때문에 하나님에게는 어울리지 않는다고 생각했던 영지주의적 가현론자들이 주장했듯이 예수 그리스도는 육체를 가지고 있는 것처럼 보였을 뿐이라는 관념을 논박하였다. 왜냐하면 가현론자들이 주장처럼 육체가 악하다면 하나님에 의해 창조된 통일적인 인간은 그리스도에 의해 구원받을 수 없었을 것이기 때문이다.

초대교회는 또한 하나님이 창조하신 총체적 인간은 죄를 범했고 구원을 받아야 하기 때문에 예수 그리스도는 단지 인간의 몸을 입고 있었지만 인간성은 전혀 가지고 있지 않았다는 관념을 논박한다. 그러므로 인간의 몸은 신성하다. 그리고 물질적 세계에서의 인간의 행위들 중에는 신성한 어떤 것이 있다. 육체적 노동과 육체적 기쁨은 모두 생활에서 일어나는 책임들을 기억하는 자들에 의하여 감사함으로 받아들여져야 할 선물이다. 구약성경의 시문학, 특히 잠언과 아가에서의 이러한 강조는 삶의 청지기직에 대한 신약성경적 개념의 근거가 되고 있다. 하나님의 피조계에 있는 하나님의 피조물로서의 인간은 하나님과의 관계, 다른 사람과의 관계, 자연과의 관계를 지시하는 하나님의 법 아래 산다. 하나님의 법은 정당하거나 올바른 것을 우주에서 구체적으로 표현하고 있으며 하나님에 대한 그리고 인간에 대한 사랑에 의해 개괄된다.

인간의 도덕관에 대하여 살펴본다면 성경적 윤리는 육체의 가치를 인정하고 하나님의 형상을 가진 피조물로서의 모든 인간들의 가치를 인정한다는 점에서 희랍적 윤리와 좋은 대조를 이룬다. 희랍인들은 인간이성을 도덕의 열쇠로 보는 경향이 있는 반면 -그래서 악은 무지로부터 발생하든가 영혼이나 사회에서의 이성적 조화의 결핍으로부터 일어난다.- 성경의 윤리는 이성을 비난하지도 않으며 이성에 그의 희망을 두지도 않는다. 그리스도인에게 있어서는 선을 알고 있는 것만으로는 선을 행하기에 충분하지 못하며 이성의 지배는 인간의 덕이나 사회의 정의를 모두 보장해 주지 못한다. 선과 악은 마음의 도덕적 기질에 의해 산출된다. 즉, 인간이 무엇을 가장 사랑하느냐에 따라 선악이 결정된다. 그러므로 악은 무지의 문제라기보다는 오히려 의지적인 것이다. 그러므로 악의 치유는 하나님의 은총이 인간의 기질을 하나님과 그의 법에로 전환시키는 것을 필요로 한다.

독자적인 이성이라기보다는 오히려 은총이 필요한 것이다. 희랍사상과의 대조는 또한 인간의 자유에 관해서도 나타난다. 희랍 전통은 근대 계몽운동의 전통과 마찬가지로 형이상학적 용어로 자유를 말한다. 즉 이성적 존재인 인간은 본래 자유롭다. 왜냐하면 이성적 의지는 육체적이고 정서적인 결정론으로부터 자유롭기 때문이다. 반면에 보다 구체적인 성경적 견해는 자유를 도덕적 입장에서 이해한다. 즉, 인간은 하나님을 사랑하고 복종하는 가운데서 누렸던 자유를 마음으로부터 박탈당했으며 사악한 욕망의 노예상태로 되어버렸다. 5세기 초에 아우구스티누스는 바로 이 문제에 대한 펠라기우스 논쟁에서 인간은 더 이상 죄를 짓지 않을 자유가 없으며, 이성적 의지도 하나님의 사랑보다 저급한 사랑에 의하여 노예가 되어 있기 때문에 그 자유를 주장할 수 없다고 주장하였다. 도덕적 자유는 하나님에 대한 사랑으로부터 일어난다.

따라서 도덕적인 자유의 회복은 인간의 삶에서 역사하는 하나님의 은총의 행위에 의존한다. 인간에 대한 이러한 도덕적 견해는 진리의 개념에까지 확장된다. 구약에서 사용된 히브리어 단어[emeth: 진리]는 명제의 사실성 여부에 관하여 말한다기보다는 오히려 부동성과 신빙성에 대하여 말하는 것이며 따라서 도덕적으로 신뢰할 수 있음에 대하여 말하는 것이다. 하나님 또는 신뢰할 수 있는 사람이 말하는 것은 역시 믿을 수 있으며 따라서 진리이다. 그러나 명제적 진실의 개념은 도덕적 관념의 파생어로 나름대로의 위치를 지닌다. 신약성경의 용어인 aletheia는 이론적인 지식보다는 신뢰할 만한 숨김없이 털어놓은 이야기를 암시한다. 그리고 '진리'는 단순히 기독교 복음을 가리키는 경우가 빈번하다. 이 같은 단어사용의 기초를 이루고 있는 것은 창조자로서의 하나님에 대한 신앙에 내재하는 관념, 즉 하나님 안에는 '지혜와 지식의 모든 보화가 숨겨져 있다.'는 관념이다. 초기 기독교의 저술가인 알렉산드리아의 클레멘스는 주후 200년경에 완전한 진리는 하나님의 진리라는 것을 간파하였다. 즉, 완전한 진리는 [전지하신 창조자로서의] 하나님 한 분에게만 완전히 알려졌지만 그의 피조물에게도 역시 부분적으로 알려졌다는 것을 간파했던 것이다. 그러므로 그리스도인은 인식론[지식론]에 피조물적인 겸손을 도입한다. 인간은 그의 지식을 하나님께서 계시하여 주신 것의 덕택이라고 생각한다. 그것이 창조된 것을 통하여 인간들에게 일반적으로 계시된 것[일반계시]이든 이스라엘과 교회의 역사에서의 하나님의 구속적 활동과 그 활동에 대한 예언자들과 사도들의 기록을 통하여 특별히 그들에게 계시된 것[특별계시]이든 간에 말이다. 인간을 도덕적 피조물로 보는 성경의 견해는 그리스도인들에 의하여 시도된 보다 형이상학적인 설명과는 대조적으로 역사에 대한 도덕적인 해석을 발생시켰다. 인간은 하나님의 법에 대한 책임감을 가지고 산다. 그리고 하나님의 창조적인 행위는 그가 인간 역사에서 수행하시는 응보적 정의에서 나타나고 있다.

창조자는 인간이다.

이로 비추어 볼 때, 기독교는 혼합종교다. "많은 사람이 기독교를 서양의 것으로 알고 있는데 최소한 초대기독교에 한정해서 말하는 기독교는 그 본질에 있어서 아시아의 종교이다. 예수 탄생의 동방박사 내방, 경배설화도 기독교의 내원이 서방에서 온 것이 아니라, 동방(The East)에서 왔다는 것을 상징적으로 말해주고 있다[마태 2:1-12]. 나는 이 동방이 중국까지는 올 수 없다 해도 영지주의의 발생지인 페르시아 문명권을 뜻한다는 것은 의심할 여지가 없다고 생각한다…… 기독교는 어디까지나 혼합종교이다. 그 종교의 탄생을 가능케 한 많은 물줄기가 있다. 유대이즘과 헬레니즘의 여러 철학과 종교의 갈래들, 그리고 조로아스터적인 페르시아 문명권의 계기들이 혼합되어 있다는 사실을 아무도 부정치 못한다는 것이다."

기독교는 어디까지나 혼합종교이다. 유태인들은 이집트에서 탈출해 나오기 전까지 이집트 종교의 영향권에 있었고, 바빌론에 끌려갔던 기간 동안 슈메르 신화, 바빌로니아 신화로부터 많은 영향을 받았으며, 그 후 페르시아에서 풀려날 때 페르시아 종교의 영향권에 놓이게 되었고 로마로부터 국교로 인정받은 후 콘스탄티누스 황제에 의해 미트라 종교의 많은 요소들이 기독교의 요소로 채택, 혼합되었고, 이러한 종교들과 그리스 스토아철학과 플라톤주의철학 등이 오늘의 기독교를 형성하는 데 일조를 담당한 것이다.

4. 십자군전쟁(十字軍戰爭)

십자군전쟁은 한마디로 승산이 없는 전쟁이었다. 같은 아브라함 자손들끼리 뺏고 빼앗기고 죽고 죽이는 대참극이 수십 년 계속하여 유럽 전체가 피로 물들고 참혹한 현실에 접어든다. 이것이 종교전쟁의 결과라고 할 때 뜻있는 사람이라면 어찌 눈물을 흘리지 않겠는가?

이슬람의 최전성기의 영토와 비잔틴의 쇠퇴

유스타니우스 1세가 죽은 지 30년 후, 아라비아에서는 헤지라가 시작되었다. 그 후로 무함마드의 뒤를 이은 칼리프와 그 후손들은 계속해서 늘어나고 비잔틴 제국을 위협하고 있었다.

그리고 잘나가던 사산조 페르시아를 원샷으로 원킬시킨 후

탈라스에서 중국과 한판 싸웠을 정도로 성장한 세계제국이
되었다. 그리고 호라산에서 시아파 아바스 왕조가 새로 일어
나 수니파 옴미아드 왕조를 멸망시켜 옴미아드 왕조에서 살
아남은 유일한 왕자가 스페인에서 도망쳐온 후 옴미아드 왕
조를, 이집트에선 파티마의 후손을 자처하는 사람들이 나와
이집트지방에 파티마 왕조를 세운다. 이렇게 3국으로 분열되
는 동안, 북방에서 셀주크투르크가 등장한다.

셀주크투르크 제국의 최대강력기는 1092년경이다. 10세기경,
볼가강 유역에 셀주크라는 수장이 다게스탄과 러시아 사이에
있는 볼가강을 건너 1037년 셀주크의 손자 차그리베그와 토그
릴베그는 1037년 가즈니를 공격한 후, 1055년 바그다드를 정복
하고 1063년 대부분의 이슬람 제국 영역을 차지한다.

이 때, 1071년의 만지케르트 전투에서 비잔틴을 짓밟아버려

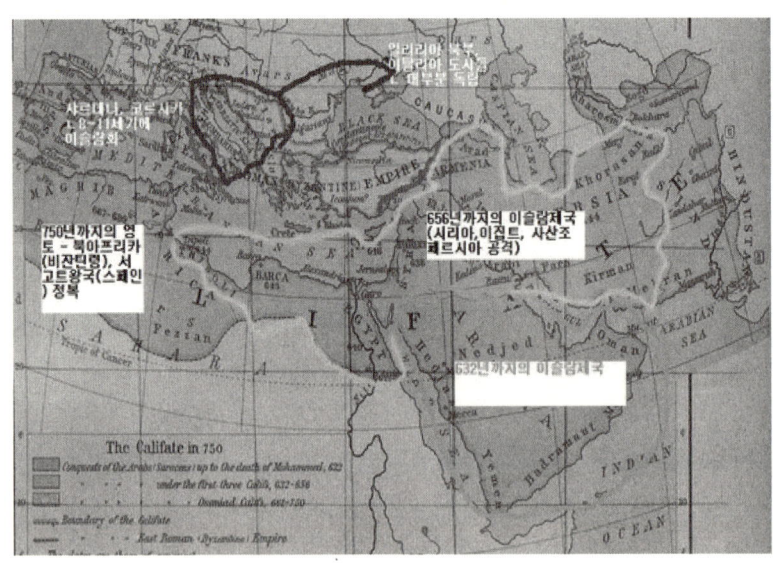

〈750년대의 칼리프 지역의 지도〉

아나톨리아를 완전히 정복해 비잔틴 제국에게 큰 타격을 입혔다.

결국 비잔틴은 밉지만 같은 기독교인 서유럽에 지원을 요청할 수밖에 없어 결국 서유럽에 원군을 요청한다.

이것이 잔혹한 전쟁의 시작이다.

당시의 전쟁 상황을 보면,

"그 수많은 시체더미는 혐오감을 느끼지 않고는 바라볼 수 없었으니, 길거리 곳곳은 잘려 나간 몸들로 뒤덮였고, 흘러나온 피로 홍수를 이루었다."

기욤 드 티르 <「<예루살렘 점령(占領)>」>의 시를 통해 알 수 있다.

비잔틴 제국의 황제는 교황에게 지원을 요청했고, 교황 우르바노 2세는 즉시 카톨릭을 믿는 국가 모두에게 참전을 호소한다.

카노사의 굴욕 이후 나날이 강해진 교황은 각국에서 오는 군대에게 공격 방향을 예루살렘으로 잡는다.

1096년 가을 평민 십자군의 콘스탄티노플 약탈이 있었다.

1096년 8월말 추수가 끝난 시점부터 평민 십자군이 결성되어 가는 곳마다 약탈해가며 겨우겨우 콘스탄티노플로 도착한다. 중간에 살던 비잔틴 주민들은 먹여주고, 재워주고 할 것 다했건만 평민 십자군이 보답해 준 것은 약탈과 학살뿐이었다. 수도 콘스탄티노플에서도 똑같이 되풀이되었다. 그리고 가는 곳마다 지게 된다. 그리고 안티오크를 공격할 때에는 어느 정도 꾀를 짜낸다. 순례자 행렬로 가장해서 들어가자마자 학살하고, 곧 이어 예루살렘으로 가게 되는데 지휘나 사기가

형편없었기 때문에 기의 불가능에 가깝게 되있다.

막장으로 가는 십자군은 1098년, 기사 보두앵은 1098년 3월에 에데사 부근에 국가를 하나 세운다. 그리고 김칫국부터 마신다더니, 예루살렘에 닿기도 전에 누가 점령한 도시를 맡을까 협상을 한다. 그리고 안티오크, 케르보 같은 목조 망루나 400m 이상 솟아 있는 성벽은 서유럽에 없는데다가 보급도 미미해지기 시작하였다. 여기에다가 예루살렘으로 가는 지름길이 열렸는데도 시간을 허비해버려 셀주크투르크 군대가 막아버리게 된다. 그리고 병사들의 지휘관이 조약에 따라 주인 이 된 비잔틴 부대를 철수시켜버리는 등 막장으로 치닫는 군대가 되어버렸다. 그리고 타푸르 부대라는 광신도들을 조직하여 몽둥이 하나만 들고 회교도들을 공포로 몰아넣는 특수 부대를 만들었다. 이들이 한 짓이 뭐냐 하면 길을 가다 지나가는 회교도들을 마구잡이로 죽이고 [뼈와 살을 분리한다던가], 심지어 인육까지도 먹었다.

십자군 제후들이 도시를 잡아먹어서 재물들을 혼자 독차지할까봐 걱정한 평민 십자군은 함락하는 즉시 싹싹 털어 모든 재물들을 긁어모았다. 그러면서 1년 이상 빈둥거리다가 제후들을 종용해 투르크인의 세력이 약한 쪽을 공략해 들어갔다.

"한 손에는 칼, 한 손에는 코란"

이 말은 이슬람인들이 하는 말이지만

"한 손에는 몽둥이 한 손에는 재물이었다."

1099년, 드디어 십자군은 우여곡절 끝에 예루살렘에 도달하였다.

그곳은 경탄 그 자체라, 몇몇은 그 자리에서 무릎을 꿇었다. 이제 이들은 "신의 뜻대로" 예루살렘을 공격할 것이다. 십자군은 6월 13일 예루살렘을 기습공격하기로 했지만 사다리가 없는 관계로 실패하고, 6척의 제노바 함대와 4척의 영국함대가 자파에 정박했다는 소식이 들려와 목재와 목수들을 보내온다. 하지만 만 2천명으로 줄어든 프랑크 십자군은 포위당하고 만다. 그리고 공식적인 금식을 선포하고 성벽 주위를 돌다가 7월 10일, 공격을 감행해서 15일에는 함락하여 학살을 시작한다. 그 2주 동안의 잔인한 학살 기간 동안 살아남은 이슬람교도들과 유태인들은 얼마 안 되었고 이슬람교도들만이 다마스커스로 도망갈 수 있었다. 이 때 유태인들은 대부분 노예로 팔려나갔다.

십자군이 목적을 달성하자, 이슬람 국가들은 예루살렘에서

이교도들에게 동족이 살해당했다는 것에 분노해 공격해올 것을 대비하여 영주들을 뽑아 국가를 만들었다. 그리고 이민의 재개로 또 다른 영주들을 만든다. 문제는 귀족들이 왕과 제후들의 군사력 증가에 제동을 걸었을 뿐이다. 그리고 성전기사단과 구호기사단이 왕권을 압박하기 시작하였다.

1130년대부터 이슬람 세계에서는 광신적이고 야만적인 프랑크족에 대하여 분노하고 정착에 완강하게 저항하게 된다. 프랑크족은 1135년 다마스커스 공격에 실패하고, 북부의 라틴 국가들은 영토의 절반이 정복당한다. 그리고 비잔틴의 왕 요하네스 2세가 나타나 아나톨리아에서 투르크군을 격퇴, 안티오크에 대한 종주권을 인정받는다. 이렇게 급변하게 흘러가는 동안, 이슬람 세계에서는 드디어 성전(聖戰)이라는 개념이 생기게 된다.

제2차 십자군은 교황이 아닌 성베르나르두스라는 주교가 설파하고 프랑스 왕 루이 7세와 독일 황제 콘라트 3세를 비롯한 여러 군주들과 2만 5000명의 대군이 진격했지만, 소아시아와 연안지대를 따라오는 적들에게 공격당하여 5000명밖에 남지 못하였다. 그리고 예루살렘에서 다마스커스를 향해 전진하라는 말에 설득 당해 1148년에는 독일이, 1년 후에는 프랑스 군대가 몰살당한다.

누레딘은 다시 주요 도시들을 이슬람의 손으로 탈환시킨다. 그리고 백작령 국가들을 몰락시킨다. 그리고 비잔틴 제국은 안티오크를 다시 돌려받는다. 그리고 1160년 이후로 시리아를 넘어 대부분의 팔레스타인 지역을 장악하고, 1170년에는 모술, 상이라크, 터키까지 이르고 비잔틴의 아르메니아 제후들과 프랑크족 사이에 일어난 전투에 개입해 성전기사단으로부터 몇 몇 지역을 빼앗았다. 그 때 이집트는 파티마 왕조가 8세 기~11세기에 장악한 곳으로, 12세기부터 점점 쇠퇴해가고 누레딘의 부하 시르쿠가 도망쳐온 재상 샤와르의 뜻에 따라 공격하지만, 샤와르가 시르쿠와 충돌하게 되어 프랑크족에게 도움을 청한다. 이때 예루살렘의 아모리왕은 빌베이스에서 시르쿠를 포위 공격, 카이로까지 진군하였다. 누레딘도 트리폴리 백작령을 습격했지만 후퇴했다. 그리고 아모리는 1168년 이집트를 정복하기 위해 비잔틴과 협상 끝에 전진하지만 그 사이 샤와르는 누레딘, 시르쿠와 새로 평화조약을 체결한다. 그리고 1169년 1월 시르쿠와 조카 살라딘이 바람처럼 나타나 카이로를 포위하고 있던 프랑크 십자군은 물러난다. 십자군에서 풀려난 이집트는 이제 살았다 싶었지만 시르쿠가 죽고 조카 살라딘이 이집트를 꿀꺽 집어삼켜버렸다. 이제 살라딘의 전성시대가 시작된 것이다. 이제 십자군의 클라이맥스가 시작된다.

가장 알려진 십자군의 영웅은 리처드 2세다.

살라딘은 90년만에 공성병기들을 동원해 예루살렘을 탈환한다. 그 예루살렘의 탈환을 위하여 그레그리오 8세는 3차 십자군을 모집하고, 그 유명한 사자왕 리차드와 존엄왕 필립과, 붉은 수염의 바르바로사 1세가 참가한다. 하지만 문제는 1190년 바르바로사 왕이 심장마비로 죽고 만다. 필립은 1191년 아크레 탈환 후 바로 프랑스로 귀환, 남은 건 리차드뿐이었다. 이 왕마저도 예루살렘 점령을 포기하고 순례자들의 자유로운 순례를 허용하는 조건으로 평화협상을 하고 철수해버린다.

제4차 십자군은 교황 인노첸시오 3세가 이집트를 목표로 십자군을 결성하여 출병한다. 하지만 선단을 수송하기로 맡은 베네치아는 8만 5천 마르크와 자리를 되찾아 주겠다는 조건을 걸었는데, 이때 베네치아령이던 이 도시를 헝가리가 공격해 빼앗았기 때문에 1주일만에 공격하여 함락시켜버리자, 교황은 파문되었다. 같은 카톨릭 국가를 공격하니 이제 종교적 이유는 없어진 것이나 다름이 없었다. 이런 공황에 빠진 십자군에게 단비 같은 새로운 요청이 들어왔다. 비잔틴 왕자 알렉시우스 앙겔루스가 빼앗긴 아버지의 자리를 되찾기를 원하자, 제위를 되찾아 주면 1만 5백명의 대부대를 보내주고, 20만 마르크를 지불하고 동서교회를 통합하겠다는 제안을 했다. 동방과의 무역도 필요했던 베네치아는 바로 응해 콘스탄티노플로 나아간다.

제4차 십자군의 결과 1203년 6월 4일, 십자군 선단이 드디어 비잔틴을 공격하게 된다. 이 때 비잔틴 제국의 병력도 앙겔루스왕조 치하의 무능한 통치에 매우 약해져 있었고, 한 달 간 십자군은 공격을 시작하여 본래의 목적인 알렉시우스와 아버지 이사키우스를 공동 황제에 세운다. 문제는 이 사람들이 약속을 지켜주지 않았다는 것이다. 도망친 알렉시우스 3세가 다 털어갔기 때문이다. 설상가상으로 1204년 폭동이 일어나 황제 부자가 다 죽고 없어진다. 마침내 십자군은 공격을 시작하여 4월 9일 함락되자, 5월까지 약탈과 학살과 함께 경건한 성소까지 쳐들어가 중요한 물품 등을 빼앗아갔다.

제5차, 제6차, 제7차 십자군은 살라딘이 계속해서 압박하고, 한 번 얼터진 십자군은 탈선해 콘스탄티노플을 점령하고 만다. 그리고 40년 후엔 발칸반도의 국가들이 거의 비잔틴에게 멸망당한다. 이렇게 제대로 한 게 없어진 십자군은 이집트를 공격하고, 처음에는 성공했지만 아이유브 왕조의 예루살렘 왕국의 재건 요청을 거절하고 이집트에 프랑크 국가를 세우기 위해 공격하지만 실패한다. 5, 6차 십자군은 황제 프리드리히 2세가 예루살렘을 "협정으로" 되찾는다. 이슬람 세계의 동쪽인 화레즘 왕조가 몽골에게 짓밟히고 바그다드가 함락될 위기에 이른다. 그리고 조약의 내용을 보자면, 오마르 모스크와 알아크사 모스크의 이슬람 성지는 이슬람의 손에, 성묘 같은 기독교 성지는 기독교의 손에 들어간다는 내용이지만 알카밀의 후계자들이 분열되어 화레즘의 망명군대와 함께 예루살렘이 이슬람에게 점령당하면서 흐지부지되고 만다. 이윽고 교황 인노켄티우스 4세가 7차 십자군을 조직해 프랑스의 성왕 루이가 맡게 된다. 이번엔 3000명 이상의 기사들이 동원되는 등 이슬람에서는 꽤나 위협적일 수도 있었지만, 십자군은 완패하고 루이는 이집트에서 대패해 포로로 잡혀 40만 베잔트[당시 화폐단위]란 몸값을 치르고 풀려난다. 이 동안 이집트에서는 맘루크 왕조가 탄생하고, 몽골이 1281년 이집트까지 공격하지만, 바이바르스가 이끄는 맘루크 군대에 의해 아인 잘루트에서 대패한다. 이제 십자군은 동맹을 할 상대도 없어졌다. 26년에는 성전기사단의 성채가 함락되고 예루살렘의 왕은 키프로스만 다스릴 뿐이었다. 그러나 이것은 아직도 가분수다. 십자군전쟁이 골육상쟁(骨肉相爭)이라 한다면 다음 신구 양교의 전쟁은 형제간의 전쟁이다.

5. 신·구 양교의 투쟁사

(1) 하일리기가이스터 교회

구교(Katholiken)와 신교(Protestanten)의 치열한 싸움의 장인 하일이기가이스터 교회의 역사는 1239년부터 시작 되었다. 당시 쌍트 페터 교회의 부속건물이었는데 1386년 '하이델베르크 종합대학'이 들어서면서 쌍트 페터의 분교회로 승격되었으며 첫 예배는 같은 해 10월 18일 새로 세운 대학의 발전에 대한 기도로 시작되었다. 그때부터 매주 예배가 시작되었는데 신도가 늘어나 1398년에 증축을 시작하여 1410년에 완공하였다. 그러나 곧 다시 개축하지 않을 수 없었고 1441년에 완공하였는데, 탑까지 완공하기에는 100여년의 세월이 걸려야 했다. 대학의 확장, 발전과 함께 책을 기증하는 사람들이 많아 모두 이 교회에 간직하게 되었는데, 당시로서 세상에서 가장 많은 책이었다. 그러나 그 유명한 30년 전쟁이란 구교와 신교와의 싸움은 독일 국민의 4분의 3이 죽음으로 모두 없어졌다. 작센주에서 시작된 종교개혁 바람이 불자 이 교회 신자들은 반으로 갈라져 싸움을 하였으나 양쪽이 팽팽하여 누구도 승리할 수 없었다. 그리하여 교회 안에 장벽을 쌓고 한쪽은 구교, 다른 한쪽은 신교가 사용하길 수백년 동안 하였으니, 이 장벽은 천하의 살인마인 히틀러가 정권을 잡고 3년만인 1936년에야 무너뜨릴 수 있었다.

18세기 하이델베르크의 곡물시장을 '작은 시장' 혹은 '새 시장'이라고 했다. 장터가 매우 협소하므로 '작은 시장'은 그렇다 하더라도 '새 시장'이라고 했던 것은 확실하지 않다. 어쩌면 시장 한 복판에 마리아 상을 새롭게 만들어 세웠기 때문에 '새 시장'이라고 했던 것 같다. 신, 구교 간의 싸움이 지난 다음인 1718년 철저한 카톨릭 신자였던 칼(Carl Philipp)은 마리아 상을 만들도록 하여 여기에 세웠다. 성주의 지원을 받은 페터 폰 브란덴(Peter von Branden)은 이 예술품을 만드는데 성공하였던 것이다. 곡물시장의 마리아 상이 시의 중심부에 있었으며 장터 주위엔 아름다운 옛 건축물들이 많았다. 유명한 음식점 "붉은 소 집"은 하이델베르크에서 뿐만이 아니고 독일에서도 꽤나 유명한 식당이었다.

1839년 백정이며 술장사였던 알브렉트 펭겔(Albrecht Pengel)씨는 하우프트스트라쎄(Hauftstrasse) 217번지에 식당을 개업하였다. 그러면서도 이 식당이 가문의 대를 이어 내려갈 것이라고는 짐작조차 하지 못하였을 것이다. 현재 4대째 내려오고 있는 이 식당은 토박이와 대학생과 관광객 그리고 시의 귀빈을 영접하고 있다. 현재의 대학은 과거와 많이 달라졌지만 학생시절에 음식점을 드나들던 사람들이 젊은 날을 회상하며 먼 도시에서 찾아오기도 한다.

18세기 하이델베르크에서 건축기술의 선도적 역할을 했던 이 교회건물은 망해가는 카톨릭신앙을 복구하려는 당시의 성주에 의하여 세워진 것이다.

1685년부터 이 지방을 통치했던 요한(Johann Wilhelm)은 1698년 개신교인들이 많은 하이델베르크 주민들을 카톨릭으로 개종시키기로 작정하였다. 그리하여 최초에는 신하들을 위한 집을 지었으며 1712년부터는 교회를 지은 것이다. 그때 유명한 건축기사인 요한(Johann Adam Breunig)과 이태리사람 라

발이아티(Rabalitti)에게 위탁하여 1717년에 일부 완공시켰다.

그때는 국민들 다수가 개신교인이 되었는데 카톨릭을 믿는 통치자와 마찰을 빚고 있을 때였다.

그리하여 더 이상의 증축은 중단되었고, 소수의 카톨릭교인들이 한 쪽 구석에 자리 잡고 예배에 참여할 수 있었다. 그러다가 1759년에 들어 당시의 통치자 칼(Carl Theodor)에 의하여 완공되었고, 1866년에 시작하여 1872년에 5층탑, 교회의 뾰쪽한 부분을 세워 현재와 같은 모습을 갖추게 되었다. 1950년대 보수공사를 하며 원래의 색깔은 없어졌고, 이 교회와 관련된 귀중품은 박물관으로 옮겨졌다.

(2) 30년전쟁

30년전쟁은 1618~48년 사이에 독일을 무대로 벌어진 전쟁이다. 최후 최대의 종교전쟁이라고 일컬어진다.

그 발단은 독일에서는 1555년 아우크스부르크의 화의 후 곧 신·구 양교의 대립이 다시 일어나, 17세기에 접어들자 일촉즉발의 상황에 있었는데 전란은 먼저 보헤미아에서 발발하였다. 보헤미아에서는 1609년 귀족들이 신성로마제국의 황제 루돌프 2세로부터 신앙의 자유에 대한 승인을 얻었지만, 17년 페르디난트가 보헤미아왕위에 오르자 신교파를 압박하였으므로 귀족들이 반란을 일으켰다.

전쟁의 경과는 황제파의 대전국(對戰國)에 따라 다음 4단계로 나뉜다.

① 보헤미아-팔츠전쟁(1618~23)은 내란의 와중인 19년에 페르디난트가 황제로 즉위하자, 보헤미아 의회 페르디난

트의 왕위를 취소하고 신교파인 팔츠 선제후 프리드리히 5세를 국왕으로 뽑았다. 이 때문에 전쟁은 독일 전체에 파급될 형세가 되었지만 프리드리히가 칼뱅파였기 때문에 약간의 신교파 제후의 협력밖에 얻지 못하였다. 다른 한편 황제는 구교파 제후의 지도자 바이에른공 막시밀리안의 협력과 에스파냐의 원조를 얻어, 반격으로 나가 20년에는 프리드리히군을 프라하 서쪽의 바이서베르크에서 격파하였다. 계속해서 황제는 반란에 가담한 신교파 제후군을 각지에서 제압하였고 에스파냐군도 팔츠령에 침입하였다.

② 덴마크전쟁(1625~29)은 덴마크왕 크레스단 4세가 이 기회를 틈타서 영국과 네덜란드의 원조를 확보하고 25년 북독일에 침입하였다. 곤경에 빠진 황제는 A.W. 발렌슈타인을 황제군총사령관으로 임명하였고, 발렌슈타인은 바이에른 사령관 틸리와 협력하여 크레스단을 격파하고 29년 뤼베크 화약을 체결하였다.

③ 스웨덴전쟁(1630~35)은 발트해역에서의 세력 확장을 꾀하고 있던 스웨덴왕 구스타브 아돌프가 황제 세력의 북진에 위협을 느끼고, 프랑스의 원조를 얻은 다음 30년 포메른에 상륙하여 보헤미아까지 진출하였다. 황제는 발렌슈타인을 다시 황제군총사령관으로 기용하였다. 발렌슈타인은 32년 뤼첸싸움에서 구스타브를 전사시켰지만 전쟁에는 패했다. 황제는 화평책략을 이유로 34년에 발렌슈타인을 암살하고 에스파냐의 원조를 받아 신교파군을 제압하였고, 35년에는 대부분의 신교파 제후들과 프라하 조약을 체결하였다.

④ 프랑스-스웨덴전쟁(1635~48)은 프랑스가 30년전쟁 개시 이후 항상 반합스부르크의 흑막적 존재로서 신교파에게 원조를 하고 있었는데, 신교파가 약하게 되자 공공연히 전쟁의 정면무대에 등장하여 프랑스군은 남부독일로 침입하였고, 스웨덴군도 공격을 재개하였다. 그 후 황제군은 수세에 몰리게 되자, 오랫동안의 전쟁에 지친 황제와 독일제후, 그리고 스웨덴 사이에 45년 이후 화평교섭이 이루어져, 48년 베스트팔렌 조약이 성립되었다.

그 결과 베스트팔렌조약으로 네덜란드와 스위스의 독립이 정식으로 승인되었고, 승자의 입장이 된 프랑스는 메스, 툴 및 베르됭의 영유를 확인하고 알자스를 획득하였으며, 스웨덴은 서포메른 지역과 발트해·북해연안의 영토를 얻었다. 독일 국내에서는 제후의 독립성이 강화되어 신성로마황제의 지위는 더욱 명목적 존재가 되었다. 한편, 종교면에서는 칼뱅파가 루터파와 카톨릭과 동등한 권리를 가지게 되었고 교회재산의 소속은 1624년을 기준으로 삼기로 하였다.

이렇게 십자군전쟁을 제외하고도 크고 작은 신교와 구교 간의 분쟁들이 끝이 없었다. 카펠전쟁도 그렇고, 신성로마제국의 슈말칼덴전쟁도 그렇고 프랑스 위그노전쟁. 네덜란드의 독립전쟁 등도 다 마찬가지이다.

카펠전쟁(1529~31)이란 스위스 내에서 츠빙글리의 신교파와 그에 반대하는 구교파 사이에 벌어진 전쟁인데 구교파가 승리하여 산악지역은 지금도 카톨릭이 우세하고 도시에는 신교가 우세하다.

신성로마제국의 슈말칼덴전쟁(1546~47)이란 신교파의
제후들과 황제파 사이에 벌어진 전쟁이다. 신성로마 황제
카를 5세가 1529년의 슈파이어 국회에서 신교의 용인을 거
부하자 신교파의 슈말칼덴 동맹이 -신교파 제후들과, 제국
도시들이- 이에 맞서 싸웠으나 패배하였다.

(3) 위그노전쟁

프랑스의 위그노전쟁(1562~98)은 1559년 당시 국왕인 프랑
수아 2세의 외척 기즈 가문의 열렬한 구교도가 세력을 잡자,
반(anti)기즈파 귀족들이 신교도와 손을 잡고 싸운 전쟁이다.
말하자면 기즈파에 의해 신교도 학살 등이 일어나자 전쟁이
일어나게 되었고 결과로 앙리 4세가 즉위하게 되었다.

네덜란드의 독립전쟁(1572~1648)은 신교도가 우세했던 네
덜란드 식민지가 에스파냐측의 종교탄압을 시발점으로 하여
전쟁이 일어났다. 그 결과로 네덜란드가 독립하게 되었다.

앞에서 언급한 신교파와 구교파의 독일 제후간의 싸움인
30년 전쟁(1618~48)이후에는 제후들이 자기 영지의 종교는
대략 맘대로 정할 수 있도록 조약을 맺었기 때문에 큰 전쟁
은 없었다.

① 위그노전쟁(1562~1598년)이란 프랑스의 종교내란을 말
한다. 위그노란 프랑스 칼뱅파 프로테스탄트의 또 다른
이름이다. 이들은 기즈공을 중심으로 한 카톨릭파에 대
항 무장봉기하여 30여년간 전쟁을 치렀다. 이들의 싸움
을 지켜본 샤를 9세가 왕권을 보존하고 신구 양파의 세
력균형을 위하여 프로테스탄트에게 종교의 자유를 허용

한 것이 낭트칙령이다. 허나 이 조치는 내전을 더욱 격화시키는 계기를 마련하였다.

② 위그노 전쟁(1562년~1598년)은 프랑스에서 발생한 종교 전쟁으로, 낭트 칙령이 앙리세에 의해 발표되면서 개신 교도와 로마카톨릭교도간의 종교분쟁은 종식되었다. 위 그노는 프랑스의 개신교 신자들을 가리키는 말이다. 프 랑스의 개신교는 공업자와 상인계층이 많았다. 이는 직 업소명설을 주장하는 개신교의 교리가 프랑스 상공업자 들에게는 '복음'이었기 때문에 이 전쟁은 종교의 자유가 명분이지만, 보통 신흥 부르주아 초기세력들이 구체제 (앙시앙 레짐)에 반발한 것이라고 해석한다. 로마 카톨릭 교회가 귀족 등의 구 기득권 세력과 결탁하여 그들의 기득권을 보호하는 구실을 하면서 사회체제를 경직시키 고 있었고, 이러한 보수적인 신분사회는 신흥 부르주아 계급에게는 심각한 제약이었다. 무역으로 성장한 네덜란 드도 유사한 경우이며, 독일북부의 영주들이 보수적인 마르틴 루터의 종교개혁을 지원한 것도 기득권 세력과 의 마찰 때문이었다.

③ 낭트칙령(Edit de Nantes)
1598년에 프랑스의 앙리4세가 낭트에서 발표한 칙령은 공직취임 등에서 차별받던 개신교 신자들에게 로마카톨 릭교도와 동등한 권리를 주어 근대유럽에서는 처음으로 개인적인 종교의 자유를 인정했다. 이 칙령으로 인해 프 랑스의 종교전쟁인 위그노 전쟁이 종결되었다. 낭트칙령 에 의하여 위그노전쟁은 급속히 수습되었으며 프랑스 국가 통일의 출발점이기도 하였다. 국가재정도 안정되어

프랑스가 17세기 유럽에서 대국이 되는 계기가 되었다. 그러나 1685년 루이 14세는 퐁텐블로칙령을 통해 낭트 칙령을 폐지함으로써 프랑스는 다시 로마카톨릭 중심국가로 되돌아갔다. 이로써 개신교 신도들의 대부분은 종교의 자유를 위해 국외로 떠났으며 이 사건을 통해 프랑스의 쇠퇴가 가속화되었다. 프랑스 개신교 교회의 신도들은 장 칼뱅의 직업소명설에 근거하여 상공업 등의 프랑스 산업의 핵심을 담당하고 있었기 때문에 이들의 국외 이탈은 국가재정의 고갈을 부르게 되었다.

이는 결국 프랑스혁명의 원인 중 하나가 되었다.

④ 위그노전쟁의 간략한 과정을 순서대로 적어보면 다음과 같다.

→ 위그노칙령 반포, 기즈공 철회 압력 및 바시 학살

→ 위그노전쟁 촉발

→ 외세개입 및 휴전조약 체결(생 제르맹 조약) 및 양측의 혼인

→ 성 바르톨로뮤 날의 대학살(1572)

→ 세 앙리의 전쟁[앙리3세·기즈공 앙리·나바르 앙리]

→ 앙리4세의 즉위[부르봉 왕조, 낭트칙령 반포]

프랑스는 카톨릭국가였지만 점점 칼뱅파의 세력이 늘어갔고, [1562년 1600만의 인구 중 10~20%가 위그노였다.]

여기에 왕위계승의 문제가 겹쳤다. 위그노는 부르봉가문을, 카톨릭은 기즈가문을 중심으로 뭉친 것이다. 결국 1562년부터 시작된 내전은 1593년까지 이어졌다.

전쟁의 와중에서 쌍방은 서로에 대한 학살을 서슴지 않

았는데, 이러한 가운데 가장 잔혹했던 것은 1572년 성 바르톨로메오 축일의 밤에 벌어진[8월 23일 밤과 24일 아침] 카톨릭의 개신교도들에 대한 학살이었다. 화친을 맺고 개신교도인 부르봉가의 앙리와 카톨릭인 국왕의 누이동생의 결혼이 예정된 상황에서 개신교도의 세력이 강화되는 것에 두려움을 느낀 카톨릭측이 파리에 모여든 개신교 귀족들을 습격한 것이다. 이후 며칠 동안 파리와 지방에서 수만 명의 개신교 신자들이 희생당했다.

화가들은 이 사건을 그림으로 묘사하여 시체가 떠다니는 센강, 그 옆의 시체더미, 창문에 걸린 개신교 지도자의 시체 등을 그렸는데 이날의 광기가 얼마나 무서웠던가는 이 그림을 통해 알 수 있다.

그 뒤 전쟁은 20여년간을 더 끌다가 부르봉가의 앙리가 국왕으로 즉위함으로써[앙리4세] 수습되었다. 앙리4세는 카톨릭으로 개종하는 한편, 칼뱅파에게도 제한적인 종교의 자유를 허락하였다. 종교전쟁의 폐허를 딛고 프랑스의 국가적 통합을 다질 기틀을 마련한 것이다.

원인으로는 기존 구교도와 위그노와의 대립 가운데 상인과 수공업자 등 신흥 계층으로 구성된 귀족간의 대립으로 발전된 내전이었다. 그 이후에 네덜란드, 에스파냐가 원조를 해주어 국제전의 모습도 보였다.

과정은 카톨릭계열 귀족인 기즈가와 신교도계열 귀족인 부르봉가의 대립인데 결국은 부르봉가인 나바르 앙리[앙리4세]가 카톨릭으로 개종하고 국민 대다수가 카톨릭으로 개종하면서 신앙의 자유를 천명하는 낭트 칙령을 반포함으로써 끝이 난 것이다.

⑤ 낭트칙령 발췌

"제1조 1585년 3월초 이후부터 나[앙리 4세]의 즉위에 이르는 동안, 나아가 그 이전의 소란을 통해서 각지에서 일어난 일체의 사건은 없었던 일로 기억에서 지워야 한다.

제6조 내 백성들 사이에 소란과 분쟁의 동기를 하나도 남기지 않기 위해서 나는 개혁파 신도가 나의 지배 아래 있는 왕국의 모든 도시에서 어떠한 심문이나 박해도 받지 않고, 또한 재산을 빼앗김 없이 거주할 것을 인정한다."

하지만 이런 정책에도 불구하고 프랑스 남부지역은 개신교도의 저항이 벌어지고 있었고 루이 13세에 이르러 진압하게 된다. 프랑스내의 프로테스탄트의 저항은 17세기초까지 계속되었다. 따라서 프랑스 정부는 프로테스탄트에 대한 압박을 계속하였다. 앙리 4세를 계승한 루이 13세 시대에 18년간(1624~1642) 정치적 실권을 장악한 추기경 리슐리외는 프로테스탄트 세력을 분쇄하기 위해 라로셸을 점령하였다. 1년간 전쟁으로 프로테스탄트측은 패배하고, 위그노는 이후 정치적 세력을 상실하고 다만 종교적 자유만을 향유하는 데 그쳤다. 위그노 전쟁은 1629년 그라스칙령으로 실질적으로 끝났다.

루이14세가 낭트칙령을 철회함으로 인해서 많은 위그노 상공인들이 이탈되어 프랑스 경제에 큰 타격을 주게 된다. 낭트칙령이 철폐되면서 교회가 폐쇄되자 그들은 해외로 망명했는데, 17세기말에 이르러 그 수가 30만에 달하였다. 위그노 해외 망명으로 프랑스 산업은 큰 타격을 받았다. 이를 계기로 위그노 숙련공들이 해외로 방출되었을 뿐 아니라 그와 함께 많은 자본이 유출되었다. 그 대신 위그노를 받아들인 네덜란드·영국·브란덴부르크 등 이웃나라들의 산업은 비약적으로 발전하게 되었다.

⑥ 1572년 성바돌로매 축일의 학살사건을 보면 파리의 카톨릭 교도들은 '프랑스와 카톨릭을 위하여'라는 구호 아래 살인마가 되어 프로테스탄트라면 남녀노소 가리지 않고 닥치는 대로 학살하였다. 파리의 모든 거리는 숨이 끊어지는 프로테스탄트들로 흩뿌려져 있었다. 카톨릭 신부들은 한 손에는 십자가를, 다른 한 손에는 단검을 들고서 "친척이나 친구들도 봐주지 말라." 카톨릭은 왕의 허락을 받아 파리뿐 아니라 프랑스 전역의 프로테스탄트들을 학살하였다.

바돌로메 대학살로 로마에서는 너무나 엄청난 기쁨에 교황은 축포를 터뜨리고 환희의 날을 선포했고, 영광의 승리를 기념하기 위해 "1572 위그노들의 학살"이라고 적힌 기념주화를 만들었다. "교황은 콜리그니의 죽음을 승인한다."

(4) 슈말칼덴 종교전쟁

루터의 종교개혁이 현실화된 1521년 이후 종교적, 사회적 혼란기를 거치면서 독일 제후들은 자신의 영토내의 종교를 스스로 결정하기로 하였다. 따라서 그들은 제후들의 종교 선택권을 부인하는 1529년의 슈파이에르(Speyer) 국회에서 결의된 카알 5세의 지시에 항의하였다.

이러한 항의에서 프로테스탄트(Protestant) 명칭이 유래되어 모든 개신교계 크리스트교를 지칭하는 말이 되었다. 이어서 프로테스탄트계 제후들과 카톨릭계 제후들은 각기 자기방어를 위한 동맹체를 구성함에 따라 독일은 두 진영으로 갈라졌다. 1531닌에 루터파 제후들은 슈밀킬덴동맹을 결성하고 뒤빙겐 산중에서 농성하면서 약 10년간 산발적인 전쟁을 하였다.

한편 전쟁으로 독일을 떠나있던 카알5세가 9년만에 다시 돌아와 교회문제를 해결하고자 1530년 아우크스부르크 국회를 개최하였다 황제는 평화적 방법으로 카톨릭과 프로테스탄트의 종교적 대립을 해소하고 교회개혁을 논의하도록 하였다.

우선 루터의 친구인 멜란히톤이 신조문을 작성하여 1530년 6월 25일 국회에 제출하였다. 이 아우크스부르크 신조문에는 신구교의 교리적 구별은 없었고, 다만 교회 규율면에 있어서 혁신적 요구사항을 제시하였을 뿐이었다. 이와 같은 화해적 태도는 재합일의 기반이 될 수 있었는데, 황제는 신구교의 협상위원회를 구성했고 양측 위원들은 절충과 양보의 자세로 임하였다. 그러나 통합의 시도는 루터의 반대로 실패하였다. 루터는 자파에 속하는 의원에게 서신연락 등을 통해서 국회에 영향을 미쳤고, 멜란히톤의 양보와 온건한 태도를 엄중히

힐책했으며, 작센의 영주인 프리드리히에게는 어떠한 담판도 거부한다는 태도를 분명히 밝혔다.

결국 난항에 난항을 거듭하다가 1546년 2월 18일 루터가 죽은 지 10년 째인 1555년에 아우크스부르크 국회에서 종교협정이 이루어졌다. 이것을 '아우크스부르크 화의'라고 하는데, 그 내용을 살펴보면 다음과 같다.

첫째, 각 제후는 자신의 종교를 스스로 결정할 수 있다.

- 이 말은 지배자 개인의 종교에 따라서 피지배 계층의 종교가 결정된다는 뜻임.

둘째, 그러나 위의 원칙은 루터파에게만 적용되며, 그 밖의 프로테스탄트 즉 칼뱅파에게는 적용하지 않는다.

셋째, 1552년까지 프로테스탄트가 점거한 교회재산에 대한 기득권을 인정한다.

넷째, 고위 성직자[주교급, 수도원장]가 루터파가 될 경우에는 그의 영지를 포기하고 카톨릭 교회의 관할에 맡긴다.

아우크스부르크의 화의로 역사상 처음 신앙문제를 제후의 개인적 독단에 의해서 결정할 수 있게 됨으로써 정치적인 절대주의가 더욱 힘을 얻게 되었고, 루터파가 다수를 차지하게 되었다.

이러한 아우크스부르크 화의가 주는 의미는 크리스트교 역사상 처음으로 종교를 제후 단독으로 결정할 수 있다는 점과, 종교의 자유선택이 정치적 절대주의에 힘을 더 실어주었다는 점, 그리고 루터파 프로테스탄트는 독일의 국가종교로 인정을 받음으로써 아우크스부르크의 화의는 국가종교의 시발점이 되었다.

그리고 중요한 점은 '각 제후는 자신의 종교를 스스로 결정할 수 있다(Cujus regio, cujus religio).' 다시 말해서 비록 그 단계에서는 제후에 의해서 그 지역 민중의 종교가 결정되었다고는 하지만, 그것을 계기로 개인에 의한 종교선택의 자유를 획득하는 과정이 시작되었다는 점에서 의의가 있다고 할 수 있다.

그리고 또, 북아일랜드의 크리스트교도와 카톨릭교도의 분쟁이 있었다. 크리스트교도라 함은 신교, 카톨릭이라 함은 구교인데 원래 영국은 카톨릭 국가였다. 그러나 헨리 7세가 이혼을 하기 위해 영국의 국교를 성공회로 바꿈으로 인하여 그 성공회도 하나의 신교가 된 것이다.

영국은 잉글랜드, 웨일즈, 스코틀랜드, 북아일랜드 등 여러 개의 나라가 모여서 만들어진 연합왕국이다.

중요한 것은 북아일랜드인데 영국 본토 옆에 있는 섬의 북쪽이 지금은 영국령인데 북아일랜드는 원래 아일랜드이기 때문에 당연히 독립하고 싶어 하는 것이다. 그래서 독립운동도 벌이는 것으로 알고 있다.

아일랜드는 카톨릭 국가이다. 그래서 북아일랜드 역시 본래는 카톨릭 국가이다. 그런데 영국에 속하면서 영국의 신교도들이 많이 건너오게 되었고 그러면서 자연스럽게 신교도와 구교도들 간에 분쟁이 일어나 마침내는 북아일랜드의 독립운동에까지 이르게 되었다.

6. 기독교인들의 원주민 학살

기독교 청교도인들은 해외 전쟁을 통해 남의 나라의 땅을 빼앗고 원주민을 죽이는 일들을 서슴없이 자행하였다. 그래서 조찬선씨는 「기독교 죄악사」라는 책을 써서 스스로 자기 종교에 대한 죄악을 바로 참회한 일이 있다. 지구상의 역사에 수많은 사건이 있지만 여기에서는 마리엔왕국과 하라과왕국, 그리고 북미원주민 학살에 대해서만 소개하고자 한다.

(1) 마리엔 왕국의 최후

콜럼버스 일행이 이 섬에 처음으로 도착하였을 때 원주민, 마리엔 왕국들은 신기한 배와 이상한 사람들을 하늘에서 내려온 천사인 줄 알고 전원을 초대하여 성대한 환영 만찬을 베풀어주었다. 또한 콜럼버스가 타고 온 배 중 한 척이 폭풍우에 파선되었을 때도 온 국민이 나서서 구조하는 일을 도와주었을 뿐 아니라 필요한 재료를 모두 제공하고 배 수리까지 도와주었다. 그들의 도움으로 콜럼버스 일행은 죽음의 고비를 넘길 수 있었다.

그러나 콜럼버스 일행이었던 천주교인들은 은인들을 배은망덕으로 보답하였다. 며칠 후에 안정을 되찾은 그들은 원주민들의 고마움을 잊어버리고 악마로 돌변하여 원주민촌을 포위, 기습공격으로 순식간에 거의 전주민을 살해하고 그들의 왕국을 점령해버렸다.

그들에게 아낌없는 도움을 베풀었던 왕은 모든 것을 포기한 채 남은 사람들과 함께 숲속으로 피난가야만 했다. 그러나 피신하고 도망간 잔존 생존자들마저 추적하여 섬멸하였다. 진실로 배은망덕하고 교활하고 비인간적이며, 사악한 학살행위였다. 이것이 콜럼버스가 인솔하고 온 천주교인들이 그들이 발견한 섬들에서 일으킨 천인공노할 만행의 시작이었다.

(2) 하라과 왕국의 비화

하라과 왕국은 도미니카 섬의 중심부에 위치하고 있는 왕국으로 비옥한 땅과 가장 발달한 문화를 지니고 있었다. 콜럼버스 일행의 천주교도들이 처음 이 나라에 왔을 때 낯선 손님들에게 호의를 베풀었는데 앞의 마리엔 왕국과 같이 하라과 왕국 사람들도 비참한 죽음을 당했다.

60여명의 기병과 300여명의 군대를 동원하여 일시에 그들을 불로 태워 죽였다. 그들의 계략은 먼저 그 나라의 유력자, 귀족들 300여명을 은혜를 깊는다는 구실로 만찬에 초청하여 몇 채의 가옥에 집합시키고, 그들은 일시에 불을 놓아 태워 죽였다. 불을 피하여 집 밖으로 뛰쳐나오는 귀족들은 사전에 포위하고 있던 군인들이 창으로 찔러 죽였다. 도망가다 넘어진 어린애는 칼로 다리를 잘라 버렸다. 여왕은 경의를 표시한다며 총이나 칼을 사용하지 않고 목매달아 죽였다.

학살의 현장에서 살아남은 국민들은 카누를 타고 다른 무인도로 도피해야 했다. 그러나 콜럼버스 일행의 천주교도 지휘관은 그들을 끝까지 추격하여 한 명도 남기지 않고 모조리 잡아 죽였다. 인간의 탈을 뒤집어 쓴 악마였다.

또 많은 원주민을 잡아 노예로 혹사한 콜럼버스는 다음과 같은 구실로 그들의 행동을 정당화하였다.

'원주민들은 식인을 즐기는 잔인하고 욕심이 많고 타락한 영혼이기에 이들을 천주교 신앙으로 무장시켜야 구원의 백성이 될 수 있다.'

그 방법으로 노예들을 합숙시켜 남자들은 금을 채굴시키려고 광산으로 보냈고, 부녀자들은 땅을 개척하여 농사를 짓도록 하였다. 노예부부가 함께 거하면 아기의 출산으로 노동력이 저하될 것을 우려하여 서로 만나지도 못하게 하였다.

그들의 식사는 잡초였다. 그들은 동물로 취급되었는데, 아이가 출산해도 산모는 영양부족으로 젖이 나오지 않아 굶어죽을 수밖에 없었다.

정복자들은 엄마 젖 빠는 아이들을 빼앗아 바위에 머리를 으깨어 죽였다.

그들은 "그리스도와 12제자들"을 기리기 위해 13명(12＋1)의 원주민들을 발이 땅에 닿을락말락하게 매달아서 목이 졸려 죽지는 않게 한 상태에서 산 채로 태워 죽였다.

천주교도들이 중남미 지역에서 원주민을 살상했다면 북미대륙에서는 청교도들이 하나님의 이름으로, 선교라는 미명하에 약 1억여명이 넘는 원주민들을 학살하고 그들의 땅을 빼앗고, 그들의 종교와 문화를 말살하였다. 살아남은 원주민들은 지금 사회의 최하층민으로 남아 있는 실정이다. 결국 천주교도나 개신교도나 잔인한 침략자, 약탈자 근성에 있어서는 피차일반인 셈이다. 그리고 콜럼버스가 은혜를 원수로 갚았듯이 청교도들 역시 처음에 북미대륙에 정착하여 어려웠던 당시 원주민들에게서 많은 도움을 받았으나 그들의 세력이 커지자 도리어 원주민들을 무차별 살상하는 악마로 돌변하였으니 그 점에서도 똑같다고 할 수 있다.

기독교 침략자들은 가는 데마다 교회를 짓고 성경을 들고 기도하면서 선교하였다. 자기들의 침략행위를 개척과 발전이라는 미명과 기독교 선교라는 명목으로 자화자찬하면서 약 350년 동안에 유럽의 네 배가 넘는 광대한 땅과 자원을 빼앗고, 1억 2천만의 원주민들을 무차별 학살하고 북중남미를 정복하고 말았다. ……

천주교인들이 처음에 도착하였을 때 중미의 원주민 인구는 약 2,500만이었는데, 침략이 시작된 후 약 100년 동안에 그 인구가 100만으로 줄었다는 백인들의 기록이 남아 있다. 이는 무엇을 뜻하는가? 100년 동안에 천주교도들이 최소한 2,400만 이상의 원주민들을 학살하였거나 죽게 만들었다는 증거이다. 또한 100년 동안의 인구증가율을 적용, 2,500만의 인구가 배로 증가할 수도 있다고 가정한다면 결과적으로 약 5,000만명 정도의 원주민들을 말살한 것이 된다.

1500년도 초기에 유럽에서 온 천주교인들은 남미 페루 지방 일대에서 840~1,350만의 원주민을 학살하였다. 그것은 그 지방 인구의 94%였다. 또 그들은 16세기 중에 중남미에서 6,000~8,000만의 원주민을 학살하였고 그 학살은 계속되었다.

(3) 북미원주민의 대학살

천주교도들이 중남미의 원주민 수천만 명을 몰살시키고 그 땅을 차지한 것이나, 청교도들이 북미대륙의 원주민을 거의 멸종시키다시피 하며 그 땅을 차지한 죄악은 바로 구약의 여호와신이 이스라엘 백성들에게 가나안 땅을 주기 위해 먼저 그 곳에 정착해 살고 있던, 아무 죄 없는 다른 민족을 모조리 몰살시킨 것과 똑같은 정신구조이기 때문이다. 여호와신은 부모형제, 자식도 다른 종교를 믿으면 돌로 쳐 죽이라고 명령하고 있지 않은가?

〔申命記(신명기) 13:7~11〕

　그러니 기독교도들이 다른 신앙을 가지고 있던 원주민들을 아무 양심의 가책도 없이 몰살시키는 것은 너무도 당연한 일이었던 것이다.

　기독교 이외의 모든 종교를 사교로 생각했던 당시 대부분의 기독교인들은 원주민을 단순히 이단으로 취급하였을 뿐 아니라 자기들이 섬기는 하나님을 믿을 수 있는 능력이나 영혼조차도 없다고 생각하였으며, 특히 성직자들이 그것을 강조하였으며 그런 종교적인 가르침이나 지침이 그들의 신념이 되었으니 그들의 원주민들에 대한 태도는 충분히 상상할 수 있다. 중남미 지역에서의 천주교들과 같이 북미지역 청교도들도 그러한 철저한 종교적인 독선을 유일 절대적인 것으로 북미대륙에 정착시켰다. 기수 역할을 한 것은 물론 성직자들이었다. 여기서도 종교가 권력과 결탁해서 목적을 달성하였다.

　청교도의 목사들이 아메리카 인디언들을 사탄의 아들이란 말로 매도하고 그들을 학살하도록 부추겼던 사실은 매우 주목할 만하다.

〈전쟁과 학살, 부끄러운 미국 2003, 홍윤서 p39〉

　종교박해를 피해 청교도들이 미국 땅으로 이주해 왔을 때, 아메리카 원주민들은 그들의 정착을 도와주었다. 땅을 내어주고 집을 지어주었으며, 그 밖에 그 곳에 적응해서 살 수 있는 방법 등을 가르쳐주어 추위와 굶주림으로부터 벗어나게 해주었다. 그런데 청교도들은 자신들의 세력이 점점 커감에 따라 원주민들을 몰아내고 더 많은 영토를 확보하기 위해 의도적으로 천연두를 전염시켜 면역력이 없던 이들을 멸망시켰다. 친절을 가장하고 모포에다 천연두균을 묻혀서 인디언에게 보냈다. 그들은 근본적으로 인간적인 심성이 부족한 인종들이다. 이것은 미국 역사학자들의 책에서 기술하고 있는 부분이다.

원주민들이 초기에는 청교도들을 선의로 도와주었으나, 그 후 침략자들의 태도와 잔인성을 알게 된 원주민들이 저항하거나 공격을 하면 전멸작전으로 대응하였다.

"많은 이주자들이 몰려들고, 이주자들은 땅이 필요하고… 원주민들로부터 땅을 빼앗기 시작한다. 그렇게 해서 점점 마찰이 생기기 시작했으며, 마찰은 학살로 이어졌다."

청교도들이 미대륙에 도착한 초기에 굶주리고 헐벗고 병들어 곤경에 처했을 때, 원주민들은 그들에게 각종 식량과 가죽 등 입을 것을 갖다 주면서 온정과 구원의 손길을 폈다. 이 때 청교도들은 감격에 넘쳐 원주민들을 '하나님께서 보내주신 천사'라 믿고 환대하였다. 그러나 미대륙에서의 정착이 성공적으로 되어가자 청교도들은 한없는 토지욕에 불타기 시작했고, 원주민들의 존재는 장애물이 되기 시작했다. 이때부터 더욱 원주민을 이교도시하며 마귀, 사탄의 앞잡이로 낙인을 찍었다.

청교도들이 얼마나 잔인했는가를 미국의 제7대 대통령 앤드류 잭슨의 말이 잘 증명해 주고 있다.

"자유와 문명과 종교의 축복을 받은 우리들이 서진하는 찬란한 길에 방해가 되는 것들을 제거하기 위한 방법의 하나로 숲속에 사는 야만인들에게서 그들의 숲과 강과 땅을 빼앗은 것은 당연지사이다."

인디언 마을을 침략하는 선봉에는 항상 선교사들이 있었

다. 세네카족 추장인 사고예와타['사람들을 깨우는 자' 라는 뜻. 빨간 윗도리라는 이름으로 더 잘 알려져 있다.]는 자신들을 가르치러 온 선교사에게 이렇게 말했다.

"백인들은 온갖 나쁜 짓을 행하면서도 그것도 모자라 자신들의 교리를 인디언의 입에 강제로 구겨 넣으려 하고 있다."

〈류시화 편, '나는 왜 너가 아니고 나인가?', p. 49〉

<동물기>로 유명한 어니스트 시튼(E. Seton)은 자신의 책 <인디언의 복음>에서, 17세기의 프로테스탄트주의자 묘비에 나타나는 전형적인 기록이라고 하면서 린 S. 러브라는 인물의 묘비명구를 인용하고 있다.

"한 평생 그는 주께서 그의 손에 붙이신 인디언 98명을 죽였다. 그는 삶이 끝나 그의 본향에서 주의 팔에 안겨 잠들기 전에 100명을 채우길 바랐다."

맑스는 이에 대해 이렇게 말한다.

"진정한 식민지들에서도 본원적 축적의 기독교적 성격은 나타나지 않을 수 없었다. 신교의 엄격한 주창자들인 뉴잉글랜드의 청교도들은 1703년에 그들의 의회의 결의에 의해 인디언의 머리 가죽 1장이나 포로 1명에 40파운드의 상금을 걸었고, 1720년에는 머리 가죽 1장에 상금이 100파운드로 되었다."

그래서 맑스는 기독교를 전공하고 있는 하위트(W. Howitt)를 인용하여 이렇게 말하고 있다.

"이른바 기독교가 [정복할 수 있었던] 세계의 도처에서 또 모든 주민들에 대해 수행한 야만행위와 잔인한 행위는 어떤 역사적 시기에도 그 유례가 없으며, 또 아무리 난폭하고 몽매

하며 무정하고 파렴치한 인종도 그것을 따라갈 수 없다."

이 참상을 주재하시는 위대한 축적의 신과 그의 선교사들을 이해하는 데는 전형적 사건 하나면 충분할 것이다:

매사추세츠 해안에 정착한 청교도들은 자신을 '해안의 성자'라고 칭했는데, 이 성자들은 왐파노그족, 피쿼트족, 나라간세트족, 니프무크족 인디언들이 기독교를 받아들이길 거부하자 미스틱 리버라는 이름의 강 하구에 사는 피쿼트족 마을을 공격했다.

그들은 마을에 불을 지르고 불길을 피해 달아나는 마을 주민 7백명 대부분을 학살했다. 포로로 잡힌 인디언들 가운데 남자는 서인도제도에 노예로 팔려가고, 여자들은 병사들이 나누이 기졌다. [매사추세츠의 플리머스에서는 기독교를 거부하는 인디언들에게 사형선고를 내렸다……. 북아메리카 원주민 2001- 래리 J. 짐머맨]

공격 대열에 참여했던(!) 코튼 매더 목사는 다음과 같은 기록을 남겼다고 한다.　　　　　　　〈류시화 편, 앞의 책, p. 54〉.

"인디언들은 불에 구워졌으며, 흐르는 피의 강물이 마침내 그 불길을 껐다. 고약한 냄새가 하늘을 찔렀다. 하지만 그 승리는 달콤한 희생이었다. 사람들은 모두 하느님을 찬양하는 기도를 올렸다."

〈이진경, '자본을 넘어선 자본', 그린비, 2004, pp. 315~318〉

보스턴에 거주하고 있던 청교도들은 광활한 농토를 차지하려는 욕심으로 월등한 무력을 앞세워 인디언들을 내몰았고, 뉴잉글랜드 지역에 거주하고 있던 피쿼트 부족도 모두 살육

하였다. 청교도 목사들의 지시를 받은 청교도들은 1637년 피쿼트족에 대하여 날조된 살인혐의를 씌워 전쟁을 벌였던 것이다. 그리고 일부 살아남은 인디언들을 노예로 상인들에게 팔아버리고 거의 대부분의 뉴잉글랜드 인디언 지역을 차지하였다. 〈전쟁과 학살, 부끄러운 미국 2003 홍윤서 p41]〉

1637년, 청교도들은 대담하게도 민병대를 조직하여 원주민촌을 습격하여 500명을 죽이고 살아남은 부녀자와 아이들을 노예로 잡아 서인도에 팔아 버렸다. 그리고 청교도들은
"우리는 오늘 600명의 이교도들을 지옥으로 보냈다."
고 하며 하나님께 감사예배를 드렸다.
이 사건은 청교도들이 북아메리카에서 '기독교 제국주의'의 본질을 유감없이 발휘한 최초의 대표적인 대학살이며, 침략전이라고 할 수 있다.
〈기독교 죄악사 하-조찬선 저, 평단문화사 2000 p160~161〉

원주민들에게 있어서 "토지의 개인소유"란 것은 상상도 하지 못했던 개념이었다. 토지는 그 종족 전체의 공유물이며 그곳에서 공동으로 작업하여 얻은 결실을 공동의 식량으로 삼고 살아가던 것이 조상 대대로 전래되어 온 풍습이었다. 그런데 청교도들은 대지를 인위적으로 분할하여 개인소유로 만들어 놓고 타인은 거기에 들어가지도 못하고 농사도 지을 수 없게 하였다. 뻔뻔스럽게 남의 땅을 빼앗고 그 농토에서는 사냥도 할 수 없게 만든 유럽인들의 사고방식을 원주민들은 도저히 이해할 수가 없었다. 원주민들은, 땅은 물이나 공기처럼 공동의 재산으로 생각하였다. 그러므로 만일 땅이 필요하면 필요

한 자가 적당히 일시적으로 사용하면 되었다. 이것이 원주민들의 토지의 공동소유제도였으며, 기본적인 사고방식이었다.

그러므로 새로 침입한 유럽인들이 땅이 필요하다고 하면 서슴없이 땅을 양보하고 빌려주기도 하였다. 그러던 중에 침략자들의 인구가 급격히 증가하기 시작하였고, 또 땅에 대한 그들의 욕심이 한이 없다는 것을 알게 되었을 때부터, 원주민들은 땅에 대해 관심을 갖기 시작하였고 자기들의 농토를 지켜야 되겠다는 경계심과 함께 불안감을 갖게 되었다. 청교도들은 원주민의 토지에 대한 개념을 알고 있었으므로 그것을 악용하여 비교적 간단하게 원주민의 토지를 빼앗았다. 즉 청교도들의 입장에서 합법적으로 빼앗기 위하여 권리 매각증서를 만들어 가지고 그것이 무엇인지도 모르는 원주민에게 ×표 서명을 얻는 방법을 썼다. 물론 원주민들은 문서상의 계약과 서명이 어떤 결과를 가져온다는 것을 알 리 없었다. 또 문자가 없었던 그들은 문서에 서명하는 것이 그들이 개척해 놓은 광대하고 비옥한 지역에서 쫓겨나는 것을 의미한다는 것도 몰랐다. 뿐만 아니라 일단 서명해서 그들에게 빼앗긴 땅에는 들어갈 수 없고 거기에서 새 한 마리조차 사냥할 수 없다는 사실을 모르고 있었다.

백인들의 입장에서는, 토지에 대한 법적 권리를 증명하지 못하는 인디언들은 그 토지를 포기해야 마땅했으며, 계약을 지키지 않는다면 무력을 사용하는 것이 당연하였다.

〈전쟁과 학살, 부끄러운 미국 2003 홍윤서〉

이런 방식으로 취득한 토지에 경작을 했든 하지 않았든 관계 없이 원주민들은 거기에 들어가도 안 되고 사냥을 해도 안 되었다. 청교도들이 방목하는 가축[소, 돼지 등]은 이웃 원주민의 밭에 들어가 마음 놓고 뜯어 먹어도 원주민들은 아무런 항의조차 할 수 없었다.

만일 이럴 때 청교도들의 가축을 몰아내면 그는 범죄자가 되어 군청 재판소로 끌려 나가 시민재판에 걸려 처형되기 때문이다.

이렇게 하여 청교도들은 북미에 처음으로 토지의 "개인 소유권제도"를 확립하고 소유권이란 개념도 모르는 원주민들의 땅을 빼앗아 분할하기 시작하였다.

그 후 약 260년 동안에 전 북미지역의 땅을 빼앗거나 매입하고 원주민들을 강제로 수용소에 이주시켜 버렸다.

신대륙 탐험가 크리스토퍼 콜럼버스가 식민지에서 폭정을 펼쳤음을 보여주는 자료들이 스페인에서 공개됐다고 AFP통신이 14일 보도했다.

스페인 국립문서보관소에서 발견된 자료에는 1492년 콜럼버스가 현재의 도미니카공화국 일대를 정복한 뒤 얼마나 잔인한 행동을 했는지를 보여주는 23건의 증언이 담겨있다.

증언에는 그가 자신에게 낮은 계층 출신이라고 말한 한 여성의 혀를 자르고 발가벗긴 채 당나귀에 태워 길거리에 끌려다니게 했다. 또 재판 없이 형벌을 내렸으며 식민지 개척자들에게 물자를 공급하지 않았다. 토착 원주민들을 노예로 부리기 위해 세례도 허락하지 않았다고 기록은 전하고 있다. 산티아고섬이라 불렸던 이 지역은 콜럼버스 원정대의 본거지로 콜럼버스가 상륙한 이후 수십년간 1200만~2000만명에 이르는 토착민들이 살해되거나 질병으로 숨졌다.

AFP통신은 1506년 5월 20일 발라돌리드에서 55세로 사망한 콜럼버스의 타계 500주년 기념행사가 스페인 곳곳에서 벌어지고 있지만 아메리카 토착문명을 파괴한 그에 대한 기억도 사라지지 않고 있다고 전했다.

〈http://news.naver.com/news/read.php?mode=LSD&office_id=143&article_id=0000033055〉

기독교 입장에서 말하는 기독교 믿어서 잘 사는(?) 나라라는 미국이라는 나라가 이렇게 세워졌다. 그들은 김홍도의 쓰나미 발언과 같은 그들의 교리상 이교도라서 야훼를 믿지 않아서 벌을 받아 마땅한 존재라는 문제가 발생하고 김홍도 목사와 같은 발언이 지금도 나타나고 있는 것이다.

〈출처: Tong ―닌의 사회전치세상통, 출처: 원주민 학살과 기독꾜 작성자: 아델〉

7. 이슬람주의와 시오니즘

미국은 테러사태에 대하여 나토군의 지지를 받아놓고 '21세기 첫 전쟁'을 선언하였다. 아프가니스탄은 '지하드'[성전]를 선언하여 개전의 대응을 하고 있다. 또 한 번의 십자군전쟁이 벌어지는 양상이다.

이것은 팔레스타인 지역에서 갈등을 가져왔던 이스라엘 '국가'와 팔레스타인 '민족'간의 갈등이 시오니즘과 이슬람주의의 대치라는 국면을 세계화하는 단계를 말하는 것이다. 과연 시오니즘과 이슬람주의는 서로 어떻게 접근할 수 있을 것인가. 어느 쪽이든 일사일생으로 충돌의 제로섬 게임(Zero-sum Game)을 향해 치달아갈 수밖에 없을까.

동양인은 달에서 계수나무를 보지만 중세 서양에서는 가시나무를 등에 진 카인으로 달의 반점을 읽고 있었다. 동아시아의 계수나무는 상당히 서정적인 반면에 중세 서양에서 달은 카인과 아벨의 갈등의 존재로 인식된다. 문명 간에 있어서 같은 사물에 대한 이해에 있어서도 엄청난 거리가 놓여 있었던 것이 중세 근세를 지배해왔으며 아직도 그러한 인식이 완전히 사멸된 것은 아니다.

단테는 중세의 마지막이요, 근세의 시작이라고 말한다. 그것은 중세 암흑시대의 모든 관점이 기독교 외의 세계는 존재의 인정도 하지 않고 있었다. 이슬람문명이 기독교문명에 있어서는 얼마나 적대적이었는지, 그리고 이슬람의 존재를 그나마 의식하고 있었던 것은 단테에게서 발견할 수 있다. 위대한 종교들 가운데 하나의 종교가 다른 종교에 대하여 전혀 다른 시각으로 바라보는 관점이 단테의 <신곡>에도 반영되어 있는 것이다.

이슬람의 마호메트나 알라는 <신곡>에서 지옥 가운데도 제8옥 아홉 번째 구렁에서 몸이 두 동강나 벌을 받고 있다.

〈단테 신곡 28곡〉

마호메트는 지옥 밑창에서 몸을 스스로 갈기갈기 찢는 장면으로 묘사되고 마호메트가 턱에서 똥구멍까지 두 쪽이나 있는 것으로 묘사되어 있다. 물론 이러한 생각은 Edward W Said가 그의 오리엔탈리즘[Orientalism]에서 지적한대로, 기독교적인 입장에서 본 이단으로서 이슬람교 창시자에 대한 적개심이 들어가 있는 장면 묘사이다.

이러한 중세 기독교가 이슬람인들에 대한 적개심을 가진

데는 이슬람과 기독교 사이에 벌어지는 예루살렘 성지에 대한 주도권 싸움에 기인하고 있다. 오늘날 미국과 서구 유럽이 이스라엘을 지원하는 배경에는 기독교 성지로서의 예루살렘을 아랍연합의 세력이 장악해 들어오는 것을 막고자 하는 몸부림으로 볼 수 있다.

기독교와 이슬람의 이러한 싸움은 서양역사에서 동방의 모든 문화와 사상들이 도매금으로 배격되고 제거되는 운명을 가져오게 하였다. 페르시아 전쟁을 동서양간의 전쟁으로 이해하는 것은 유럽 기독교와 오리엔트 이슬람의 대결에서 더욱 부각된 면이 있다. 고대시기에 서양역사에 영향을 주었던 불교사상의 제거도 이러한 중세 이슬람과 기독교 사이의 예루살렘을 놓고 쟁탈전을 벌이는 동과 서의 지역적인 싸움으로 인한 증오심의 축적으로 더욱 가중화되었다. 이슬람과의 충돌이 없었다면 서양 중세 기독교는 지금보다 훨씬 더 많은 불교문화와 사상을 내포할 수 있었을 것이라고 생각된다.

622년 헤지라에서 메디나로 천도한 마호메트의 세력은 688년 예루살렘으로 침략해 들어간다. 1세기에 마사다의 최후를 마치고 무너진 이스라엘이라는 나라는 물론 이때는 없었던 때이다. 그로 인하여 회교 모슬렘들은 예루살렘의 이삭 번제단이 있는 솔로몬 성전에다 회교성전을 지었다.

솔로몬 성전은 유태인들이 그들의 화려했던 전성기의 상징이며, 그곳에 있는 그들의 조상 아브라함이 이삭을 번제했다는 큰 바위가 있는 곳이다. 이슬람 세력이 이곳을 점령하여, 이삭을 여호와에게 번제했다는 내용은 이스마엘을 알라에게 제물로 바쳤다는 식으로 모든 기록을 이슬람식으로 고쳤다. 유태인의 성지이며 모슬렘의 성지가 된 그 예루살렘에서 예수와 연관하여 기독교 세력의 성지로 화한다. 유태인에게는 다윗의 우물이 있는 어머니 도시요, 기독교도에겐 예수가 죽어 부활한 곳, 이슬람 교도에겐 마호메트가 머무른 곳이기 때문이다.

이슬람 세력에게 정복되어 있던 예루살렘은 타협적으로 성지순례만은 자유를 보장하였다. 그러나 셀쥬크 터키가 중앙아시아에서 세력을 확대하여 예루살렘을 장악한 이후 기독교인들의 예루살렘 순례에는 '순례 세금'을 징수당하게 된다. 이것은 공식적으로 예루살렘이 이슬람 세력에 복속된 것을 의미하여 기독교인들에게 반발을 사게 된다. 유럽의 기독교 세력들은 이 성전을 뺏기 위하여 일으킨 전쟁이 십자군 전쟁이다.

이러한 십자군 전쟁은 중세시대의 한 전쟁으로 마감되었다고 볼 수 없다. 2차대전 이후 새로 건국된 이스라엘은 반유태주의(Antisemitism)와 예루살렘에 대한 유럽 기독교 세력의 위호 아래 이루어진 일종의 '성지탈환'을 확고히 해두는 의미에서 시오니즘을 하나의 국가로서 승격시킨 이스라엘이다. 시오니즘을 바탕하여 건국한 그들의 국명을 이스라엘이라고 한 것은 아브라함의 아들 이삭과 그의 아들 야곱[이스라엘로 나중에 개명]의 계보를 그들이 이었다는 것을 강조하기 위함이다.

오늘날 미국이 이스라엘을 돕는 것은 정치적으로 중동의 이슬람 세력을 견제하기 위한 전략적 동맹이기 이전에 기독교 성지로서 예루살렘을 지키려는 서구 유태-기독교 문명의 사명이라는 점이 있다.

아울러 그들이 팔레스타인인들을 몰아내고 이스라엘 건국을 위하여 시오니즘을 지원한 것은 십자군 전쟁의 연장선에 놓여있기도 하다. 이것은 20세기 후반 내내 이스라엘과 팔레스타인 회교도들 사이에 갈등과 분쟁을 가져오게 되었고, 새 밀레니움에 들어서서 '첫번째 전쟁'의 시원의 배경이 되었다.

지난 남아공 더반에서 열린 세계인종회의에서 시오니즘이 이슈가 된 것은 이스라엘과 팔레스타인을 비롯한 아랍연방 사이의 종교적 갈등을 인종간의 갈등으로 개념화하는 데 있어서 상호 '종권'에 대한 치열한 대치상황의 분쟁의 핵심이 그 속에 있었기 때문이다. 미국과 이스라엘이 더반회의를 만족스럽게 생각하지 못한 그 원인은 지난 75년 유엔 결의안으로 채택되었던 시오니즘과 인종차별을 동등시한 내용에 대한 불만이었다.

시오니즘에는 두 가지 뜻이 있다. 전통적 시오니즘은 단순한 유태민족의 민족정서 같은 것이다. 2천년 가까운 세월을 나라 없이 세계 각지에 디아스포라가 되어 살면서도 유태인으로서의 정체성을 자각해 온 종교, 관습, 문화 등의 복합체가 전통적 민족적 시오니즘이다.

근대 시오니즘은 19세기말 유럽의 유태인들이 유럽 각국의 배타적 민족주의에 자극받아 유태인도 유태인의 나라를 만들고자 하는 구체적 목적을 가진 국가운동이었다. 각국의 민족주의 고양에 따라 차별과 박해가 심해지는 데 대한 반발로 시오니즘이 제기되었다. 1차대전을 통해 영국이 중동지역에 지배력을 가지게 됨에 따라 발포어 선언[1917년]으로 팔레스타인에 유태인 국가를 세울 꿈이 구체화되었다.

1930년대 나치즘의 박해로 유럽 유태인의 팔레스타인 이주가 급증했으며 2차대전 중의 대학살로 국제적 동정을 모음에 따라 1947년 이스라엘 건국이 가능하게 되었던 것이다. 국가적 시오니즘은 나치즘의 반유태주의에서 반대급부로 일어난 것이다.

아랍인의 입장에서 본다면 유태인들은 유럽에서 들어온 유럽인으로 비친다. 팔레스타인에 살던 아랍인으로서는 난데없이 나타난 유태인의 통치로 보인다. 반면에 시오니스트들이 아랍인을 바라본 관점은 자신들의 고토회복이었다. 이러한 고토회복의 의미는 예루살렘을 중심한 이스라엘과 아랍인들의 갈등이 현대사에서 확대되어 두번에 걸친 밀레니움 역사로 확대되어 있음을 말한다.

이스라엘도 역사 교과서 문제로 많은 굴절이 있어왔다. 그들은 팔레스타인 난민은 이스라엘이 쫓아낸 것이 아니라 스스로 떠난 것이라고 가르쳐왔다. 그런데 근년에 와서 배포된 이스라엘의 새 역사교재들은 관점을 크게 바꾸었다. 팔레스타인의 민족주의와 시오니즘을 같은 민족주의의 하나로 소개하고 있다.

이러한 이스라엘의 이른바 '수정주의' 사관은 지난 80년대에 시작되었다. 국제적 고립상태를 벗어나기 위해 철저한 자기반성이 필요하다는 지식층의 의식이 무르익은 상태에서 시오니즘과 이스라엘의 역사를 보다 현실적으로 해명하는 관점이 성립될 수 있었던 것이다. 이 새로운 사관이 90년대의 평화정책에도 하나의 중요한 배경으로 작용했다.

이러한 관점에서 최근에 나온 영국 옥스포드대학 아비 슐레임교수의 [철벽: The Iron Wall]과 이스라엘 벤구리온대학의 베니 모리스 교수의 [시오니즘과 아랍의 대결: A History of the Zionist-Arab Conflict, 1881~1999]은 그러한 이스라엘의 새로운 시각을 담은 책들이다.

이스라엘인들에게 '철벽'이란 아랍인들에 대한 철저한 배격

운동을 말한다. '철벽'은 호전적 시오니즘의 지도자 블라디미르 자보틴스키(1880~1940)가 제창한 대아랍정책을 비판하는 상징적인 말이다. 지금 강경파들이 주장하는 투쟁주의는 온건파가 주장하는 아랍인과의 화해 가능성을 환상이라 여기고, 아랍인을 '철벽'으로 밀어붙여야 그 힘에 눌려 아랍인들이 화해에 나서게 될 것이며, 그래야만 진정한 화해가 가능하게 될 것이라는 정책이다. 최근 미국과 이스라엘이 취하는 방편은 이러한 '철벽주의'가 강하게 작용한 면이 있다.

그러나 이 책에서 '철벽주의'에 대하여 슐레임은 지금의 평화정착 추세가 자보틴스키의 예견에 부합하며, 강경책을 주장하는 '철벽주의' 호전파들의 투쟁을 '평화를 위한 수단'으로 본 자보틴스키의 참뜻을 이해하지 못하는 것이라고 비판한다.

모리스 교수의 [시오니즘과 아랍의 대결]도 종래의 국수주의 사관을 벗어나면서도 수정주의 사관을 보다 발전시킨 내용을 보여준다. 시오니즘과 이스라엘이 거둔 승리를 '기적'이니 '정신력의 승리' 등으로 찬양하는 자세를 비판하면서도 그는 전체적으로는 '시오니즘의 역사의 경이로움'이 있음을 인정한다.

그러면서 모리스는 팔레스타인 민족주의는 시오니즘의 영향으로 나타난 이차적인 것으로 분석한다. "시오니즘이 유럽의 국수적 민족주의를 거울삼아 나타났듯 팔레스타인 민족주의는 시오니즘을 거울삼아 나타났다."고 강조한다. 모리스는 팔레스타인 민족주의가 시오니즘보다 25년 늦게 발동했다는 사실에 시오니즘의 승리와 우세를 강조하고자 한다.

미국의 대 테러리즘 보복전은 결코 종교적인 보복은 아니다. 그것은 테러행위 그 자체에 대한 범인들과 그 범인들을 배후에서 조종한 국가들에 대한 선전포고이다. 그러나 이러한 선전포고는 십자군 전쟁 이래 다시 한번 시오니즘을 기반한 유태-기독교 문명과 이슬람 문명간의 갈등을 배경으로 일어나고 있다는 것을 부정할 수는 없다.

시오니즘과 이슬람주의는 지난 한 밀레니움 반 동안 예루살렘을 중심으로 갈등과 반목, 전쟁과 증오를 키워왔다. 이제 21세기 새 밀레니움에 들어서서 미국의 한 복판에서 일어난 전대미문의 대형 테러사태는 세계를 다시 한번 중세적인 종교문명의 대결의 장으로 치달아 가도록 하고 있다. 과연 시오니즘과 이슬람주의는 문명충돌로 갈 것인가 아니면 상호 사상적 종교적 접근을 위한 하나의 새로운 동기를 찾게 될 것인가. 그것이 미국의 손에서 지금 요리되고 있다.

〈09/17/01, 조선일보 독자투고난에서〉

8. 이스라엘과 중동분쟁

이 분쟁을 이해하는 데는 역시 성서라는 부분에서 찾지 않으면 그 실마리를 찾을 수가 없다. 그들은 구약에 예견되었듯이 아브라함의 한 핏줄로서 적서자로 출생되어 장구한 세월을 반목과 질시 서로 다른 배타적인 성격의 종교를 갖고 있고 같은 언어 같은 음식 같은 의상과 같은 풍습을 갖고 이렇게 철천지원수가 된 민족은 아마 이 세상 어디에서도 찾을 수 없을 것이다.

AD 77년 유태는 로마에 의해 마사다 전투에서 완전 패망하고 지도상에 이스라엘은 흔적도 남지 않았고 이 민족들은 뿔뿔이 흩어져 각 지역에서 시나고그를 만들어 살아왔다.

2차대전이 한창일 무렵 이스라엘 민족지도자들[대표 벤구리온 : 이스라엘 건국의 아버지]은 영국과 협상을 시도하여 전쟁비용을 지원해 주는 조건으로 종전 후 옛 유태땅에 이스라엘 건국을 약속받게 되었고 이 사실을 안 독일의 히틀러는 가공할 만한 유태인 학살을 감행하게 되었으며 영국과 이스라엘 지도자들은 이 사실을 알고도 수수방관하게 되었으며 전쟁이 끝나자 1947년 영국 정부는 이스라엘에게도 승낙을 하게 되었고 팔레스타인에게도 반대도 승낙도 아닌 어중간한 입장을 취하는 사이 이스라엘 지도자들은 영국과의 협상 중에 각지에 흩어진 유태인들을 팔레스타인 땅에 강제로 이주를 김행하게 된다.

이주와 동시 건국을 선포하고 국제사회에 재빨리 승인을 받는 조치를 취하자, 2천년을 살던 팔레스타인인들은 졸지에 땅을 빼앗기게 되고 난민으로 전락되었던 것이다.

이스라엘 민족이 내건 이유는 "이 땅은 우리 선조의 땅이다. 그 근거는 구약성서에 쓰여져 있다." 바로 그 한 마디 뿐이었고 팔레스타인은 그 당시 구심점이 없는 유목민 집단거주형태이므로 조직적인 구성을 할 수 없었던 것이 최대의 약점이었다. 이렇게 시작한 분쟁이 3번의 중동전으로 이어져 오늘에까지 이어져온 것이다.

이렇게 강대국의 이중적 외교방식으로 빚어진 중동사태는 몇 차례의 중동전쟁으로 그 열기가 더욱 악화되었고 현재에 이르게 된 국면이다.

유태민족의 특성은 그들이 특수하다는 의식 때문에 보편성을 상실하게 된 것이다.

특수한 자는 특수하게 저희들끼리 살아야지 그 특수한 자가 가장 보편적인 인간들 무리에서 살고 있으므로 분쟁의 불씨는 항상 있기 마련인 것이다.

이들의 분쟁을 해결하기 위한 문명사적으로나 역사적으로 접근방법을 찾을 수가 없는 종족과 종교와 관념의 차이 때문에 영원히 해결이 어렵다고 보는 견해다. 이런 역사적 배경속에 미국내에 있는 이스라엘 사람들이 정계 재계에 포진하고 있고 또 막강한 로비력으로 인해 미국이 그들의 최고의 후원자이므로 자연히 지역분쟁은 미국의 주도하에 이스라엘 입장을 거들어 주는 상황에서 유리하게 전개되고 있을 뿐이다.

미국은 이 지역에 거대한 석유 채굴권과 유전이 주는 국제역학관계에서 손을 놓을 수 없으므로 지역내 미국과 협력할 수 있는 막강한 국가가 있어야 하는 국제관계의 입장이다. 이때문에 팔레스타인 분쟁은 해결되면 어쩌면 미국의 입장이 오히려 불리해질 수도 있지만 현재 상황을 유지한다면 석유와 무기장사로 잇속도 차릴 수도 있고 국제사회에서 협력 및 중재자로서 역할로 생색을 낼 수도 있는 것이다.

이게 미국에 가져다주는 팔레스타인 분쟁의 핵심이다. 해결보다는 지리멸렬해서 약한 자가 손들어 버리는 수법을 쓴다는 것, 그것이 국제사회에서 약육강식의 논리인 것이다.

유태인들이 팔레스타인 지역에서 추방된 디아스포라는 거의 1,800년 전의 일이다. 이들은 오랜 기간에 걸쳐서 각지로 퍼져나갔으나 긴 세월에 걸쳐서 자신들의 문화와 전통을 지키기 위하여 많은 노력을 기울여왔다.

유럽으로 진출한 유태인들은 크게 서유럽 계통의 '세파르디

유태인'과 동유럽의 '아슈케나짐 유태인'으로 구분되며 이들은 기독교화된 유럽에서 오랜 기간에 걸쳐 박해와 차별을 경험한다. 15세기에는 서유럽, 특히 에스파냐 지역에서 대대적인 유태인 박해가 발생하여 많은 유태인들이 그나마 좀 더 자유로운 분위기였던 동유럽 등지로 이주하는 결과를 가져왔다. 특히 13세기의 볼레스와프왕 시절에 유태인에게 관용정책을 베풀었던 폴란드에 많은 유태인들이 이주하였다. 유럽에서 반유태주의의 역사는 대단히 오래되었다고 할 수 있다. 그 외에도 이들은 기독교가 금지하고 있던 포주나 고리대금업 등에 종사하고 있었기 때문에 이 또한 유태인들의 이미지를 나쁘게 만드는 데 일조하고 있었다. 적어도 12세기 이후에는 "고리대금업지" 내지는 "수전노", "예수를 팔아넘긴 죄인" 등 현대까지 내려오는 유태인의 부정적인 이미지들이 조성되었다. 이들이 반복되는 박해로 공동체안의 안정된 삶을 보장받을 수 없었기에 부동산보다 동산의 확보에 모든 노력을 기울여 왔던 데서 이러한 악감정의 이유를 찾을 수 있다.

18세기에 이르러 유태인들은 자유주의의 물결로 평등한 시민권을 보장받고 게토를 벗어나게 되지만 뒤이어 온 반동주의의 물결과 함께 박해 또한 심각해진다. 러시아의 포그롬 같은 대규모 박해가 발생하면서 유태인들은 다시 이주를 시작하고 일부는 아메리카 대륙으로 건너가 미국 북동부나 샌프란시스코의 골드 러쉬 등에 참가하기도 하였다. 이 시기의 대표적인 유태인 반대가 드러난 사건의 하나인 드레퓌스 사건을 취재하던 오스트리아의 기자 테오도르 헤르츨은 유태민족주의의 필요성을 인식하고 현대 시오니즘 운동을 제창하며 고대 이스라엘의 언어와 풍습들을 되살리려는 노력을 기울이고 있다.

이제 중동전쟁[아랍, 이스라엘 분쟁사]을 간략하게 정리하여 보면 다음과 같다.

1948 Arab-Israeli War   [1차 중동전]

1956 Suez War   [수에즈 운하분쟁]

1967 Six Day War   [2차 중동전] [6일전쟁]

1970 War of Attrition   [3차 아랍 이스라엘 분쟁]

1973 Yom Kippur War [4차 욤키프르 전쟁],

                     [아랍연합군과 이스라엘]

1982 Lebanon War   [5차 이스라엘 레바논 전쟁]

1987-1993 First Intifada [이스라엘 팔레스타인 전쟁]

1982-2000 South Lebanon conflict [이스라엘 레바논 전쟁]

2000-2007 al-Aqsa Intifada [이스라엘 팔레스타인 2차 전쟁]

2006 Lebanon War   [6차 이스라엘 레바논 전쟁]

** 1차 중동전쟁

1948년 5월 15일부터 6월 10일까지 26일간 벌어진 전쟁으로서 '아랍-이스라엘 전쟁 혹은 이스라엘 독립전쟁'이라고 하는데 이스라엘의 건국을 둘러싼 이스라엘과 주변 아랍국들 간에 벌어진 전쟁으로 현대 중동분쟁의 시발점이 되었다.

제 3 편 기독교의 공과(功過)

요즘 눈만 뜨면 신문·방송·라디오·TV에서 자연스럽게 기독교를 비판하는 문자와 행동이 나타난다. 이것은 곧 반성해야 할 기독교인들의 자세를 폭로한 깃이지 그것이 미워 배격하는 목소리는 아니다. 그 동안 여기저기 나타났던 중요한 목소리를 갖추려 정리해보면 다음과 같다.

1. 일반적인 비판

(1) 이것은 어느 대학교 1학년 학생의 기독교 비판의 목소리이다.
① 정권이 바뀌면 기독교인들의 태도가 바뀐다.
② 다른 종교를 비하하는 태도.
③ 목사들의 자본주의적 태도.
④ 너무 자기중심적이고 이기적이다.

(2) 도올 김용옥 교수의 기독교 비판:
기독교의 핵심교리와 신앙에 관련된 그의 주장은 다음과

같다.

① 초월자로서의 기독교 창조주 하나님은 존재하지 않는다.

② 하나님은 인격적인 분이 아니다. 비인격체다.

③ 삼위일체 하나님은 성경적 개념이 아니다.

④ 예수는 신성을 가진 하나님이 아니다.

⑤ 예수가 육체적으로 부활했다는 것은 역사적 사실이 아니다.

(3) 종교귀족

[출처]: 대통령도 무릎 꿇게 하는 종교권력
작성자: 고로쇠 http://blog.naver.com/huangguihe/140126400603

① 종교적인 지위를 자식에게 상속하고자 하는 성직자
   (내 몸을 던져가며, 가난을 이겨가며 고통을 오히려 즐기며 살아가는 성직자도 많이 있다. 가난한 성직자가 귀족성직자보다 훨씬 더 많다.)

② 종교귀족이 일국의 대통령의 무릎을 꿇릴 수 있는 막강한 힘을 가지고 있다. 더 나아가서 대통령에게 내 말을 듣지 않으면 퇴진운동을 벌려서 벌하겠다고 공개리에 기자회견을 하는 지경에 와있다.

③ 벤CM 타는 성직자가 있다.

④ 이제 하느님 장사는 그만하라고 권고하고 싶다.

⑤ 입 하나만 가지고 수천억짜리 교회를 만들었다, 팔았다 하면서 세금 한 푼 내지 않는다.

⑥ 국회의원도, 장관도, 대통령도 그들의 눈치를 보지 않으면 안 될 정도로 부패한 권력이 되었다.

김수환 추기경님이 그리운 밤이다.

한경직 목사님이 보고 싶은 주말이다.

성철스님을 몹시도 찾아가고 싶은 봄날이다.

2. 구약과 신약의 문제점

(1) 구약

여호와는 창조주 하나님이 아니다. 무엇인가를 한번이라도 만들어 본 이라면 자기가 만들어 놓은 작품이 별로 마음에 들지 않을지라도 자기가 만들어 놓은 것을 함부로 부수지 않는다. 부수어버리고 싶은 마음이 굴뚝같을지라도 애정이 있기 때문이다. 그게 만든 자의 심정이다. 하지만 직접 만들지 않는 이의 속성은 그것과 하등 상관이 없다. 마음에 안 들면 팽개쳐 버리거나 그냥 부수어 버릴 수 있다. 여호와는 사랑의 신이 아니다. 소위 자신들이 말하는 사탄이요, 악마요, 살인마다. 자기 자식이 마음에 안 든다고 목매달아 죽일 부모가 어디 있겠는가? 딱 한번 잘못했다고 종신형에 처할 부모가 어디 있는가 말이다. 그것도 모자라서 대대로 이어서 그 죄에 대한 대가를 치르게 한단 말인가? 여호와는 그렇게 하고 있는 것이다.

수십년, 수백년, 수천년의 종신형을 자기를 따르는 유태민족에게 자행을 했다. 선악과를 만들어 대대로 원죄에 묶여 있게 하였다. 그 억압에서 풀어 주려고 예수님이 유태인들에게 오신 것이다. 자기가 직접 만들었다면 결코 할 수 없는 일들을 무수히 자행하였다.

그래서 그는 창조주의 기본을 갖추지 못한 일개 유태민족의 신인 것이다. 자기가 만든 창조물과 라이벌 의식을 가질 수 있겠는가? 내가 우리 집에서 키우는 강아지에게 라이벌 의식을 갖고 있는가? 우리집 어항에서 키우는 금붕어가 두려운 존재인가? 내 자식이 잘되는 게 두려운가 말이다. 여호와는 전쟁의 신이요, 질투의 신이요, 살인마다. 그 족쇄에서 벗어나는 것이 구원이다. 이러한 엉터리 신에게서 빠져 나와야 한다. 알아야 벗어날 수 있는 것이다.

나는 성경을 많이 가르쳐 왔다. 어느날 여호와가 하나님이 아니라는 진리를 깨닫고 3일 동안 생각했다. 허무하게 살아온 신앙생활이었다는 것을 절실히 느낀 것이다. 성경을 덮었다. 이걸 누구에게 가르친단 말인가? 독을 빼고 가려서 좋은 말씀만 먹을 수 있을 정도의 수준이 되는 사람들은 거의 없었다. 차라리 복어를 먹지 않으면 독에 중독이 되지 않을 수 있다는 것이다. 내 아버지 하나님은 중생이 무엇을 믿고 먹든 거의 상관조차 아니하고 계신다. 하지만 너무나 사랑하는 자식들이기에 독은 가려서 먹으라 말씀하신다.

(2) 신약

예수도 자기가 신이란 말을 한 마디도 아니하셨다. 오히려 '나는 신이 아니다.'라고 분명히 말씀하셨다. 유태교의 바리새인의 대제사장이 자기 아들 유다 이하리옷을 시켜 예수를 잡아다가 십자가에 달려 죽게 하고, 예수님의 제자 이스카리옷 유다(성경에 가룟 유다가 예수를 배반하였다고 뒤집어 씌운 것을 그대로 믿고 있는 현재의 기독교인들이다. 현재의 기독교인들은 예수를 믿는 것이 아니고, 예수를 십자가에 단 바리새인 대제사장을 따라 지금도 예수를 수도 없이 십자가에 못질을 하고 있는 것이다. 빌라도도 예수를 재판하는 과정에서 세 번이나, '나는 이 사람에게서 아무 죄도 발견하지 못하겠다.'면서 손을 씻었는데… 지금의 기독교인들은 바리새인 대제사장의 뜻을 따라, '예수를 십자가에 달아 죽게 하소서.'라고 계속 수천번, 수만번, 아니 수십만번… 반복하고 있지 않은가? 니케아 종교회의 등, 네 번의 종교회의에서 다수가결로 예수를 신을 만들고, 예수의 생일이 헤롯왕이 죽은 때라든가, 동방박사의 방문이라든가, 여러 가지 역사적 상황을 따라 추정하면 1월 6일 경이라고 한다. 그런데 미트라신의 생일인 12월 25일을 예수의 생일로 결정한 것을 그대로 믿고 크리스마스라고 축제를 벌이고 있다. 지금의 기독교인들은 예수를 믿는 것이 아니고 미트라신을 믿고 있는 것이다.

3. 성서의 모순과 오류

기독교인들은 Bible 전체가 모두 일치한다고 주장하는데 정경형성 당시 일치하지 않는 것은 아예 빼버리는 등 이미 편집이 되어서 만들어진 것이니까 일치해야 하는 것이 당연하다. 그러나 Bible은 일점일획도 틀림이 없다고 믿는 순진한 신도들과 그렇게 믿어 의심치 말 것을 강요하고 진실을 애써 외면할 수밖에 없는 목회자들의 주장과는 달리 '모순과 오류투성이'이며, 복음서의 종류에 따라 똑같은 사건의 기록도 서로 맞지 않는 부분이 숱하게 존재하고 있다. 수많은 복사본들이 혼합되어 있는 성경이 모순과 오류투성이가 되는 것은 당연하다. 물론 이러한 오류 중에서 사소한 것들도 있다. 그러나 이러한 모순이나 오류가 Bible에서 발생한다면 사정이 달라진다. 하나님의 감동으로 쓰여졌기 때문에 일점일획도 틀려서는 안 되기 때문이다. 그러면 얼마나 틀리는 내용이 있는 것인지 우선 대표적인 것들만 살펴보기로 하자.

(1) 서로 다른 두 가지의 창조 이야기

구약성서 중 맨 처음을 점하고 있는 기록이 창세기이다. 이 창세기의 기록과정을 살펴보자. 창세기 중 1:1~2:3까지의 기록은 이스라엘인들이 바빌로니아 포로가 된 후에 나타난 사제학파들에 의하여 쓰여진 사제사료층이라고 하며 2:4~3장 끝까지는 야훼 사료층으로서 창세기 1~3장은 두 개의 사료층이 혼합되어 구성되어 있다.

"성서는 상당히 유치하고 원시적인 전설의 집대성이며, 아무리 치밀한 해석을 덧붙이더라도 이 점은 변하지 않는다." - 알버트 아인슈타인, 1954년 「에릭 구트칸트에게 보내는 편지」

다음 표에서 보는 것과 같이 똑같은 창조의 과정을 설명하고 있으면서도 두 가지의 사료층은 그 내용이 서로 판이한 모습을 하고 있다.

	사제 사료층(P문서)	야훼 사료층(J문서)
합본된 구절	창세기 1:1 ~ 2:3	창세기 2:4 ~ 3장
쓰여진 시기	기원전 5세기 중반	기원전 8세기 중반
신의 호칭	신[엘로힘]	야훼 신[야훼, 엘로힘]
창조 이전에 있었던 것	완전한 물 형체 없는 땅	물이 되는 안개 완전한 땅
창조의 과정과 순서	1. 하늘, 땅, 빛 2. 물(바다/하늘) 3. 땅, 바다, 식물 4. 해, 달, 별 5. 새, 큰물고기, 물고기 6. 동물, 사람	1. 남자 2. 에덴동산 3. 나무(생명나무, 선악나무 등) 4. 강 5. 들짐승, 새 6. 여자

이처럼 두 사료층은 어느 것이 옳고 어느 것이 그른 것인 지 판단하기에 실로 난해한 문제가 아닐 수 없다. 그런데, 두 가지의 사료층을 다 인정한다고 하면 태초의 천지창조는 엘 로힘이 먼저 시작하여 창조를 끝마친 다음에 야훼가 다시 창 조하는 과정을 거쳤다고 말할 수 있는데 그것은 엘로힘이 우 주를 창조한데 반하여 야훼는 부분적인 창조활동에 불과하기 때문이다. 왜 엘로힘과 야훼의 서로 다른 창조신화가 나오고 신의 이름도 틀리는 것일까?

① 창세기 1: 1~2: 3에는 "아침이 오고 저녁이 오니 첫째 날이었다"와 "아침과 저녁이 지나고 둘째 날이었다"라 는 구절이 있는데, 신은 태양을 4일째에 비로소 만들었 다고 하였는데 그 전에는 어떻게 밤이 오고 아침이 올 수 있었는가? 전지전능한 신의 기적으로 가능했다고 치

자. 그러나 성서는 문맥상으로도 분명히 모순이 일어난다. 첫날은 빛과 어둠을 만들었고 넷째 날에 광명을 만들어 낮과 밤을 나누었다고 한다. 즉, 넷째 날이 되기 전에는 단지 주야는 없고 빛과 어둠의 구별뿐이었다는 얘기다. 그런데도 첫째 날부터 '저녁이 되며 아침이 되니' 라는 표현을 계속 쓰고 있다.

② 새가 먼저일까? 사람이 먼저일까?

* 1장---신은 다섯째 날 날개 있는 모든 새를 만들고, 여섯째날 사람을 만들었다고 되어 있다.

* 2: 4---땅에 초목도 나기 전에 인간을 만들고 다음에 나무를 만들고, 다음에 새를 만들었다고 되어 있다.

③ 동식물을 먼저 만들었나? 사람을 먼저 만들었나? 창세기 1장에서는 식물, 동물을 만든 후에 사람을 만들지만, 2장에서는 남자를 만든 후에 식물, 동물을 만든 것으로 순서가 되어 있다.

④ 남자를 먼저 만들었나? 남녀 한 쌍을 같이 만들었나? 창세기 1장에서는 맨 마지막에 남녀를 동시에 만들지만, 2장에서는 남자를 만든 후에 식물, 동물을 만들고 맨 나중에 여자를 만든 것으로 되어 있다.

☞ 창세기에는 아주 내용이 다른 두 가지의 창조신화가 기록되어 있다.

첫 번째 창조신화는 2:4의 전반부에서 종결되며, 두 번째 창조신화는 2:4의 후반부에서부터 시작된다. 처음 것은 남녀평등 사상이 그 바탕을 이루고, 나중 것은 남존여비 사상이 그 바탕을 이루고 있다. 첫 번째 창조신화에서는 인간의 창조는 천지창조의 최후에 행하여진 데 비해, 두 번째 창조신화에서는 야훼신은 천지를 만든 후 동식물보다 먼저 인간을 만든 것으로 되어 있다. 첫 번째 창조신화에서는 인간은 처음부터 남녀로 만들어진 데 비해 두 번째 창조신화에서는 처음에는 남자만 만든 것으로 되어 있다. 창세기 2장에는 야훼신이 인간을 만든 후 코에 입김을 불어 넣었으므로 그 존재의 가장 중요한 부분은 야훼신에게서 받은 것이라 말하고 있지만, 창세기 3장에서는 인간은 야훼신에 의해서 흙으로 만들어진 것이므로 괴로운 짧은 생을 마친 후 흙으로 되돌아간다고 되어 있을 뿐이다. 두 번째 창조신화는 늦어도 기원전 세기쯤에 성립된 사제성전이 중심이지만, 첫 번째 창조신화는 훨씬 뒤에 그러니까 기원전 세기쯤에 성립된 것이 아닌가 생각된다.

1장과 2장의 창조된 순서도 다르지만, 창세기 1장의 이야기에서는 신이 창조할 때는 매우 조심스러운 계획을 가지고 만들었고 "보기에 좋았더라" 라는 것을 강조하여 신이 만족한 것을 알 수 있다.

하지만 창세기 2장의 이야기는 한번 만들어 놓은 것을 자꾸 고치는 듯한 느낌을 받는다. 예를 들어 아담을 만들어 놓았는데 아담이 쓸쓸해 보이므로 이번에는 보기 좋고 맛있는 열매를 맺는 나무를 만들어 주고 그래도 심심해 하자 이번엔 동물들을 만들어 주고, 그래도 쓸쓸해 하자 이번에 하와를 만들어 준다.

그리고 아담에게나 하와에게 생명나무 열매를 먹지 말라고 한다. 하지만 결국 먹고 마는 아담과 하와…

또한 1장과 2장의 창조의 방법도 다르다. 이것은 야훼계 전승이 신을 인격화시켜서 해석하기 때문이다.

창세기 1장은 "…있으라" 하고 만든다.[예: 빛이 있으라] 즉, 말씀으로 만든다. 하지만 야훼계 전승은 야훼신이 사람이나 동물들을 만들 때 진흙을 빚어서 만든다. 그리고 야훼계는 신이 에덴동산을 걷고 있었다고 말한다. 또한 선악의 열매를 따먹은 인간이 생명나무를 먹고 영생할까 걱정하는 매우 인간적인 모습까지 보이기도 한다. 하지만 창세기 1장에서의 신의 모습은 추상적인 이미지가 매우 강하다.

이와 같이 성서에는 기원과 내용을 달리하는 여러 종류의 문서들이 뒤섞여 있다. 그래서 서로 간에 모순이 발생하기도 하는 것이며 이러한 내용은 신학대학에서 다 배우는 내용들이다. 그러나 신학대학을 졸업하고 난 후 목사가 된 뒤에는 이러한 내용을 알면서도 성서는 신의 감동으로 쓰여져 일점일획도 틀리지 않는다고 신도들에게 거짓말을 하고 있다.

대부분의 목회자들은 위와 같은 문제에 대해 "성경은 성령의 감동으로 기록된 책으로서 믿어 의심치 말라.", "성경을 읽을 때 긍정적으로 보아야지 부정적으로 보아선 안 된다."고 말한다. "성경은 믿지 않는 자는 제대로 그 뜻을 알 수 없다."라는 성경 구절을 인용하며 사탄과 마귀의 시험에 넘어가지 말라고 경고한다. 그러나 대부분의 사람들은 어릴 적에 읽은 「벌거숭이 임금님」이라는 동화에 나오는 사람들이 "정직한 사람의 눈에만 옷이 보인다."는 사기꾼의 농간에 속아 넘어간 것처럼 사탄과 마귀의 시험에 넘어가지 않으려고 어떤 의심과 질문도 덮어 버릴 수밖에 없는 것이다.

☞ 다음 동화 〈벌거숭이 임금님〉과 기독교
최초의 성서 번역본에 쓰인 히브리어나 헬라어 등은 신의 언어가 아니다. 성서번역학자 나이다(Nida)의 말대로 얼마든지 인간이 이해할 수 있는 언어로 번역이 가능한 언어이다. 물론 여러 갈래로 해석될 수 있는 가능성이 있는 단어가 많지만 그러한 여러 가지 해석의 가능성은 주석에 일일이 달아주어 밝혀주면 되는 것이다. 성서가 인간의 언어로 쓰여진 이상 고도의 비유나 상징을 제외한 대부분은 읽어서 이해할 수 있는 내용이다. 특히 한글개역판보다 공동번역판 성서가 더욱 그렇다. 신학자 나채운 씨의 말에 의하면 우리나라 교회에서 가장 많이 쓰고 있는 한글개역판 성서에는 문법이 틀리거나 말이 잘 통하지 않거나 부적당한 말이 많아 고쳐야 할 곳이 대략 10,000개 정도 된다고 한다. 따라서 필자가 인용한 성서의 구절은 '공동번역'을 많이 참조했으며 이해하기 쉬운 문장들은 '한글개역판'을 그대로 인용하기도 했다.
편견이나 선입견 없이 성서를 읽어 보면 좋은 점도 나쁜 점도 일단 다음의 도표를 보고 비교해 보라. 문제점 그리고 틀리는 곳도, 서로 모순이 되는 곳도 발견할 수 있다. 그런 것이 발견된다고 하더라도 크게 문제될 것은 없다. 그러나 문제는 그것을 의도적으로 감추거나 발뺌하거나 아예 문제 제기를 못하도록 세뇌교육을 하는 성직자들의 부도덕성에 문제가 있는 것이다. 성서에 일반인들이 감히

	벌거숭이임금님	성서 무오설	교황 무오설
주 장	임금님은 선한 사람에게만 보이는 투명한 옷을 입었다.	성서는 신의 감동으로 쓰여진 책으로 일점일획도 틀림이 없다	교황이 교황으로서 공식적으로 신앙이나 도덕 또는 교리에 관하여 선포한 내용은 절대로 틀림이 없다
세뇌교육 편 견 선 입 견 주 입	악한 사람에게는 옷이 보이지 않는다.	성서 무오설을 의심하거나 부정하는 자는 사탄에게 넘어간 자이다. 성경은 긍정적으로 보아야 하며 절대 의심해서는 안 된다. 성서는 성령이 임해야 제대로 읽을 수 있는 책이며 아무나 읽고 이해할 수 있는 책이 아니다.	교황 무오설을 부정하는 자는 이단이다.
문 제 인 지 자	모든 사람의 눈에 옷이 보이지 않는다.	신학자, 목사, 성서를 많이 공부한 사람들은 문제를 알고 있다.	성직자들은 알고 있다.
문제제기	세뇌교육을 받지 않은 어린 아이는 그저 눈에 보이는 대로 임금님은 벌거벗었다고 얘기한다.	가끔 솔직히 말했다가 퇴출당하는 성직자들을 볼 수 있다. 아무 편견이나 선입견 없이 읽다 보면 틀리는 내용과 서로 모순되는 내용도 많이 발견할 수 있다. 유럽이나 미국의 대다수의 기독교인들은 성서에는 신화나 전설도 있고 오류도 있다는 것을 인정한다. 일부 후진국과 우리나라만 성직자들에게 속고 있다.	1998년 3월 1일자 <파수대>에 의하면 현 교황은 94회에 걸쳐서 천주교의 과거 잘못을 시인하거나 사죄를 구하였다고 한다. 조찬선씨가 쓴 '기독교 죄악사'를 보면 교황들의 추태를 제대로 알 수 있을 것이다.

접근하지 못하게 하려는 시도는 일찍부터 있었다. 중세기에는 일반인들의 성서 소유를 금지하였고 어려운 라틴어 성서를 영어, 독어 등의 쉬운 언어로 번역하는 것조차 금지했었다. 왜 그랬을까? 벌거숭이 임금님을 보았을 때 사람들이 "벌거숭이"라고 말할 수 없었던 것은 "벌거숭이"라고 말함으로써 그 자신이 악한 인간이 되고 만다는 두려움 때문이었다. 성서를 읽고 뭔가 이해가 안 되고 의심스러워도 그냥 뭔가 심오한 뜻이 담겨 있겠지 하고 그냥 지나치고, 또 서로 모순되는 구절들이 분명히 있어도 왜 그럴까 하며 문제제기를 하지 못하는 사람들은 그것을 말함으로써 그 자신이 "사탄에게 유혹을 받거나 넘어간 사람"으로 간주되고 만다는 두려움 때문이다. 이 얼마나 훌륭한 구조적 장치인가?

대부분의 사람들은 이러한 장치구조 속에서 벗어나지 못하고 맴맴 돌고 있다. 그러나 이러한 장치구조를 벗어나 성서를 있는 그대로 솔직하게 바라보는 사람들은 의외로 많이 있다.

⑤ 다음은 카인의 아내와 카인을 죽이려는 사람들에 대한 문제를 살펴보겠다.

카인이 야훼께 하소연하였다.
'저를 만나는 사람마다 저를 죽이려고 할 것입니다.'
'그렇게 못하도록 하여 주마. 카인을 죽이는 사람에게는 내가 일곱 갑절로 벌을 내리리라.'
이렇게 말씀하시고 야훼께서는 누가 카인을 만나더라도

그를 죽이지 못하도록 그에게 표를 찍어 주셨다.

카인은 신 앞에서 물러나와 에덴의 동쪽 노드라는 곳에 자리를 잡았다. 카인이 아내와 한 자리에 들었더니, 아내가 임신하여 에녹을 낳았다.[창세기4:13~17]

자, 여기서 카인이 에덴에서 쫓겨나 다른 곳에서 살아야 하는데 다른 곳에서 카인을 죽일 만한 사람들과 '노드'라는 곳에서 동침한 아내는 과연 누구일까? 이는 분명히 카인이 아벨을 죽이고 쫓겨날 당시에 다른 곳에는 많은 사람이 있었다는 이야기가 된다.

신화학의 거성 죠셉 캠벨은 이러한 얘기에 대한 명쾌한 답을 제시한다. 나바호족 인디언의 신화에도 보면 나바호족 인디언이 이 세상으로 나왔을 때 푸에블로 인디언은 이미 이 세상에 나와 있었다. 이건 아담의 아들들이 이 땅에서 아내를 얻는 것과 비슷하다. 아담과 하와가 최초의 인류라면 이들의 두 아들이 장가가게 될 즈음에는 이 세상 인구는 넷밖에 안 되어야 하는 것 아닌가? 아담의 며느리 될 인간이 어디에 있다는 말인가? 그러니까 여기에서 인간이 창조되는 것은 저쪽에서 인간이 창조되는 것과는 별개인 모양이다. 이 세상 모든 민족은 나름대로 선택받은 민족이다. 그런데 재미있는 것은 자기네 민족의 이름은 인류를 의미하는 단어로 부르면서도 다른 민족에게는, '웃기는 얼굴'이라느니, '비뚤어진 코' 하는 식의 우스꽝스런 이름을 붙인다는 것이다.

결국 이 에덴동산 이야기는 중동의 코딱지만 한 땅에서 벌어진 이야기를 전세계에서 처음 유일하게 일어난 일로 묘사하고 있는 유태민족의 신화인 것이다. 더욱 결정적인 것은 인간을 흙으로 창조하는 얘기나 에덴동산 이야기는 결코 유태인의 창작이 아니라는 점이다. 슈메르 신화를 모방한 것은 이미 제1편 본문에서 설명한 바 있다. 신학자들도 이 점에 대해서는 인정을 한다. 물론 필자처럼 '모방'이라는 단어는 쓰지 않고 '에덴동산 이야기의 원형', '슈메르신화의 전승' 등의 보다 완곡한 표현을 하고 있을 뿐이다. 이 부분에 대해서는 뒤에서 다시 상술하기로 한다.

그리고 사실 카인이 동생을 죽이게 된 근본 원인은 야훼신의 편애 때문이었다. 야훼신은 카인이 농사지어 바친 음식은 열납하지 않고, 동생인 아벨이 바친 양고기만을 열납함으로써, 카인이 질투하여 아벨을 죽이게 된 것이다. [창세기4:8]

여호와 신은 그의 편애가 살인을 초래할 것이라는 것을 미리 알고 있었을까?

⑥ 다음 피는 피로써 갚아야 한다는 이야기다.

사람은 하나님의 모습으로 만들어졌으니 남의 피를 흘리는 사람은 제 피도 흘리게 되리라. [창세기9:6]

카인과 라멕은 사람을 죽였음에도 불구하고 왜 그 대가를 치르지 않는 걸까? 오히려 카인은 다른 사람이 해치지 못하도록 여호와신이 표를 주고 있고, 라멕도 777세까지 장수했다.

⑦ 다음은 노아의 홍수와 셈의 나이(Age)이다.

노아가 셈과 함과 야벳을 낳았을 때의 나이는 오백세였다.[창세기5:32]

땅 위에 홍수가 난 것은 노아가 육백세(셈은 100살) 되던 해였다.[창세기7:5,11]

셈은 홍수가 끝난 지 2년 뒤에, 그의 나이 백세가 되어 아르박삿을 낳았다.[창세기11:10]

홍수기간이 1년이라면 홍수가 끝난 지 2년 뒤면 노아가 603살이 되는 때이므로 셈은 103살이 되어야 한다. 최소한 3년의 차이가 발생한다. 사실 다른 책이라면 이 정도는 애교로 넘어갈 수 있다. 그러나 일점일획도 틀림이 없다고 우기는 Bible이라면 사정이 틀려진다.

이 름	아들을 낳은 나이			생애의 나머지 기간			총 나 이		
	마소라본	70인역	사마리아본	마소라본	70인역	사마리아본	마소라본	70인역	사마리아본
아담	130	230	130	800	700	800	930	930	930
셋	105	205	105	807	707	807	912	912	912
에 노 시	90	190	90	815	715	815	905	905	905
케 이 난	70	170	70	840	740	840	910	910	910
마할랄렐	65	165	65	830	730	830	895	895	895
야 레 드	162	162	62	800	800	785	962	962	847
에녹	65	165	65	300	200	300	365	365	365
메투셸라흐	187	167	67	782	802	653	868	868	720
라멕	182	188	53	595	565	600	777	753	653
노아	500	500	500	450	450	450	950	950	950

☞ 성서 이본(異本)에 따른 초기 조상들의 연대표

히브리어 마소라본은 아담으로부터 노아의 홍수 때까지를 1656년으로 계산하고 있지만, 사마리아본은 1307년, 70인역은 2242년으로 계산하고 있어 성서마다 동일한 것이 아님을 알 수 있다.

⑧ 다음 노아의 홍수에 대하여 알아본다.

혈육 있는 모든 생물을 너는 각기 암수 한 쌍씩 방주로 이끌어 들여 너와 함께 생명을 보존케 하되[창세기6:19] 너는 모든 정결한 짐승은 암수 일곱씩 부정한 것은 암수 둘씩을 네게로 취하며[창세기7:02]

창세기 6장에서는 "한 쌍씩" 배에 실으라 하고 7장에서는 "정결한 짐승은 암수 일곱씩, 부정한 것은 암수 둘씩"을 실으라 한다. 앞에서도 잠시 언급된 바 있지만 노아의 홍수도 두 가지의 기사가 존재하고 있는 것이다. 그리고 여기서 짚고 넘어갈 것이 더 있다. 자신이 만든 짐승인데 부정한 것은 무엇이며 정결한 것은 무엇이란 말인가? 처음부터 부정한 것은 만들지 말았어야 하는 게 아닌가? 하기는 사탄도 하나님이 만든 것이지만…

그런데 또 한 가지 웃기는 것은 창세기 7장에서 당세에 완전한 자요, 의인이었던 '노아'는 하나님의 명["정결한 짐승은 암수 일곱씩, 부정한 것은 암수 둘씩"]을 어기고 모두 암수 둘씩 넣고 있다.

정결한 짐승과 부정한 짐승과 새와 땅에 기는 모든 것이 하나님이 노아에게 명하신 대로 암수 둘씩 노아에게 나아와 방주로 들어갔더니[창세기7:8~9]

아마 성경 기자가 적는 과정에서 실수했을 것이다. 그러나 성령의 감동으로 씌여진 책이 그런 실수를 해선 안되지 않겠는가?

⑨ 그래놓고도 "다시는 모든 생물을 멸하지 아니하리니…,"
하고 다음과 같이 말한다.

"내가 다시는 사람으로 인하여 땅을 저주하지 아니하리
니, 이는 사람의 마음의 계획하는 바가 어려서부터 악함
이라. 내가 전에 행한 것같이 모든 생물을 멸하지 아니
하리니…,"[창세기8:21]

다시는 사람으로 인해 땅을 저주하지 않고 노아의 홍수
와 같이 모든 생물을 멸하지 아니한다고 해놓고서는 요
한계시록 등에서 묘사되고 있는 그 무시무시한 종말
Project는 하나님이 세운 계획이 아닌가? 앞으로도 계속
언급이 되겠지만 여호와신의 언약은 대부분 헛된 것이
라는 것을 알게 된 것이다.

그리고 사람이 어려서부터 악하다니, 이게 무슨 말인가?
공동번역판에는 "사람은 어려서부터 악한 마음을 품게
마련"이라고 되어 있는데 사람은 태어나면서부터 악하
게 태어난다는 얘기인가? 아담의 원죄 때문이라면 노아
의 홍수로 이미 끝난 일이 아닌가? 노아의 홍수로 다 쓸
어버리고 의인이라는 노아의 가족만 살려줘 놓고서는
한다는 말이 어려서부터 악하다? 그래서 노아의 홍수에
서나 소돔과 고모라 심판에서처럼 죄도 짓지 않은 갓난
아이들까지도 가리지 않고 다 죽이는 것인가?

어려서부터 악하다면 그것은 창조자의 책임이 아닌가?
전지전능한 신이 이 문제를 해결하지 못한단 말인가? 노
아의 홍수로 그렇게 많은 사람과 동식물들을 몰살시킨
후에도 세상에 악이 넘치는 것을 보면 역시 해결할 능
력이 없는 것을 알 수 있다. 앞으로 오는 종말심판 때에

정말로 많은 생명을 죽일 것이고 그 가운데서도 수많은 기독교인들은 다 살려준다는데 이번에는 그 세상이 악으로 가득차지 않게 만들 자신이 있는 걸까? 완전한 의인 노아 가족 몇 명만 살리고도 세상은 악으로 가득 차게 되었으며, 소돔과 고모라 심판 때에는 성내의 사람들이 음란하다고 불로 태워 죽이고 의롭다는 롯과 두 딸을 구하여 주었지만, 롯을 두 딸과 교합하게 하여 자손을 낳는 인류 역사상 보기 드문 부녀상간의 패륜을 저지르지 않았는가? 그런데 마지막 심판이라면서 수억의 기독교인들을 다 살려준다? 그에게는 오직 결과에 대한 땜질 처방이 있을 뿐이다. 죄인들이 생기면 죽이고 또 생기면 또 죽이고… 그에겐 근본 처방이 없다. 이담과 이브가 죄를 저질렀다면 차라리 그 둘을 죽이고 새로 인간을 창조하는 것이 더 나은 처방이 아닐까? 그렇게 홍수를 일으켜 많은 사람을 죽여야 하나. 아무 것도 모르는 갓난아기는 물론이고 아무 죄 없는 다른 동식물까지 덤으로 얹어서… 단 두 명만 죽여서 새로 만들면 되었을 것을, 두 명을 살리는 바람에 수십만, 수백만의 생명을 빼앗는다는 말인가? 우리나라에는 이러한 어리석음을 풍자하는 좋은 속담이 있다. "빈대 잡자고 초가삼간을 다 태운다." 내지는 "호미로 막을 걸 서까래로 막는다" 라고나 할까.

그러므로 김종성씨는, "만약 하나님이 에덴동산을 불완전한 곳, 고통스러운 곳으로 창조하고, 아담과 하와를 불완전하게 창조했다면 하나님은 곧 마귀이거나 전지전능치 못한 불완전한 하나님이 되는 까닭에 기독교인들은 에덴동산이나 아담과 하와를 불완전하게 창조했다고 하지 않는다. 다만 에덴동산이 불완전하고 타락하게 된 책임은 무조건 사탄에게 전가하고 있다.

하나님과 함께 살던 시대, 완전한 에덴동산에서 완전한 사람 아담과 하와가 창조된 지 며칠만에 타락하여 죄를 짓는다면, 타락한 아담의 핏줄을 이어받은 현재의 불완전한 인간들이 최후의 심판일에 용서받아 천국에 가본들 완전한 인간도 며칠 안가 죄를 짓는 판국에 불완전한 현재의 인류가 천국에 간 지 몇 분, 몇 초도 안 되어 마귀, 사탄의 꾐에 빠져 타락하고 추방될 것은 불을 보듯 뻔 한 일이 아닌가? 그러므로 성경에 있는 천국은 구원이 없는 곳이며 영원하지 못하고 언제나 마귀의 꾐에 빠질 수 있는 불안한 곳이다."라고 하였다.

⑩ 부자가 되기 위해서는 인심이 후해야 한다.

그런데 인심이 후하면 더욱 부자가 되지만 인색하게 굴면 오히려 궁해진다.[잠언11:24]

어려운 사람을 학대하면 그가 부자가 되고 부자에게 자꾸 갖다 주면 그가 가난해진다.[잠언22:16]

또, 부자에 대한 논리를 들어보면,

게으른 사람은 떡그릇 옆에서 굶어 죽지만 부지런한 사람은 부자 되게 마련이다.[잠언11:16]

야훼께 복을 받아야 부자가 된다. 애쓴다고 될 일이 아니다.[잠언10:22]

늘 상종하는 부자와 가난한 사람, 이들은 모두 야훼께서 지으셨다.[잠언22: 2] http://blog.naver.com/whiteisl/30002564332

(2) 예수는 진정 하나님의 독생자인가?

◆ 하나님의 아들들이 사람의 딸들의 아름다움을 보고 자기들이 좋아하는 모든 자로 아내를 삼는지라……. 그 후에도 하나님의 아들들이 사람의 딸들을 취하여 자식을 낳았으니 그들이 용사라 고대의 유명한 사람이었더라. [창세기6:2~4]

◆ 하루는 하나님의 아들들이 와서 여호와 앞에 섰고 사탄도 그들 가운데 왔는지라.[욥기1:6]

◆ 또 하루는 하나님의 아들들이 와서 여호와 앞에 서고 사탄도 그들 가운데 와서 여호와 앞에 서니,[욥기2:1]

◆ 그 때에 새벽 별들이 함께 노래하며 하나님의 아들들이 다 기쁘게 소리하였었느니라.[욥기38:7]

◆ 너희가 다 믿음으로 말미암아 그리스도 예수 안에서 하나님의 아들이 되었으니.[갈라디아서3:26]

◆ 무릇 하나님의 영으로 인도함을 받는 그들은 곧 하나님의 아들이라.[로마서8:14]

◆ 피조물의 고대하는 바는 하나님의 아들들의 나타나는 것이니,[로마서8:19]

◆ 화평케 하는 자는 복이 있나니, 저희가 하나님의 아들이라 일컬음을 받을 것임이요.[마태복음5:9]

"하나님의 아들들"이라는 표현이 많이 나타나는 걸로 보아 예수만이 하나님의 독생자라는 것은 틀렸다는 것을 알 수 있다. 그렇다면 하나님의 아들들이라는 이 표현들은 무엇을 의미하는 것일까? 이러한 구절들은 사실 예수의 "내가 너희를 신이라고 하지 않았더냐?"[요한10:30~36]라는 말씀을 잘 이해해야 풀릴 수 있는 문제이다. 신의 아들은 역시 신일 수밖에 없는 것이다. 인간을 모두 신이라고 말했던 예수의 선언을 이해하지 못하고 예수만이 하나님의 독생자이라고 믿는 기독교 교리에서 보면 "하나님의 아들들"이라는 구절들은 분명 모순인 것이다. 예수가 인간을 신이라고 한, 진정한 의미에 대해서는 뒤에서 다시 상술하겠다.

(3) 여호와라는 이름을 최초로 밝힌 것은

여호와는 아브라함, 이삭, 야곱에게 자신의 이름을 '여호와'라고 분명히 밝힌다.[창세기15:6~8,26~27, 28:13]
이브가 가인을 임신하고 여호와로부터 자식을 얻었노라 하더라.[창세기4:1] 등등……

아브라함, 이삭, 야곱 모두 여호와의 이름을 알고 부르고 있음을 알 수 있다. 그러나 여호와 신이 모세에게 나타나 말할 때는 "아브라함, 이삭, 야곱에게는 자신의 이름을 알리지 않았다."고 말한다.[출애굽기6:2~3]

기독교인들이 Bible의 오류가 아니라고 우긴다면 하나님이 거짓말을 한 결과가 된다. 학자들은 J문서에서는 여호와라는 이름이 처음부터 사용되고 있으며 E문서에서는 모세에게 여호와라는 이름을 계시하기 전까지 하나님을 여호와라고 부르지 않았다고 한다. 모세5경은 모세 한 사람의 작품이 아니라 여러 문서들[J, E, D, H, P문서]의 혼합이며, P문서를 골격으로 다른 부분들이 거기에 맞추어졌다고 보고 있다. 기독교인들은 이러한 사실을 인정하지 않기 때문에 이런 모순에 대해 설명할 수가 없는 것이다.

(4) 이스라엘 백성이 이집트에 머문 기간

이스라엘 백성이 이집트에 머문 기간은 야훼께서 말씀하셨다.

"똑똑히 알아두어라. 네 자손이 남의 나라에 가서 그들의 종이 되어 얹혀살며 400년 동안 압제를 받을 것이다."[창세기 15:13]

이스라엘 백성이 이집트에 머무른 것은 430년 동안이었다. [출애급기12:40]

30년의 차이가 나는데 하나님은 언약을 정확하게 안 지킨 것일까? 아니면 Bible에 잘못 기록된 것일까?

(5) 원수에 대한 것

원수에 대한 것을 한번 생각해보자. 원수를 갚아야 할 것인가? 그만두어야 할 것인가?

"동족에게 앙심을 품어 원수를 갚지 말라. 네 이웃을 네 몸처럼 아껴라. 나는 야훼이다."[레위기19:18]

언뜻 보면 자비로운 하나님같이 보인다. 그러나 그는 곧 실체를 드러내고 만다.

- ♦ 너희에게 복수의 칼을 보내어 계약을 어긴 것을 보복하리라.[레위기26;25]
- ♦ 이스라엘의 강하신 이, 주 만군의 야훼께서 말씀하신다. "아! 내가 원수들을 속 시원히 물리치고, 적에게 보복하리라."[이사1:24]
- ♦ 다른 해가 있으면 갚되 생명은 생명으로 눈은 눈으로 이는 이로 손은 손으로 발은 발로 데운 것은 데움으로 상한 것은 상함으로 때린 것은 때림으로 갚을지니라.[출

애급기21;23~25]

자신의 백성들에게는 원수를 갚지 말라고 해놓고선 여호와 자신은 원수를 갚는다. 자신이 했던 말도 기억 못하면서 전지전능한 하나님이라고 우길 수 있을 것인가?

(6) 모세의 장인은 겐사람인가? 미디안 제사장 이드로인가?

♦ 모세의 장인은 겐사람이라. 그 자손이 유태자손과 함께 종려나무 성읍에서 올라가서 아랏 남방의 유태의 황무지에 이르러 그 백성 중에 거하니라.[사사기1:16]

♦ 모세의 장인 호밥의 자손 중 겐 사람 헤벨이……[사사기4:11]

♦ 모세가 그 장인 미디안 제사장 이드로의 양무리를 치더니,[출애급기3:01]

(7) 여호와신의 약속

♦ 아비는 그 자식들을 인하여 죽임을 당하지 않을 것이요, 자식들은 그 아비를 인하여 죽임을 당하지 않을 것이라. 각 사람은 자기 죄에 죽임을 당할 것이리라.[신명기4: 16]

그러나 (사무엘하12장 15절)에는 우리아의 처가 다윗에게 낳은 아이를 여호와신이 쳐서 심히 앓게 하고 결국에는 다윗이 행한 악함에 화가 난 여호와신은 그 아이를 죽이는 벌을 다윗에게 보낸다.(사무엘하12:18)

자식들은 그 아비를 인하여 죽임을 당하지 않을 것이라고
해 놓고선 다윗 대신 그 아들을 죽인다. 자기가 한 말을 쉽게
뒤집어엎는다. 여호와 신에게 있어 약속은 헛된 것이다.

(8) 불륜에 관계되는 문제

♦ 나 야훼가 너희 하느님이다. 너희는 내가 정해 주는 규
정을 지켜 그대로 해야 한다……. 이웃집 아내와 간통한
사람이 있으면, 그 간통한 남자와 여자는 반드시 함께
사형을 당해야 한다. 누가 자기 아비의 부인과 한 자리
에 들고 그 부끄러운 곳을 벗겼으면, 그 두 사람은 반드
시 사형을 당해야 한다. 그들은 피를 흘리고 죽어야 마
땅하다. 자기 며느리와 한 자리에 드는 사람이 있으면,
그 두 사람은 반드시 사형을 당해야 한다. 그들은 추잡
한 짓을 했으니 제 피를 흘리고 죽어야 마땅하다…….
제 아비의 딸이든지, 어미의 딸이든지, 제 누이를 데리
고 살면서 누이의 부끄러운 곳을 벗기고 여자는 오라비
의 부끄러운 곳을 벗겼으면 그들은 겨레가 보는 앞에서
없애야 한다. 이것은 파렴치한 짓이다. 제 누이의 부끄
러운 곳을 벗겼으므로 죄벌을 면할 길이 없다……. 네
이모의 부끄러운 곳이나, 네 고모의 부끄러운 곳을 벗기
면 안된다. 제 핏줄의 몸을 벗긴 것이므로 죄벌을 면할
길이 없다. 숙모와 한 자리에 든 사람은 삼촌의 부끄러
운 곳을 벗긴 것이므로 그들은 죄벌을 받아 후손을 보
지 못하고 죽어야 한다.[레위기20:7~20]

참으로 자상하신(?) 하나님이다. 이렇게 일일이 열거해주

고 있으니 말이다. 모세는 하나님의 이 말씀을 들으며 얼마나 뜨끔했을까. 그의 부모가 처형당했더라면 그는 못 태어날 뻔하지 않았는가?

모세의 어머니와 고모할머니가 동일 인물이기 때문이다. 근친상간의 결과물인 것이다.

모세의 부모는 물론이고 롯과 두 딸도 근친상간을 하였고, 아브라함은 이복동생 겸 아내인 사라와 근친상간을 하였고 또 외간남자와 간통을 하였다. 이삭은 리브가, 5촌 조카와 근친상간을 하였고, 야곱은 레아, 라헬(외삼촌의 두 딸)과 근친상간을 하였고, 유다와 다말, 시아버지와 며느리가 근친상간을 하였고, 보아스는 조카며느리인 룻과 근친상간을 하였고 다윗과 밧세바의 유부남과 유부녀가 간통을 하였는데 죽이지 않았다. 하긴 이중에 아브라함, 이삭, 야곱, 유다, 보아스, 다윗은 예수의 직계조상들이니 이들을 죽였다간 예수가 탄생할 수가 없었을 것이다.

아직 모세가 율법을 받기 전이라서 용납이 될 수 있다고 우길 수도 있을 것이다. 그래도 여호와의 말이 일점일획도 틀림이 없기 위해서는 모세 이후의 인물들은 살아 있을 수가 없는 것이다. 다윗을 죽였다면 솔로몬도 못 태어나고 예수도 못 태어났을 것인가? 아니다. 예수는 어차피 아버지 요셉의 피는 단 한 방울도 이어받지 않고 태어나지 않았는가.

(9) 예수의 탄생은 어떻게 이루어졌는가?
◆ 헤롯왕 때에 예수께서 유태 베들레헴에서 나시매… 잠에서 깨어난 요셉은 주의 천사가 일러 준 대로 마리아를 아내로 맞아 들였다. 그러나 아들을 낳을 때까지 동

침하지 않고 지내다가 마리아가 아들을 낳자 그 아기를
예수라고 불렀다.[마태2:1~25]

♦ 그 무렵에 로마 황제 아우구스토가 온 천하에 호구조사
령을 내렸다. 이 첫번째 호구조사를 하던 때 시리아에는
퀴리노라는 사람이 총독으로 있었다. 그래서 사람들은
등록을 하러 저마다 본고장을 찾아 길을 떠나게 되었다.
요셉도 갈릴래아 지방의 나자렛 동네를 떠나 유태지방
에 있는 베들레헴이라는 곳으로 갔다. 베들레헴은 다윗
왕이 난 고을이며 요셉은 다윗의 후손이었기 때문이다.
요셉은 자기와 약혼한 마리아와 함께 등록하러 갔는데
그 때 마리아는 임신중이었다. 그들이 베들레헴에 가 머
물러 있는 동안 마리아는 달이 치서 드디어 첫아들을
낳았다.[누가2:1~7]

탄생장소도 일치하지 않는다. 요한복음에는 갈릴리라 쓰여
져 있고 마태복음, 누가복음에는 베들레헴이라 쓰여져 있으니
말이다.

♦ "저분은 그리스도이시다."라고 말하는 사람들이 있는가
하면 어떤 사람들은 "그리스도가 갈릴레아(갈릴리)에서
나올 리가 있겠는가? 성서에도 그리스도는 다윗의 자손
으로 다윗이 살던 동네 베들레헴에서 태어나리라고 하
지 않았느냐?"라고 말했다.[요한복음7:41~42]

위 이야기는 예수가 그리스도냐 아니냐의 문제로 군중들
사이에 분분한 가운데 예수가 그리스도라면 베들레헴에서 태
어났어야 하는데 어떻게 갈릴리에서 태어났느냐고 따지는 장

면이다. 여기에 대해 예수가 베들레헴에서 태어났다고 반박하는 사람이 한 사람도 없다. 그리고 그 뒤 50~52절에는 니고데모가 예수를 감싸는 발언을 하자 주위에 있던 사람들은 "당신도 갈릴레아 사람이란 말이오? 성서를 샅샅이 뒤져 보시오. 갈릴레아에서 예언자가 나온다는 말은 없소."라고 핀잔을 주었다는 얘기가 나온다. 이 이야기를 통해 볼 때, 그 당시의 사람들은 예수가 베들레헴에서 태어나지 않고 갈릴리에서 태어났다는 사실을 알고 있었다는 것을 알 수 있다. 따라서 요한복음이 사실이라면 마태복음과 누가복음은 예수를 다윗의 땅 베들레헴에서 태어난 것으로 만들기 위해 날조를 한 것일 것이다. 어느 한 쪽도 날조가 아니라면 이 모순을 해결할 방법이 없기 때문이다.

탄생시기도 "헤롯"왕 통치시["헤롯"은 BC 4년에 죽음][마태 2:1]와 로마 황제 아우구스토가 온 천하에 호구조사령을 내린 시기[AD 6년경][누가2:1~7]로 일치하지 않는다.

마태복음과 누가복음은 예수의 탄생시기에 있어서 최소한 10년 이상의 차이가 있다는 것을 알 수 있다. 그리고 누가복음 2장 2절의 말씀처럼 헤롯의 치세기간 동안에 퀴리니우스(구레뇨)는 시리아의 총독이 된 적이 없다. 이 시기의 로마사는 매우 정확하게 역사서에 기록되어 있기 때문에 발뺌을 하래야 할 수가 없다. 따라서 누가의 기록은 엉터리이거나 날조라는 것을 알 수 있다. 따라서 마태복음과 누가복음의 기록자는 유태민족의 영웅인 다윗왕이 태어난 곳이 베들레헴이므로 예수가 유태민족의 영웅인 다윗왕의 적통의 자손이라는 것을 강조하고자 갈릴리의 나자렛에서 태어난 예수를 베들레헴에서 태어났다고 출생지를 날조하여 기록한 것이다. 그러다가 그만 예수의 탄생시기를 서로 틀리게 기록하는 실수를 범한 것이다. 그리고 예수 탄생시의 마리아와 요셉의 관계에 대해서도 서로 틀리는 기록을 하고 있다.

마리아가 요셉과 결혼 후 예수를 낳았다.[마태1:24~25] 약혼한 상태에서 낳았다.[누가2:5]

(10) 예수의 할아버지는 누구일까?

[마태복음1:16]에서는 야곱이라 하고,
[누가복음3:23]에서는 헬리라 적고 있다.
[마태복음1:17]에서는 아브라함의 42대손이라 하고,
[누가복음3:23~38]에서는 아브라함의 56대손이라 하고 있다.
마태복음1장), 누가복음 3장에서는 아브라함~다윗 14代(대)로 되어 있다.

다윗 ~ 여고냐?

1. 솔로몬	2. 르호보암	3. 아비아
4. 아사	5. 여호삿바	6. 요람
7. 웃시아	8. 요담	9. 아하스
10. 히스기아	11. 므낫세	12. 아론
13. 요시아	14. 여고냐	

1. 나담	2. 맛다다	3. 맨나
4. 멜레아	5. 엘리아김	6. 요남
7. 요셉	8. 요다	9. 시므온

10. 레위	11. 맛닷	12. 요림
13. 엘리레서	14. 예수	15. 에르
16. 엘바담	17. 고삼	18. 맛디
19. 넬리	20. 네리 여고냐 ~ 예수	

1. 스알디엘	2. 스룹바벨	3. 아비훗
4. 엘리아김	5. 아소르	6. 사독
7. 아김	8. 엘리웃	9. 엘르아살
10. 맛단	11. 야곱	12. 요셉
13. 예수		

1. 스알디엘	2. 스룹바벨	3. 레사
4. 요아난	5. 요다	6. 요섹
7. 서머인	8. 맛다디아	9. 마앗
10. 낙개	11. 에슬리	12. 나훔
13. 아모스	14. 맛다디아	15. 요셉
16. 안나	17. 멜기	18. 레위
19. 맛닷	20. 헬리	21. 요셉
22. 예수		

마태복음1장 17절에 의하면 '아브라함부터 다윗까지 열 네 대요, 다윗부터 바벨론으로 이거할 때까지 열 네 대요, 바벨론으로 이거한 후부터 그리스도까지 열 네 대'라고 하여 도합 42대라고 되어 있다. 그런데 정작 마태복음1장 1~16절까지 열거한 족보를 보면 상기 도표와 같이 아브라함에서 예수까지 41대밖에 없다.

여기에 관련된 마지막 구절을 보면 다음과 같다.

◆ 야곱[39대]은 요셉[40대]을 낳았고 마리아에게서 예수[41
대]가 태어나셨느니라.[마태1:16]

이 구절 중 마리아[예수의 모친]를 예수의 조상으로 더 친
다면 예수는 정확하게 아브라함으로부터 42대째가 되는 셈인
데 세상에 이렇게 치는 족보는 없는 것이니 이 차이를 과연
무엇이라고 설명할 수 있을 것인가? 마태복음에서는 실수로
한 세대를 빠뜨렸음을 알 수 있다.

그리고 더욱 심각한 오류는 누가복음에서는 아브라함에서
예수까지 56대로 마태복음과는 전혀 다르다. 아버지인 '요셉'
민 같고 다른 조상들은 서로 틀리다는 것을 알 수 있다.

물론 기독교인들은 성경의 오류를 절대로 인정할 사람들
이 아니다. 그래서 하나는 요셉의 족보요, 하나는 마리아의
족보라고 궁색한 변명을 하기도 한다. 본서에서 계속 언급되
고 있는 유태민족의 멘탈리티를 안다면 그들에게 있어서 여
자가 얼마나 하찮은 존재였는가 하는 것을 알 수 있다. 한마
디로 두 복음서는 서로 틀리는 족보인 것이다. 족보상의 이름
을 보면 마태복음은 중복이 없는데 누가복음은 다윗시대의 14
대에 "예수"라는 이름이 나오고 여고냐시대에는 맛다디아가 8
대와 14대에 중복되고 요셉이 15대와 21대에 중복되어 있음을
볼 때 마태복음의 내용이 누가복음 보다는 더 신빙성이 있어
보이나 마태복음 역시 앞에서 언급한 것처럼 한 세대의 족보
명을 누락하고 있다. 예수가 구약에 예언된 메시야라는 것을
유태인에게 증명하고 싶어 마태복음과 누가복음에 그 족보를
써놓은 것까지는 좋은데 족보의 내용도 서로 틀리고, 마리아

는 요셉과 결혼도 하기 전에 성령으로 잉태하였다고 했으므로 예수의 몸에는 요셉의 피는 한 방울도 섞이지 않았는데 예수를 진정 다윗의 후손이라 할 수 있는가?

(11) 예수와 두 명의 강도

다음 예수와 두 명의 강도에 대하여 알아본다. 예수는 두 명의 강도와 함께 십자가에 매달렸다. 여기서 누가복음에는 두 강도 중 한 강도는 회개해 구원을 받았다고 되어 있고 마태복음27: 44와 마가복음15: 32에는 두 강도 모두 다 예수를 모욕했다고 되어 있다.

(12) 과연 율법은 폐할 수 있는 것인가.

- ♦ 여호와가 너희를 위하여 기록한 율례와 법도와 율법과 계명을 너희가 지켜 영원히 행하고[열왕기하17:37]
- ♦ 여호와의 율법은 완전하여 영혼을 소생케 하고 여호와의 증거는 확실하여 우둔한 자로 지혜롭게 하며 여호와의 교훈은 정직하여 마음을 기쁘게 하고 여호와의 계명은 순결하여 눈을 밝게 하도다. 여호와를 경외하는 도는 정결하여 영원까지 이르고 여호와의 규례는 확실하여 다 의로우니…[시편19:7~9]

자, 그럼 완전한 여호와의 율법, 영원히 행해야 할 율법이 과연 어떠한가를 한 번 살펴보자.

- ♦ 소나 양, 염소의 비계를 먹어서는 안되고 토끼고기, 돼지고기도 먹어서는 안 된다. 그리고 모든 짐승과 새의 피도 먹어선 안 된다.[레위기7장,11장]

♦ 남자아기는 생후 8일 후에 할례[포경수술]를 해야만 한다.[레위기12: 3]

♦ 여자가 잉태하여 아들을 낳으면 7일 동안, 딸을 낳으면 14일 동안 월경할 때와 같이 부정하다. 그러니 거룩한 물건을 만져도 안 되고 성소에 들어가지도 못한다.[레위기12:2~5]

여자는 남자를 가르쳐서는 안 되고…[디모데전2:12],

금이나 진주를 착용해서도 안 되고…[디모데전2:9]

부인은 남편의 말에 무조건 복종해야 한다.[에베소서5:22]

♦ 동물이나 작물의 잡종을 금함.[레위기19:19]

그러나 이 잡종 때문에 지금까지 인류가 굶지 않고 살아올 수 있었던 게 아닌가?

♦ 종류가 다른 실로 짠 옷도 입지 마라.[레위기19: 19]

그대가 입고 있는 옷은 혹시 두 종류의 재료로 되어있지는 않은가?

♦ 부모의 말을 듣지 않고 방탕하고 술만 마시는 아들은 돌로 쳐 죽여라.[신명기21:20]

요즘 같으면 돌에 맞아 죽을 자식들이 참으로 많을 것이다.

♦ 전쟁시에 항복한 도시의 시민들은 노예로 만든다.[신명기20:11]

♦ 만약 어떤 남자가 한 여자와 결혼했는데 그 여자가 처녀가 아니라면 그녀는 돌로 쳐 죽여야 한다.[신명기22:21]

♦ 약혼도 안한 처녀와 같이 잔 총각은 그녀와 결혼해야

한다.[신명기22:28]

♦ 남종이나 여종을 두려면 다른 민족에게서 구해야 하고 이 종들을 자손에게 대대로 물려주어 언제까지나 소유하게 할 수 있다. 그러나 이스라엘 백성끼리는 아무도 심하게 부릴 수 없다.[레위기25:44~46]

♦ 가나안은 저주를 받아 형제들에게 천대받는 종이 되어라.[창세기9:25]

노예제도를 인정하는 이러한 구절들은 이외에 신약에도 많이 있다.

♦ 자기 남종이나 여종을 때려 당장 숨지게 한 자는 반드시 벌을 받아야한다. 다만 그 종이 하루나 이틀만 더 살아있으면 벌을 면한다. 종은 주인의 재산이기 때문이다.
[출애급기21:20~21]

노예는 사람이 아니라 재산이라는 것이다.

♦ 불알이 터진 사람이나 자지가 잘린 사람은 야훼의 대회에 참석하지 못한다. 사생아는 야훼의 대회에 참석하지 못 한다. 그 후손은 십대에 이르기까지도 야훼의 대회에 참석하지 못한다.[신명기23:2~3]

성불구자나 사생아와 고아 그리고 그들의 자식들은 교회에 갈 수 없는 것일까?

♦ 여자는 남자의 의복을 입지 말 것이요. 남자는 여자의 의복을 입지 말 것이라. 이같이 하는 자는 네 하나님 여호와께 가증한 자니라.[신명기22:5]

여자들은 바지를 입어서는 안될 것이다.

여호와의 율법은 완전하다고 한다. 영원히 지켜 행하라고 한다. 그런데 예수는 율법을 완전하게 하겠다라고도 하고 폐하겠다라고도 한다. 예수가 하나님이라면 그 자신이 완전하다고 말해놓고선 다시 율법은 완전하게 하겠다는 것은 자신의 말을 자신이 부정하는 꼴이 되는 것이다.

(13) 예수는 율법에 대하여 어떠하였는가?

① 율법은 폐지되었다.

♦ 또 하나님께서는 여러 가지 달갑지 않은 조항이 들어 있는 우리의 빚 문서를 무효화하시고 그것을 십자가에 못 박아 없애 버리셨습니다. …… 그러므로 여러분은 먹고 마시는 문제나 명절 지키는 일이나 초생달 축제와 안식일을 지키는 문제로 아무에게도 비난을 사지 마십시오.[골로새서2:14~16]

♦ 성서에 "율법서에 기록된 모든 것을 꾸준히 지키지 않는 사람은 저주를 받을 것이다."라고 기록되어 있듯이 율법을 지키는 것에 의존하는 사람은 언제나 저주의 위협을 받고 있습니다. 그러니 율법을 통해서는 아무도 하나님과 올바른 관계를 맺을 수 없다는 것이 분명합니다.[갈라3:10~11]

♦ 죄가 너희를 주관치 못하리니 이는 너희가 법 아래 있지 아니하고 은혜 아래 있음이니라.[로마6:14]

♦ 원수된 것 곧 의문에 속한 계명의 율법을 자기 육체로 폐하셨으니,[에베소서2:15]

♦ 그리스도는 모든 믿는 자에게 의를 이루기 위하여 율법의 마침이 되시니라.[로마서10: 4]

♦ 전에 있던 율법의 규정은 무력하고 무익했기 때문에 폐

기되었느니라. 율법은 아무 것도 완전하게 하지 못하였
도다.[히브7:18~19]

② 율법은 일점일획도 없어지지 않는다. 율법을 지켜야
한다.

♦ 우리가 믿음으로 말미암아 율법을 폐하느뇨. 그럴 수 없
느니라. 도리어 율법을 굳게 세우느니라.[로마3:31]

♦ 내가 율법이나 예언서의 말씀을 없애러 온 줄로 생각
하지 말아라. 없애러 온 것이 아니라 오히려 완성하러왔
다. 분명히 말해 두는데, 천지가 없어지는 일이 있더라
도 율법은 일점일획도 없어지지 않고 다 이루어질 것이
다. 그러므로 가장 작은 계명 중에 하나라도 스스로 어
기거나, 어기도록 남을 가르치는 사람은 누구나 하늘나
라에서 가장 작은 사람 대접을 받을 것이다. 그러나 스
스로 계명을 지키고, 남에게도 지키도록 가르치는 사람
은 누구나 하늘나라에서 큰 사람 대접을 받을 것이다.
[마태5:17~19]

♦ 하늘과 땅은 사라져도 율법은 한 획도 없어지지 않을
것이다.[누가16:17]

♦ 누구든지 계명을 다 지키다가도 한 조목을 어기면 계명
전체를 범하는 것이 된다.[야고보서2:10]

♦ 너희에게 율법을 제정해 준 이는 모세가 아니냐? 그런데
도 너희 가운데 그 법을 지키는 사람은 하나도 없다. 도
대체 너희는 어찌하여 나를 죽이려 하느냐?[요한7: 19]

율법을 지켜야 할까? 안 지켜도 되는 것일까? 지킬 필요가

없다는 쪽은 앞의 말씀들만을 인용하고, 지켜야 된다는 쪽은 뒤의 말씀들만 인용한다. 자신들의 교리에 유리한 말씀들만 인용하고 있는 것이다.

예수는 공관복음서에서 바리사이파와의 논쟁에도 불구하고 대체로 유태주의의 모든 교의를 고수하는 독실한 유태인으로 그려지고 있다. 또한 율법을 반대하는 발언은 주로 바울이 하고 있고 예수께서 직접 하신 말씀은 "율법은 일점일획도 없어지지 않는다."는 말씀을 비롯하여 주로 지키라는 쪽의 말씀이 많으니 지키는 것이 옳을 것 같은데… 그런데 기독교인들은 십계명에 해당하는 안식일[토요일], 여호와신이 영원히 지키라고 하고, 안 지킨 사람을 죽이라고까지 명령한 안식일은 안 지키면서, 십계명에도 들지 않는 "십일조"는 안 지켰다간 교회에서 고개를 들기도 힘들다. 성경 말씀보다도 교회가 우선인 것이다. 그리고 대다수의 기독교인들이 안식일이 토요일이라는 사실과 천주교가 이를 토요일에서 일요일로 변경했다는 것을 모르고 있다.["안식일"에 대한 내용은 뒤에서 다시 상세하게 다룰 것이다.]

(14) 이혼에 대해서

모세는 '누가 아내를 맞아 부부가 되었다가 그 아내에게 무엇인 가 수치스런 일이 있어 남편의 눈 밖에 나면 이혼증서를 써 주고 그 여자를 집에서 내보낼 수 있지만…' 등등 말했고[신명기24:1]

예수는 '누구든지 음행한 경우를 제외하고 아내를 버리면,

이것은 그 여자를 간음하게 하는 것이다. 또 그 버림받은 여자와 결혼하면 그것도 간음하는 것이다.'[마태5:32]라 했으며

　바울은 '이것은 주님의 말씀은 아니고 내가 하는 말이다. 어떤 교우에게 교인이 아닌 아내가 있는데 그 아내가 계속해서 함께 살기를 원하면 그 아내를 버려서는 안 된다. 또 어떤 여자 교우에게 교인이 아닌 남편이 있는데 그가 계속해서 함께 살기를 원하면 역시 그 남편을 버려서는 안 된다. 믿지 않는 남편은 믿는 아내로 말미암아 거룩하게 되고 또 믿지 않는 아내도 믿는 남편으로 말미암아 거룩하게 되기 때문이다. 그렇지 않았다면 여러분의 자녀도 깨끗하지 못했을 터인데, 실상은 다 거룩하지 않는가. 만일 믿지 않는 쪽에서 헤어지려고 한다면 헤어져도 좋다. 이런 경우에 남녀 교우들은 아무런 속박도 받지 않는다.'[고린전서7:12~15]라고 했다.

　이 구절들은 모순되지 않는다고 주장할 수 있다. 모세의 구약은 예수의 말씀으로 얼마든지 대체될 수 있는 것이고 또 바울은 순전히 자기 생각이라고 하면서 말을 하고 있기 때문이다. 그러나 성서는 일점일획도 신의 감동이 아닌 것이 없다는 데 문제가 있다. 그리고 기독교인들은 이 말씀들을 자기에게 유리한 구절만을 이용하는 데 더 큰 문제가 있는 것이다. "기독교 신자들은 이 세 가지의 말 모두가 성경에 나와 있는 말이니, 아무 말이든 자기에게 유리한 것을 아내에게 들려주면 될 것이다."라는 하원 씨의 뼈있는 말이 무엇을 의미하겠는가? 기독교인들은 성서에서 구약, 신약 가리지 않고 자신들의 교리를 옹호하는데 유리한 구절들만 인용해서 쓰는데 참으로 웃기는 것은, 그렇게 인용한 성서의 구절들과 정반대되는 구절들을 가지고 다른 교리를 주장하는, 다른 교파의 기독

교인들을 아주 쉽게 볼 수 있다는 것이다. 성서의 포용력은 정말 대단하다. 서로 모순되는 내용을 모두 품고 있으니까, 이 주장도 맞고 저 주장도 맞는 것이다. 그러나 반대로 이 주장도 틀리고 저 주장도 틀리다는 사실을 아는가?

(15) 유다의 죽음에 대한 기록도 다르다.

◆ 자기가 저지른 일을 뉘우치고 은 30냥을 성전에 내동댕이치고 목매달아 죽었다. 그러자 사제들은… 그 돈으로 옹기장이의 밭을 사서 나그네의 묘지로 사용하기로 했다.[마태27:3~8]
◆ 유다가 예수를 판 돈으로 밭을 샀는네, 그 후 땅에 거꾸러져서 배가 갈라져 내장이 온통 터져 나왔다.[사도행전 1:18]

(16) 주기도문의 내용도 일치하지 않는다.

◆ 너희는 이렇게 기도하라.
하늘에 계신 우리 아버지여,
이름이 거룩히 여김을 받으시오며,
나라이 임하옵시며, 뜻이 하늘에서 이룬 것 같이
땅에서도 이루어지이다. 오늘날 우리에게
일용할 양식을 주옵시고,
우리를 시험에 들게 하지 마옵시고,
다만 악에서 구하옵소서.

[나라와 권세와 영광이 아버지께
영원히 있사옵나이다. 아멘[마태6:9]

♦ 너희는 기도할 때에 이렇게 하라.
아버지여, 이름이 거룩히 여김을 받으시오며,
나라이 임하옵시며, 우리에게 날마다
일용할 양식을 주옵시고,
우리가 우리에게 죄지은 모든 사람을
용서하오니 우리 죄도 사하여 주옵시고,
우리를 시험에 들게 하지 마옵소서 하라.[누가11:1]

우리나라 신학자가 주기도문에서 문법이 틀리거나 뜻이
이상한 것을 모아 책으로 펴낸 것이 있다. 그 중 몇 가지만
예를 들어본다. '나라이 임하옵시며'라는 말은 무슨 뜻일까?
그 신학자가 교회 다니는 학생들에게 물어 보았더니, 대부분
의 학생들이 '나라에 임하옵시며'라는 뜻으로 알고 있었다 한
다. 그러나 이것은 '하늘에 계신 아버지가 나라에 임하라'라는
뜻이 아니라, '하늘에 계신 아버지 나라가 임하라'라는 뜻, 곧
하늘나라가 오라는 뜻이다. 따라서 '나라이'가 아닌 '나라가'
로 번역을 해야 옳은 것이다. 이것은 마치 세 살 먹은 어린애
가 '아버지가 오셨다.'를 '아버지이 오셨다.'라고 말한 것과 마
찬가지인 것이다.

그리고 '오늘날 우리에게 일용할 양식을 주옵시고'라는 구
절에서 '오늘날'은 '오늘'을 잘못 번역한 것으로서, 그리스 원
문 성경이나 지금의 영어, 독어 등 다른 성경에서는 모두 '오
늘'로 되어 있으며, '주옵시고'라는 말은, 우리말에 '주시옵소

서'라는 말은 있지만 '주옵시소서'라는 말은 없듯이 문법상으로 틀린 말이라는 것이다. 따라서 위의 구절을 바로 잡으면 '오늘 우리에게 일용할 양식을 주시옵고'라고 해야 되는 것이다. 참 웃기는 일이다. 가장 중요하다고 말할 수 있는, 몇 줄 되지도 않는 주기도문조차 이렇게 번역해 놓고 있으며, 예수가 기도문이라고 가르쳐준 것조차 복음서끼리 서로 틀리니 말이다. 그리고 일반신자들은 그 뜻조차 모르고 외우고 있으니 더욱 가관이다.

(17) 예수의 무덤에서 일어난 일

예수의 무덤을 찾아간 여인은 몇 명인가?

3명(마르코16:1), 2명(마태27:1~3), 1녕(요한20:1)

여인들이 예수의 무덤에서 본 사람은 몇 명이었던가?

1명(마태, 마가), 2명(누가, 요한)

예수의 무덤에서 일어난 일들을 각 복음서별로 내용을 요약하면 다음과 같다.

마태 :두 마리아가 무덤에 가봄 / 지진이 나며 동굴 문 열림 / 천사 강림 / 문지기 무서워 떨음 / 천사가 말함 / 예수와 상면함 / 발 붙잡고 경배함 / 갈릴리로 가라하심

마가 :두 마리아와 살로메가 가서 봄 / 무덤에 들어감 / 흰 옷의 청년 서있음 / 이 청년이 갈릴리로 가라 지시함 / 이 청

년이 제자에게 전하라 지시함

누가: 여자들이 가봄 / 무덤 안에 들어감 / 찬란한 옷의 두 사람 있음 / 베드로도 달려가서 조사함 / 베드로는 세마포만 발견함

요한: 막달라 마리아 혼자서 가봄 / 빈 무덤 발견함 / 베드로와 한 제자 달려감 / 세마포와 머리 수건만 목도함 / 베드로와 한 제자 집으로 돌아감 / 마리아 울고 서있음 / 흰옷의 두 천사 나타남/ 예수 나타나서 계심 / 나를 만지지 말라 명하심

여기서 막달라 마리아는 세 복음서에서 공통되게 나타나고 따라서 이 복음서들이 서로 틀리지 않다고 주장하려면 막달라 마리아는 무덤에 최소한 세 번은 가 보았어야 하고, 매번 다른 사람과 매번 다른 사건을 경험해야 할 것인데 막달라 마리아가 여러 번 무덤에 간 것일까요? 아니면 몇 개의 복음서 내용이 잘못된 기록일까요?

또 마태복음에는 예수가 부활하여 제자들을 제일 먼저 만났던 곳은 갈릴리에 있는 산이라고 하고, 누가복음에는 예루살렘에서 만났다고 되어 있고, 부활 후 나타낸 몸을 보이신 횟수, 보인 무리, 장소, 승천하기까지의 시간 등등에서 4복음서는 모두 다르게 기술하고 있다.

(18) 복음의 전파에 대해서

① 이스라엘 백성에게 전파하라.

♦ 열 두 사람을 파견하시면서 예수께서는 이렇게 말씀하셨다. "이방인들이 사는 곳으로도 가지 말고 사마리아 사람들의 도시에도 들어가지 말라. 다만 이스라엘 백성 중의 길 잃은 양들을 찾아가라."[마태10:5~6]

♦ 예수는 자기 백성을 죄에서 구원할 것입니다.[마태1:20~21]

♦ [또 한 번은 이방인 여자가 자기 딸이 마귀가 들려 몹시 시달리고 있으니 자비를 베풀어 달라고 하자 예수 왈] "나는 이스라엘 집의 잃어버린 양 외에는 다른 데로 보내심을 받지 아니하였노라." 하신대 [그래도 그 여자가 무릎을 꿇고 엎드려 도와 달라고 애원하자 예수 왈] "자녀의 떡을 취하여 개들에게 던짐이 마땅치 아니하니라." 여자가 가로대, "주여 옳소이다마는 개들도 제 주인의 상에서 떨어지는 부스러기를 먹나이다." 하니 이에 예수께서 대답하여 가라사대, "여자야 네 믿음이 크도다. 네 소원대로 되리라." 하시니, 그 시로부터 그의 딸이 나으니라.[마태15:21~28]

② 천하 만민에게 전파하라.

♦ 너희는 온 천하에 다니며 만민에게 복음을 전파하라.[마가16:15]

마가복음서16:9~20까지의 내용은 후대에 가필된 것이다.[2부 '복음서 변조'편 참조] 가필로 인해 성서의 구절들이 서로 모순을 일으키게 되는 것이다.

자녀[이스라엘 백성]에게 먹일 빵을 개[이방인]에게 던져주는 것은 좋지 않다.”는 비유의 말씀은 성인의 품격에 어울리는 말은 아니다. 물론 사마리아 여인의 믿음을 테스트했다는 식으로 기독교인들은 변명하겠지만 “주인의 상에서 떨어지는 부스러기라도 얻어 먹는다.”는 비굴한 믿음을 강요해야만 했었는가? 그렇다면 이스라엘 백성들이 아닌 다른 이방민족으로서 구원을 얻는 자는 주인의 밥상에서 떨어지는 부스러기를 얻어먹는 떨거지들이란 말인가? 그리고 사실 테스트라고 보기도 힘들다. 왜냐하면 예수는 분명

“이방인들이 사는 곳으로도 가지 말고 사마리아 사람들의 도시에도 들어가지 말라. 다만 이스라엘 백성 중의 길 잃은 양들을 찾아가라.”,

“나는 이스라엘 집의 잃어버린 양 외에는 다른 데로 보내심을 받지 아니하였노라.”고 말하지 않았는가?

예수는 물론 이방인에 대한 차별은 하지 않은 것 같다.

[예수가 인종차별주의자라는 견해도 있음].

그래서 그는 이방인들을 적극적으로 구원하려고 하지는 않았다. 예수는 유태인에게만 전도하려 했으며, 그러한 이유로 유태인이 아닌 이방인에게 전도한 건 예수의 12제자가 아니라 예수가 살았을 때는 한 번도 예수를 만난 적이 없는 바울인 것이다.

(19) 예수는 평화적 메시야일까, 전투적 메시야일까?

복음서의 어느 구절에서는 예수가 아주 평화로운 메시야

로 표현되나, 또 다른 구절에서는 전혀 모순되는 진술을 한다. 복음서의 모순성은 다음과 같은 구절들을 비교해 보면 분명히 드러난다. 예수의 진면목은 어느 쪽일까? 문화인류학자 마빈 해리스는 그의 저서 <문화의 수수께끼>에서 여러 가지 근거를 제시하며 전투적 메시야가 예수의 본래의 모습이라고 주장한다. 평화적 메시야인가? 전투적 메시야인가?

♦ 화평케 하는 자는 복이 있다.[마태5:9]

♦ 누구든지 네 오른쪽 뺨을 치거든 왼쪽 뺨을 돌려 대라. [마태5:39]

♦ 검을 가진 자는 검으로 망하리라.[마태26:52]

♦ 네 원수를 사랑하며 너를 미워하는 자를 선하게 대하라.[누가6:27]

♦ 내가 세상에 화평을 주러 온 줄로 생각하지 말라, 화평이 아니오, 검을 주러 왔다.[마태10:34]

♦ 내가 세상에 화평을 주러 온 줄 아느냐? 아니다, 도리어 분쟁케 하러 왔노라.[누가12:51]

♦ 검이 없는 자는 겉옷을 팔아 검을 살지니라.[누가22:36]

♦ 노끈으로 채찍을 만드사 양이나 소를 다 성전에서 내쫓으시고… 환전상의 돈을 쏟으시며 상을 엎으시고… [요한2:15]

이외에도 모순되는 곳은 많다. 성서에는 왜 이렇게 서로 모순되는 내용이 많은 걸까? 가장 먼저는 성서의 모든 말씀을 신의 감동으로 쓰여졌다고 우김으로써 예수의 말씀과 사도들의 말씀이 모순되는 경우에 교리에 맞는 쪽의 말씀만 인용하고 주장함으로써 모순이 발생한 것이다. 예컨대 예수는 자기 자신을 하나님이 절대 아니며, 같은 수준도 아니라고 누누이 말하고 있다. 그럼에도 불구하고 다른 사도들의 말 중에 예수를 하나님이라고 우길 수 있는, 비슷한 말을 끌어다 예수를 하나님이라고 하면서 삼위일체 교리를 주장하는 것이다. 또한 성서에 모순이 발생하는 것은 여러 가지 문서들[J, E, D, P사료층 등]이 혼합되어 있기 때문이기도 하고, 자기 교파의 교리를 옹호하기 위해 후대에 가필했다거나, 없는 사실을 날조했다거나 하는 등의 여러 이유가 있을 수 있지만, 가장 중요한 이유는 예수가 아람어로 말한 메시지가 구전으로 전해지다 사라지고 없다는 것이고, 그 구전되던 것을 헬라어로 번역 기록한 원전조차도 없고 수많은 사본들만이 존재하고 누가 지었는지 정확하게 알 수 있는 것은 몇 개 되지도 않기 때문이다. 따라서 복음서에서 모순과 오류가 많이 발생하는 것은 여러 단계에 걸친 성서의 왜곡이 가장 큰 이유라고 할 수 있을 것이다.

그러므로 달마대사는 "확연무성(廓延無聖)이라" 하여 문자들을 내세우지 않고 바로 인심을 가리켜 성불하게 한 것이다 (不立文字 直指人心 見性成佛).

글을 다 쓰고 나서

이와 같이 기독교는 유태인들을 배경으로 유태교에 근거를 두고 있는데, 그들 나라를 벗어나서 세계적인 종교로 발돋움한 것은 무슨 까닭인가. 예수님이 유대교의 폐쇄성과 선민사상을 부인하고 보편적인 새로운 가르침을 주창한 데 원인이 있지만 한편 사도들의 희생적인 포교방식에 뿌리가 깊다고 생각된다.

예수님 사후 사도 바울과 바나바 같은 이들이 적극적인 전교활동에 나서 당시 로마제국의 박해를 받고 있던 기독교가 꾸준히 세를 늘려 소아시아 지방에서까지도 토종 다신교를 밀어내고 자리를 잡았다.

궁극적인 이유는 로마제국의 문화적인 우수성에도 동감된다. 로마의 우수한 문화는 북부 이방민족에게는 선망의 대상이었는데, 특히 기독교가 로마제국의 종교가 되자 미개한 게르만민족으로부터 유럽 각국의 군소 민족주의자들이 독립에 무관심한 평화를 부르짖는 예수를 정의의 기수(旗手)로 손꼽고 따라 나선 것이다.

한편 로마는 신민지 개척에 앞장서서 원주민들을 사정없이 죽이고 강압적으로 개종시켰다. 카톨릭은 중남미지방을 중심으로, 개신교는 아프리카지역을 중심으로 똑같은 방식에 의해 자신들의 종교를 전파하였다.

총칼을 앞세운 침략 - 이것은 서부의 개척사에서 잘 드러나고 있지만 곧 원주민들의 씨를 말리는 수단이었다. 그러나 땅의 주인인 아버지 어머니 할아버지 할머니들이 죽어 없어졌지만 제2세 · 3세를 대하는 선교사들이 따뜻한 사랑으로 오히려 친부모형제들보다도 더 잘 거두어 주었으며, 먹여주고 입혀주고 가르쳐 새사람을 만드는데 기름진 재가 되었다. 이로 인해 원주민들 2세들은 원망보다는 오히려 감사한 눈빛으로 저들이 하는 일을 직 · 간접으로 도왔다.

한편 선교사들은 환자들을 위해서는 병원을 세우고, 고독한 사람들을 위해서는 고아원과 양로원을 만들었으며, 무지한 사람들을 위해서는 학교를 세워 교육하였다. 그들의 교육은 인류 보편적인 평등한 교육이 아니라 오직 하나님을 위한 차별 교육이었으나, 원주민들의 삶의 질이 나아지고 그들 조상보다도 훨씬 잘 사는 삶을 이뤄갈 수 있었기 때문에 원망하는 기색을 보이면서도 오히려 제2 · 3세의 원주민 선교사가 배출되어 지금은 전세계 토착민에 의해 기독교가 움직여지고 있다.

근세에 와서 철학자들이나 과학자들에 의해 하나님의 소재가 불분명해지고 그들의 악랄한 역사가 만천하에 드러나는데도 피지배인들은 자신들의 삶이 조상들의 삶보다 복되다는데 가치 기준을 가지고 있기 때문에 그 속에서 삶의 보람과 영광을 느끼고 있다.

그러나 이제 세계는 한 통속이 되어 기독인들이 착취해가서 로마 박물관, 대영박물관 그리고 루브르 박물관 안에 전시해 놓은 유품들이 제3세계에서 도둑몰이 한 것들이라는 것이 드러나고 있으며, 2천년 기독교의 영광이 어쩌면 세계역사로 볼 때는 암흑기의 역사로 판가름 나고 있기 때문에 세계기독교인들은 스스로 그 죄를 회개하고 원주민들에게 대한 보답을 헤야 되지 않을까 생각된다.

한편 인류의 역사를 보면 동방에서 시작된 문화가 서쪽으로 돌아 다시 본 자리로 돌아오게 되는데, 지구의 초점이 드러난 지 이미 오래다. 오직 나만의 성서요 선민이라 주장했던 것이 지금에 와서는 오히려 노예들을 향해 부끄러운 역사를 만들고 있었다는 것을 깨닫게 되었기 때문이다.

현재에도 일부 기독교인들에게 있어서는 폐쇄성과 독재성이 강하다. 남을 인정하지 않고 자기만이 옳다고 주장하며, 남을 업신여기고 자신만이 잘났다고 주장하는 사람들 가운데는 남의 조상은 거룩하고 나의 조상은 미신이고 우상이어서 모두 부셔버리고 없애버린 것을 후회하는 사람들이 차차 늘어나고 있다.

잘못된 신앙, 그릇된 관념을 부셔버리기 위해서 예수는 십자가에 못 박혔던 것이다. 이제 평화·사랑·정의를 위해 희생된 교주를 더 이상 욕되게 해서는 아니 될 것이다. 세계에는 제1·2차 대전 때 폭탄에 맞아 쓰러진 사람들보다도 낯선 사람들을 환영하고 환대했던 원주민들이 그들의 손에 의해 처형되고 쫓겨나 비참한 죽음을 당했던 영혼들의 수가 더 많다. 이들에게 해원상생(解寃相生)의 길을 열어주고 민족적인 긍지와 자주적인 은혜 속에서 평화스럽게 살 수 있는 길을 여는 데 세계 기독교인들은 동참해야 할 것이다.

아직도 세계에는 무지와 기아, 병고에 시달리는 사람들이 수를 헤아릴 수 없다. 그동안 슈바이쳐, 테레사 같은 성자들이 나와 많은 봉사를 해 왔지만 오히려 그들을 핑계한 선교 전쟁을 자원하고 나선 사람들이 너무도 많다. 부모도 형제도 하나님 밖에서는 모두가 원수다. 진리도 잘못 고집하면 삿된 길에 빠진다. 남의 미신을 탓하기 보다는 우선 내가 바른 길을 착하게 살아가고 있는지 돌아보아야 할 것이다.

▌참고자료

1. 마스터성경: 성서교재 간행사 1989. 9. 15. 김성영 편저
2. 비전성경사전: 두란노 2001. 4. 30. 하용조목사 편찬
3. 성이사전
   ① 1887. 러시아 언론인·저술가 니콜라스 노토비치가 인도 와 티베트지방을 여행하다가 라닥크 수도 레의 하이미 츠 7대 사원에서 티베트어로 된 양피지 두루마리 발견. <불어판> 간행
   ② 인도 철학자 스와미 아베다 난다, 러시아 과학자 니콜라 스 로에리치교수, 스위스 음대 카스파리교수 등 10여명 이 현지답사. 미국인 엘리자베스 C. 프레펜교수가 <예수 의 잃어버린 세월> (The Lost Years of Jesus) 간행
   ③ 한국 동국출판사 1987. 동명발행
   * 이 사실을 노토비치가 키에프시의 대주교 플라톤 신부와 파리 로델리 주교에게 보여주니, "이것은 1328년 포르데논의 오도릭 신부가 최초로 티베트를 다녀왔고, 3세기 후 예수회 안토니오 안드라다가, 1661년에는 그루에베와 도르빌 신부가 가서 복사 해와 도서관 안에는 모두 비슷비슷한 <성이사전>이 63개나 소장되어 있다고 하면서, 한 분이 "출판은 시기상조"라고 충고 해 주었다. 그러나 노포비치는 이 책을 내고 난 뒤 기독교인들 의 박해를 받아 그 자료를 프랑스 정부에 넘겨 주었고, 그 뒤 <19세기 저널>에 옥스퍼드대학 막스 뮬러가 "허무맹랑한 소 리"라고 논박하여 조용해졌다.

   ④ 한국에서는 <법화경과 신약성서>를 1986. 10. 26. 민희 식교수가 정리 <주간중앙>에 게재 발표하여 큰 충격을 주었다.

4. 보병궁(寶甁宮): The Aquarian Age Gospel of Jesus the Christ

of the Picean Age

*하나의 태양계가 태양을 중심으로 한번 도는 데는 2600년 정도 걸리는데, 그 궤도를 황도대(黃道帶)라고 부른다. 황도대에는 12 宮(金牛·双子·巨蟹·獅子·處女·天秤·天蝎·人馬·磨竭·寶 瓶·双魚. 羊)이 있는데, 1850년 미국의 의사이며 물리학자인 리바이 도울링이 우주공간에 가득 차 있는 에테르를 발견하고 그의 진동에 의해서 기록된 녹음 성서를 발췌한 것이 보병궁성서이다. 이에 의하면 지금 우리시대는 쌍어궁(수소)시대가 지나가고 보병궁(불: 전자)시대가 다가오고 있는데, 이에 대한 역사적 대비를 위하여 온 신이 곧 예수라는 이름으로 탄생하였다는 것이다.

이 책에는 예수의 탄생부터 죽음, 부활에 관한 여러 가지 자료가 생생하게 나온다. 특히 성서에 나타난 ① 시대 ② 쌍어궁 ③ 보병궁 ④ 그리스토의 이름 ⑤ 나사렛과 그리스토와의 관계 ⑥ 리바이 도울링 ⑦ 아카샤에 대한 설명이 구체적으로 나온다.

〈예수성자의 알려지지 않은 생애〉 지구인. 님의 홈 페이지

5. 도마 복음서: 살아있는 예수의 말. 디듀모스 유다 도마가 기록한 비밀의 말씀.
   ① 김용옥역 도마복음서 연구 (대한기독교 출판사)
   ② 염락준역 도마복음서 (홍익재)
   ③ 이동진역 숨겨진 성서 (윌리암 반스토요 문학수첩)
   ④ Translation by Stephen & Marrin Meyer
   ⑤ Translation by Thomas O. Lambdin (Coptic Version)
   ⑥ Translation by Nancy Johnson

6. 성혈(聖血)과 성배(聖杯):
   프랑스에 있다는 예수의 자손과 예수의 무덤에 관해 영국 BBC방송이 밝혀내고 영국법정에서 재판한 자료.

<The Holy Blood and The Holy Grail> 마카엘 베이전트·
헨리 링컨 공저 1982 <Naven 지식>

7. 막달라 마리아 복음서: 도교와 불교의 개념을 담고 있는
초기기독교성서
The Gospel of Mary Magdalene from the Nag Hammadi Library.
In English J. M. Robinson, Harper Collins. 한글번역: 푸른글

8. 탈무드 임마누엘: 전 인류적인 면에서 유대인들의 독선을
꾸짖고 폭 넓은 사랑을 통해 세상을 구해야 한다고 강조하
신 산상수훈 http://blog.haver.com/cornan95/70013693510
*이 내용은 본서에 全裁하였으므로 재론하지 않는다.

9. 사해문서(死海文書): 세계사를 뒤흔든 고고학적 자료. 1947.
5월 이스라엘과 요르단 사이 사해근처 쿰란(Qumran) 동굴
에서 발견한 8개 항아리에 가득 찬 고문서. 특히 이곳에서
는 ① 구약성서의 원본 ② 유대인들의 민족사 ③ 에세네파
와 이스라엘의 구세주에 관한 글 ④ 선지자와 피타고라스
에 관한 글들이 많이 나왔다.

*사해문서와 기독교인들의 딜레마: 작성자 Hanamander
검색: naver 사해문서의 내용 블로그 202

이 외에도 1945년 12월 나일강 상류 Nag Hammadi 마을 근
처 산에서 발견된 13권짜리 파피루스문서(콥틱어: 2~3세기 이
집트 토착기독교인들의 언어). 여기에는 50종이나 되는 기독
교에서 "끔찍한 이단으로 불리는 영지주의(靈智主義)" 문서가
모두 나왔다. 여기에서는 따로 소개하지 않는다.

하늘이 무너지는 소리

印刷日 | 2011년 10월 25일
發行日 | 2011년 10월 30일

發行處 | 불교통신교육원
편 저 | 한정섭 · 서공선

인 쇄 | 이 화 문 화 사
02-732-7096~7

발행처 | 477-810 경기도 가평군 외서면 대성리 산 185번지
전 화 | (031)584-0657, 4170, (02)962-1666
등록번호. 76. 10. 20. 경기 제 6 호

값 15,000원